CB141387

EDITORA DO CONHECIMENTO

Auxiliando a humanidade a encontrar a Verdade

A Tenda Espírita Mirim

© 2019 – Diamantino Fernandes Trindade

A Tenda Espírita Mirim

Os baluartes Caboclo Mirim e Benjamin Figueiredo

Diamantino Fernandes Trindade (Org.)

Todos os direitos desta edição reservados à
CONHECIMENTO EDITORIAL LTDA.
Fone/Fax: 19 3451-5440
www.edconhecimento.com.br
vendas@edconhecimento.com.br

Nos termos da lei que resguarda os direitos autorais, é proibida a reprodução total ou parcial, de qualquer forma ou por qualquer meio – eletrônico ou mecânico, inclusive por processos xerográficos, de fotocópia e de gravação –, sem permissão, por escrito, do Editor.

Projeto gráfico: Sérgio Carvalho
Ilustração da capa: Tatiana Giustino

ISBN 978-65-5727-035-6
2ª edição – 2020

• Impresso no Brasil • Presita en Brazilo

Produzido no Departamento Gráfico de
CONHECIMENTO EDITORIAL LTDA
Rua Prof. Paulo Chaves, 276 – 13485-150
Fone: 19 3451-5440 – Limeira – SP

Dados Internacionais de Catalogação na Publicação (CIP)
(Angélica Ilacqua CRB-8 / 7057)

Trindade, Diamantino Fernandes.
A Tenda Espírita Mirim : Os baluartes Caboclo Mirim e Benjamin Figueiredo / organização de Diamantino Fernandes Trindade ; colaboração especial de Sérgio Navarro Teixeira e Coronel Soares Vieira – Limeira, SP: 2ª ed. Editora do Conhecimento, 2020.
278 p.

ISBN: 978-65-5727-035-6

1. Umbanda - História - Brasil 2. Tenda Espírita Mirim - História I. Trindade, Diamantino Fernandes II. Figueiredo, Benjamin Gonçalves, 1902-1986.

19-1457 CDD – 299.672

Índice para catálogo sistemático:
1. Umbanda – História

Diamantino Fernandes Trindade
(organizador)

A Tenda Espírita Mirim

Os baluartes Caboclo Mirim e Benjamin Figueiredo

Colaboração especial:
Sérgio Navarro Teixeira
Coronel Carlos Soares Vieira

2ª edição – 2020

EDITORA DO CONHECIMENTO

Figura 1: Logo da Casa de Cultura Umbanda do Brasil.

Os direitos autorais desta obra são totalmente revertidos para as atividades da Casa de Cultura Umbanda do Brasil.
A Casa de Cultura Umbanda do Brasil possui um acervo de 2000 imagens, livros, discos, quadros e objetos ritualísticos e vários documentos históricos.

Dedicatória

Ao Caboclo Mirim e a Benjamim Figueiredo, vanguardeiros da Umbanda.

Figura 2: Benjamim Figueiredo incorporado com o Caboclo Mirim junto à natureza. *http://fraternidadeumbandistaluzdearuanda.blogspot.com.br.*

Agradecimentos

À Senhora Janaína Figueiredo, Tuxaua da Tenda Espírita Mirim e ao irmão Thales Fonseca, CCT AC da Tenda Espírita Mirim Lisboa, pelas valiosas colaborações.

Aos irmãos Sérgio Navarro Teixeira, Renato Henrique Guimarães Dias, Pai Evandro Fernandes, Coronel Carlos Soares Vieira, Henrique Landi (*in memorian*), Roberto Ferreira (*in memorian*) e Renato Tchalian pelas preciosas colaborações no resgate do grandioso trabalho do Caboclo Mirim, da Tenda Espírita Mirim, do Primado de Umbanda e Benjamim Figueiredo.

Figura 3: Cartão Postal alusivo ao Anteprojeto da Sede da Tenda Espírita Mirim. *http://www.conradoleiloeiro.com.br*

Sumário

PALAVRAS INICIAIS

Prezados leitores e leitoras!

Atendendo ao pedido do Astral Superior resgatamos, na medida do possível, a portentosa obra espiritual de Benjamim Figueiredo e Caboclo Mirim.

Não temos dúvida que os três grandes pilares da consolidação da Umbanda foram:

I) Zélio Fernandino de Moraes e Caboclo das Sete Encruzilhadas.

II) Benjamim Gonçalves Figueiredo e Caboclo Mirim.

III) W. W. da Matta e Silva e Pai Guiné de Angola.

Sobre Zélio e Matta e Silva já escrevemos sobejamente em nossas outras obras. Neste livro vamos resgatar o profícuo trabalho de Benjamim Figueiredo, Caboclo Mirim, Pai Roberto, Tenda Espírita Mirim e Primado de Umbanda.

Recorremos a alguns irmãos que conviveram com Benjamim Figueiredo, na Tenda Mirim, e alguns irmãos pesquisadores.

Foram de grande valia os textos e as imagens disponibilizadas por nosso querido irmão Sérgio Navarro Teixeira, CCT da Fraternidade Umbandista Luz de Aruanda, que iniciou sua caminhada na Tenda Mirim em 1982.

Em um de seus artigos, Sérgio Navarro Teixeira pergunta: "Como é possível esquecer uma Escola tão profícua, tão bela em seus mistérios e na sua simplicidade, como a Escola de Mestre Mirim?" A resposta é simples: não é possível esquecer!

Na primeira parte do livro veremos os diversos olhares sobre a grandiosa obra de Benjamim Figueiredo e o Caboclo Mirim. E o primeiro olhar é fruto da minha parceria com o Coronel Carlos Soares Vieira.

Roberto Ferreira (já desencarnado) da Cabana Espírita do Caboclo Sucuri nos brinda com o brilhante texto "Benjamim Gonçalves Figueiredo", repleto de detalhes e informações sobre o Grande Mestre Caboclo Mirim. Sérgio Navarro Teixeira apresenta dois consistentes artigos: "Caboclo Mirim: Um digno lugar na História", publicado no *Jornal de Umbanda Sagrada* e "O legado de Benjamim Figueiredo". Em seguida temos o artigo de Henrique Landi (já desencarnado), baluarte da Umbanda do Rio de Janeiro, intitulado "Benjamim Figueiredo pelo olhar de Henrique Landi". O último olhar é de Renato Henrique Guimarães Dias com a matéria "Revendo a História do início da Umbanda".

Com certeza algumas citações se repetirão ao longo destes textos, porém, por dever de ofício de pesquisador e historiador, todos eles serão apresentados na íntegra para não cercear a palavra de nenhum dos irmãos.

Na segunda parte temos um capítulo sobre a Tenda Mirim e suas filiais. Em seguida uma matéria, publicada no *Jornal de Umbanda* (RJ), sobre a instalação do Colegiado Espiritualista do Cruzeiro do Sul, organização onde Benjamim Figueiredo foi eleito Presidente Executivo.

Na terceira parte apresentamos, na íntegra, uma série de quatro raros livros de orientações escritas por Benjamim Figueiredo, coletados pelo Coronel Carlos Soares Vieira: "A Tenda Espírita Mirim e sua Escola (1952)"; "A Umbanda na Escola da Vida (1953)"; "Umbanda – Escola da Vida – Volume I (1983)" e "Umbanda – Escola da Vida – Volume II (1984)". Apresentamos também, o quinto volume escrito por Mirim Paulini Figueiredo. Em seguida fazemos referência ao livro *Okê Caboclo!*, obra de Benjamim Figueiredo que fez grande sucesso na época, publicada, em 1968, pela Editora Eco.

Transcrevemos três notícias sobre o livro publicadas pelos periódicos *Correio da Manhã* (RJ), *Luta Democrática* (RJ) e *O Jornal* (RJ) e um trecho do livro. No capítulo seguinte apresentamos as Sete Linhas de Umbanda na visão de Benjamim Figueiredo, tema publicado na introdução do glossário do livro *Okê, Caboclo!*

Passamos para a quarte parte onde resgatamos algumas matérias jornalísticas sobre Benjamim Figueiredo e o Caboclo Mirim, publicadas pelos seguintes periódicos: *A Manhã* (RJ), *Última Hora* (RJ), *Boa Vontade* (RJ), *A Noite* (RJ), *O Cruzeiro* (RJ), *O Dia* (RJ), *Luta Democrática* (RJ), *Realidade* (SP), *Jornal do Brasil* (RJ), *O Globo* (RJ), *Diário de Notícias* (RJ), *O Mundo da Umbanda* (SP) e *Jornal de Umbanda Sagrada* (SP).

A primeira matéria, publicada em 1950 pelo jornal *A Manhã*, com o título "O mais categorizado líder dos espíritas do Distrito Federal", abordava a candidatura de Benjamim Figueiredo à Câmara Municipal. As duas próximas matérias foram publicadas, em 1952, pelo periódico *Última Hora* e relatam a gira festiva em homenagem a Pai Roberto, em Morro Agudo: "Macumba num terreiro de lama" e "A Umbanda está em jogo". Em 1956, a revista *Boa Vontade* publicou a matéria "A Grande Aliança" que narra as visitas da Legião da Boa Vontade à Tenda Espírita Mirim.

A *Luta Democrática*, em 1959, anunciava "A noite do atabaque", evento que teve a participação de Benjamim Figueiredo. Na *A Noite*, em 1962, temos o texto "Festa de Umbanda", que noticia a grande concentração de Tendas de Umbanda no Maracanãzinho em homenagem a Pai Roberto e regozijo pelo aniversário do deputado Attila Nunes. *Última Hora*, em 1962, apresenta a reportagem "Umbandistas de quatro Estados festejaram aniversário da Tenda Mirim". "Crianças em Terreiro de Umbanda" é a reportagem da revista *O Cruzeiro*, em 1963, que relata a gira especial de crianças na Tenda Espirita Mirim.

O Dia, em 1964, apresentou o texto intitulado "Ouvindo a Umbanda", uma entrevista com Benjamim Figueiredo. *A Luta Democrática* apresentou uma séries de notícias envolvendo Benjamim Figueiredo. "Os Morubixabas" (1964),

"Benjamim Figueiredo e a Sala Narciso Cavalcanti" (1965), evento ocorrido na Federação Nacional das Sociedades Religiosas de Umbanda, "Umbandistas na tarde fraterna" (1965), "Aniversário" (1967) e "O batizado de Benjamim Figueiredo de Oliveira Pinto" (1967).

"Baixou o Santo!" é a reportagem, de 1967, da revista *Realidade*, que narra o ritual de uma gira de caridade na Tenda Espírita Mirim. No *Jornal do Brasil*, em 1969 temos a reportagem "Umbandista diz que cresce no país o interesse por Iemanjá", uma entrevista onde Benjamim Figueiredo explica a repórter porque a Tenda Mirim faz sua homenagem à Iemanjá no terreiro e não na praia. Sobre o mesmo tema foi publicada, em 1971, a matéria "Umbanda – Síntese religiosa do Século XX?" Uma entrevista com Benjamim Figueiredo.

"Os umbandistas", artigo publicado pelo *Diário de Notícias*, em 1973, traz a explicação de Benjamim Figueiredo sobre a Semana Santa e a Umbanda. Em 1973 a revista *O Mundo da Umbanda*, publicou uma ampla reportagem sobre Félix Nascentes Pinto, presidente do Primado de Umbanda em São Paulo. Encerrando temos a matéria "50 anos do Primado do Brasil", publicada pelo *Jornal de Umbanda Sagrada*, em 2010.

Na quinta parte temos algumas reflexões do Caboclo Mirim, publicadas na página da Fraternidade Umbandista Luz de Aruanda. Em seguida temos outras reflexões do Caboclo Mirim, publicadas por Pai Evandro Fernandes na *Gazeta de Limeira* (SP).

Apresentamos a sinopse da brilhante obra *Reflexões sobre a Escola do Caboclo Mirim*, de autoria de Sérgio Navarro Teixeira e publicada pela **EDITORA DO CONHECIMENTO**. Logo após apresentamos a tese de Diamantino Coelho Fernandes, da Tenda Espírita Mirim, apresentada no Primeiro Congresso Brasileiro do Espiritismo de Umbanda, em 19 de outubro de 1941, intitulada "O Espiritismo de Umbanda na evolução dos povos: fundamentos históricos e filosóficos". Em seguida temos o capítulo "O vocábulo Umbanda na palavra de Ramatís", que converge com uma boa parte dos conceitos de Diamantino Coelho Fernandes.

Transcrevemos alguns trechos dos Estatutos da Tenda Espirita Mirim, de 1937 e abordamos, também, as filiais da Tenda Espírita Mirim em Londres.

Assim como a maioria dos umbandistas e adeptos dos cultos Afro-Brasileiros, Benjamim Figueiredo também sofreu a cruel perseguição religiosa e foi preso diversas vezes.

O periódico *Correio da Manhã*, de 27 de setembro de 1930, noticiava:

São acusados de exercerem o falso espiritismo

Ao juiz da 2ª Vara Criminal, acusados de exercerem o falso espiritismo, foram, ontem, denunciados Ernesto Fernandes de Souza, José Nunes de Figueiredo e Benjamim Gonçalves Figueiredo.

A última parte do livro é uma rica Galeria de Imagens.

Lembro aos leitores e leitoras que a minha tarefa é resgatar, na medida do possível, a memória da Umbanda. Como ser humano cometo erros, porém, não "invento" nenhum fato sobre a nossa querida religião.

Vamos então mergulhar nesta leitura histórica e conhecer a valiosa obra espiritual de Benjamim Figueiredo e Caboclo Mirim.

Diamantino Fernandes Trindade
(*Hanamatan Ramayane*)

A TENDA ESPÍRITA MIRIM E O PRIMADO DE UMBANDA

Coronel Carlos Soares Vieira &
Diamantino Fernandes Trindade

> Umbanda é coisa séria, para quem é sério ou quer se tornar sério!
>
> Caboclo Mirim

Figura 4: Pintura retratando o Caboclo Mirim. *http://falangeirosdaaruanda-sefa.blogspot.com*

O médium Benjamim Figueiredo, em 1919, com apenas sete anos, participava com a sua família de Sessões Espíritas.

Um marco importante para a implantação da Umbanda no Brasil foi a fundação da Tenda Mirim através do Caboclo Mirim e seu médium Benjamim Figueiredo.

Benjamim Figueiredo nasceu em 26 de dezembro de 1902. Seus pais foram José Nunes de Figueiredo e Judith Gonçalves de Figueiredo, tendo o seu nascimento ocorrido no bairro do Rocha no antigo Distrito Federal. Como explica Teixeira:[1]

> Sua avó Eugênia Jacob Gonçalves foi uma das pioneiras na prática do Espiritismo, ainda no final do Século XIX, o que refletiu na criação de seus filhos e netos dentro dos sólidos princípios da fé cristã e do amor ao próximo.

Em 1920, a família Figueiredo realizava sessões espíritas na Rua Henrique Dias, n. 26, na Estação do Rocha, Rio de Janeiro.

No dia 12 de Março de 1920, o médium Benjamim Gonçalves Figueiredo, incorporou, pela primeira vez, o Caboclo Mirim, Grande Mestre que veio para ensinar a Escola da Vida, que poucos conheciam na época. Após a sua chegada, o Caboclo Mirim anunciou que aquela seria a última sessão de Kardec e que as próximas sessões passariam a ser de Umbanda.

Não era mais possível, para Benjamim, continuar o seu trabalho com os kardecistas, que recusavam a presença desse tipo de espírito considerado por eles de impuro para desenvolver o progresso da humanidade. Pelas novas orientações recebidas ele poderia praticar a caridade de uma forma mais brasileira, ou seja, próxima das camadas mais baixas da população.

Em uma de suas mensagens ele disse que a partir daquele momento a Tenda Espírita Mirim seria reconhecida mundialmente e advertia que a mesma seria uma organização única no gênero em todo o Brasil, cujo método seria adotado por outras tendas, até mesmo em outros Estados da Federação, o que, mais tarde, teríamos a oportunidade de comprovar.

O caso de Benjamim, acontecido quando era jovem e tendo como palco o Espiritismo, é semelhante ao ocorrido em 1908 com Zélio de Moraes, o fundador da Umbanda.

Durante os primeiros anos de ligação com o Caboclo das Sete Encruzilhadas, Benjamim foi auxiliado no seu

---

[1] TEIXEIRA, Sérgio Navarro. *Reflexões sobre a Escola de Caboclo Mirim*. Limeira: **Editora do Conhecimento**, 2015.

desenvolvimento pelo médium Zélio Fernandino de Moraes. Sobre a descendência da Tenda Mirim, Lilia Ribeiro conta que Benjamim passou a frequentar a Tenda Espírita Nossa Senhora da Piedade, a Tenda de Zélio, para que ele o desenvolvesse na Umbanda. Disse ainda em um dos trabalhos de praia, local vibracional, realizados pelo Caboclo das Sete Encruzilhadas, estando presente o Benjamim, o Caboclo das Sete Encruzilhadas incorporado em Zélio, deu passagem ao Orixá Malet, uma das entidades de trabalho da Tenda Espírita Nossa Senhora da Piedade, que de imediato, dirigindo-se à Benjamim, segurou-o pelo braço e colocando-o nas costas de Zélio correu com o mesmo por meio quilometro e, retornando ao local inicial, jogou Benjamim no mar, dizendo: "Você está pronto para trabalhar com o Caboclo Mirim".

Pensamos que, esta simples cerimônia de colocar o médium nas costas, correr e ao retornar jogá-lo no mar, representa, salvo melhor juízo, um batismo na Lei de Umbanda.

Pai Roberto é um Preto Velho que trabalhava com um médium do bairro de Alcântara – São Gonçalo, Rio de Janeiro. Benjamim foi visitar o terreiro desse médium e Pai Roberto disse a Benjamim que ele abandonaria o cavalo dele e passaria a trabalhar com Benjamim, deixando de lado os trabalhos de feitiçaria que fazia através dele.

O Caboclo Mirim vinha com a finalidade de criar um novo núcleo de crescimento para a Umbanda, e assim, toda a família do médium foi convocada para preparar a Seara Mirim, dando início à mesma em 1924, para nela firmar os postulados da nova organização.

E os chamados ou escolhidos foram 12! E 12 foram os apóstolos de Jesus! Coincidência?

A partir de então, toda família Figueiredo viu-se envolvida na formação daquele que seria um dos mais importantes núcleos umbandistas do Brasil.

O grupo escolhido pelo Caboclo Mirim era formado por: José Nunes de Figueiredo Filho, Judith Gonçalves Figueiredo, Benjamim Gonçalves Figueiredo, Eugênia Gonçalves Figueiredo, Hercílio Latino Gonçalves, Abgail Maria Gonçalves, Davi Latino Gonçalves, Eduardo Gonçalves

Figueiredo, Madalena Gonçalves, Benjamim Franklin Gonçalves, José Fróes e João da Mota Mesquita Filho.

Em 13 de outubro de 1924 considerou-se fundada a Tenda Espírita Mirim, por ordem do Caboclo Mirim. Após ter passado pela Rua Bela, 421 e Sotero Reis, 101 (Praça da Bandeira) a Tenda Espírita Mirim transferiu-se para a Rua São Pedro e depois para a Rua Ceará, hoje Avenida Marechal Rondon, 597, bairro de São Francisco Xavier, em 13 de março de 1942, uma majestosa sede.

Conforme Teixeira:[2]

> O ritual da Tenda Mirim sempre se destacou no meio umbandista, por trazer influências das correntes filosóficas que vão desde o Ocultismo e a Teosofia, ao Espiritismo de Kardec. Os atabaques foram trocados por enormes tambores (tocados sentados), toalhas de guarda e as vestes rendadas coloridas típicas da Bahia deram lugar aos brancos uniformes e calçados sempre sóbrios, como a lembrar a seus médiuns que todos eram apenas "Operários da Fé", ou melhor, "Soldados de Oxalá", como consta da letra de um belo hino da Tenda Mirim.
>
> Ainda como parte da ruptura com outras religiões, nos Terreiros orientados pelo Caboclo Mirim, não se encontravam altares com as imagens católicas, mas sim, apenas a de Jesus, situada acima da altura da cabeça dos médiuns, onde se lia a inscrição *O Médium Supremo*.

Da Tenda Mirim saíram vários médiuns que se responsabilizaram pela criação de novas tendas em todo território nacional. A primeira casa dela descendente foi criada, em 30 de junho de 1951, como filial, em Queimados, Nova Iguaçu. Depois desta, novas casas foram abertas em Austin, Realengo, Colégio, Jacarepaguá, Itaboraí e Petrópolis. A primeira casa, descendente do Caboclo Mirim, aberta fora do Rio de Janeiro foi a de Assai, no Paraná.

Benjamim Figueiredo casou-se nos anos 1930 com a Senhora Assunta, com quem teve dois filhos: O primeiro filho,

[2] TEIXEIRA, Sérgio Navarro. *Reflexões sobre a Escola de Caboclo Mirim*. Limeira: **EDITORA DO CONHECIMENTO**, 2015.

uma menina chamou-se Mirina e o segundo Mirim. Dona Assunta desencarnou em 1962. Em 1972 contraiu novas núpcias com a Senhora Marlene. Desse casamento nasceu seu terceiro filho, conhecido como "Benzinho".

Instruções do Caboclo Mirim

Na página *http://filhosdavovorita.blogspot.com* encontramos:

1ª) Abra o seu corpo, esqueça a vida material e fale somente o necessário.

2ª) Não interceda no comportamento de ninguém, por mais estranho que seja, respeitando a todos indiscriminadamente, pois assim estará respeitando a si próprio.

3ª) Não ria nem caçoe de ninguém, mantendo o silêncio absoluto e total.

4ª) Não ache graça nas entidades incorporadas, pois as mesmas comportam-se de diversas maneiras, dependendo do cavalo, isto faz parte dos trabalhos.

5ª) Respeite o iniciante incorporado, mesmo achando que o mesmo não esteja firme com o Guia, pois os mesmos estão em evolução como todos nós e fazem parte importante dos trabalhos.

6ª) Evite o contato físico com os outros, não ponha a mão na cabeça de ninguém, pois você desconhece o que as pessoas trazem consigo mesmo de bom ou de ruim. Somente os médiuns juramentados podem fazer isso, assim assumindo a responsabilidade.

7ª) É perigoso dar consulta, pois no momento da consulta você assume uma responsabilidade espiritual séria consigo mesmo.

8ª) A alimentação, bem como o zelo do seu corpo físico, são fatores preponderantes para a boa captação dos fluídos que emanam da Aspiral Ascendente formada pelo ectoplasma de todos e que de lá vem à verdadeira cota de cada um, de acordo com os seus merecimentos. O valor da entidade depende do corpo físico e do corpo mental do cavalo e se o mesmo não tiver uma boa saúde psicofísica e mental, a entidade não terá nada para dar a quem necessite.

9ª) Acompanhe mentalmente e cante as curimbas, pois as mesmas são orações cantadas e trazem nas suas palavras verdadeiras filosofias de vida e ensinamentos. Não intercedam nos curimbeiros solicitando cantar esta ou aquela curimba simplesmente porque você acha bonita ou que rima bem. A curimba é fator de importância nos trabalhos e cabe a quem estiver comandando a gira, ordená-las de acordo com a necessidade.

10ª) Abra o seu coração. Oxalá veio ao mundo e não o virou a ninguém, trouxe sua doutrina e foi um observador. Não será você que poderá julgar os outros. Seja, portanto, um observador oculto da vida, pois viemos ao mundo para sermos comandados e não comandantes. Seja um pequeno homem em um mundo grande e não um grande homem em um mundo pequeno.

11ª) Mediunidade é uma coisa e Doutrina Espírita é outra. A mediunidade processa-se de diversas maneiras, quer na audição, tato, visão, olfato, incorporação etc. Doutrinação é o que fazemos nas giras com as entidades, pois trabalhamos para as Almas e não com as Almas.

12ª) A nossa Doutrina não conserta a vida de ninguém, mas cria condições para que cada um conserte a sua própria vida de acordo com o seu paladar.

13ª) Em uma sessão todos são vistos e observados e cabe a cada um a responsabilidade espiritual de seus atos.

14ª) Abra a sua mente para que você possa levar consigo e para os seus verdadeiros fluídos de paz e felicidade de acordo com o seu merecimento.

15ª) Não interceda na vida dos outros os aconselhando, pois você não sabe dos seus merecimentos e assim procedendo você não assume responsabilidades espirituais. Lembre-se do livre arbítrio de cada um. Viva a indiferença construtiva da sua própria existência.

16ª) Não se esqueça do compromisso que você assume com o Caboclo Mirim desde que você resolveu frequentar a sua Casa. Escolha para si mesmo os ambientes que frequenta, não participando de trabalhos baixos, pois a responsabilidade será somente sua e você, um dia, prestará contas da mesma. O mundo dos mortos é incomensurável e nele habitam os mais diversos tipos de espíritos, portanto, não os invoque sem conhecimento de causa.

17ª) A Umbanda não faz matança, pois os animaizinhos são nossos irmãos e a Lei da Fraternidade Universal proíbe.

18ª) Seja dono do mundo material que você possui, não deixando que o mesmo seja o seu próprio dono. Goste do que lhe pertence, mesmo sendo pouco.

19ª) Viva a vida como ela se apresenta para você na sua verdadeira beleza, prezando conscientemente o seu copo físico e seu corpo espiritual.

20ª) A Umbanda tem fundamento e "É coisa séria para quem é sério ou quer se tornar sério".

Aspectos da consolidação da Tenda Espírita Mirim

Tornamos a enfatizar que o Ritual da Tenda Mirim continuou a ser diferenciado no meio umbandista trazendo influências do Ocultismo e da Teosofia. O Caboclo Mirim aboliu algumas práticas que mantinham relação com as macumbas cariocas, o Catolicismo e a cultura africana.

A Tenda Mirim contava com vários colaboradores, dentre eles os escritores Diamantino Coelho Fernandes e Jota Alves de Oliveira, Cícero dos Santos, Gareau Moreira, Olívio Novais e outros. Da Tenda Mirim saíram vários médiuns que se responsabilizaram pela criação de novas Tendas em todo território nacional.

Benjamim Figueiredo participou ativamente no Primeiro Congresso Brasileiro do Espiritismo da Umbanda, em 1941, que teve como Comissão Organizadora Jayme Madruga, Alfredo Antônio Rego e Diamantino Coelho Fernandes, cujo evento foi instalado em 19 de outubro de 1941, no qual Diamantino Coelho Fernandes apresentou duas teses: "O Espiritismo de Umbanda na evolução dos povos: fundamentos históricos e filosóficos", em 19 de agosto de 1941" e "O Espiritismo de Umbanda como Religião, Ciência e Filosofia", no dia 23 de agosto de 1941. No dia 24 de outubro, Roberto Ruggiero, membro da Delegação da Tenda Mirim, apresentou a tese "Cristo e seus Auxiliares".

A Tenda Espírita Mirim, em 1944, possuía 1600 médiuns e tinha uma frequência mensal superior a 40.000 pessoas.

Por volta de 1950 existiam nas hostes umbandistas dois grupos: os que defendiam a matriz espírita e os que defendiam a origem africana da Umbanda. Os dois eram mutuamente hostis e os conflitos eram aprofundados pelas diferenças raciais e de classes.

A primeira casa descendente da Tenda Mirim foi criada em 30 de junho de 1951, como a primeira filial, em Queimados – Nova Iguaçu, Rio de Janeiro, na Rua Alegrete.

Depois desta, novas casas foram abertas em Morro Agudo, Austin, Realengo, Rocha, Vila Izabel, Jacarepaguá, Colégio, Itaboraí, Taquara. Olaria e Petrópolis, no Rio e no Estado do Rio.

Em 1952, Benjamim Figueiredo, sob a orientação do Caboclo Mirim, escreveu o livro *A Tenda Espírita Mirim e a sua Escola: orientação umbandista para os filhos da Família Mirim*, com o propósito de orientar a formação de um terreiro na parte material.

Ainda em 1952, Benjamim Figueiredo, juntamente com o Grande Chefe Caboclo Mirim, em cinco de outubro, criou o Primado de Umbanda e a Primeira Escola Iniciática de Umbanda.

O Primado de Umbanda, Organização Federativa, tinha como objetivo estimular o estudo da Umbanda e a difusão do seus ensinamentos, dando Formação Sacerdotal Iniciática aos dirigentes de Terreiros filiados, utilizando a terminologia da Língua Nheengatu para identificar os Graus de Evolução Espiritual, resgatando dessa forma os Fundamentos Esotéricos da Grande lei de Umbanda.

Em 1953, sob a orientação do Caboclo Mirim, Benjamim Figueiredo, escreveu o livro *A Umbanda na Escola da Vida*, com Fundamentos Esotéricos, Herméticos e Iniciáticos.

O Primado de Umbanda do qual a Tenda Mirim não mais participa, está localizado na Rua Espírito Santo, 215 – Praça Seca – Jacarepaguá.

Em 1954, no Primado de Umbanda, nas funções de Primaz, Benjamim Figueiredo escreveu o livro *Ordenações do Primado de Umbanda*.

Em 1956, o *Jornal de Umbanda* editado pela União Espiritista de Umbanda do Brasil, anunciou que os líderes e as Federações que representavam os dois grupos hostis, reuniram-se formando uma organização denominada Colegiado Espiritualista do Cruzeiro do Sul que abarcava as cinco Federações mais atuantes do Rio de Janeiro, cujo objetivo era trabalhar pela unidade da Umbanda. A iniciativa desta articulação partiu da UEUB e incluía também a Federação liderada por Tancredo da Silva Pinto. Neste colegiado estava incluído o Primado de Umbanda, cujo Primaz era Benjamim Figueiredo.

O Colegiado Espiritualista do Cruzeiro do Sul organizou o Segundo Congresso Nacional de Umbanda em 1961, de 16 a 23 de julho, com participação das organizações do Rio Grande do Sul, Paraná, Santa Catarina, São Paulo, Minas Gerai, Espírito Santo e Bahia.

Uma das finalidades da reunião exposta pelo Presidente da Comissão Organizadora era congregar as Tendas e Terreiros, sem distinção de ritos e liturgias, para através do Conselho Supremo dos Cultos Afro-Brasileiros discutir todas as matérias, e sobre elas deliberar, atinentes aos Cultos praticados em nossa terra, de índios e negros.

O Segundo Congresso Nacional de Umbanda não foi tão importante, sob o ponto de vista ritualístico, como o Primeiro, porém trouxe grande contribuição para a união dos umbandistas. A festa de encerramento foi realizada em 26 de julho no Maracanãzinho, estando presentes cerca de 4.000 médiuns uniformizados. O período compreendido entre 1958 e 1967 é conhecido como a Fase de Reconhecimento Social da Religião.

Benjamim Figueiredo publicou, pela Editora Eco, em 1968, o livro *Okê, Caboclo!*, ditado pelo Caboclo Mirim. Esta obra é um importante repositório de orientações para a vida diária do umbandista dentro e fora do terreiro.

Segundo o escritor Decelso o que predominou como ainda predominam são os pontos de vista pessoais, pois ainda se sustentam teses mais ou menos assim: "Minha Umbanda" ou então, o que vem sustentando o operoso e respeitável irmão, Primaz e Presidente da Tenda Mirim, Benjamim Figueiredo, para quem não se deve acender velas, pois para ele Umbanda não deve acender velas.

Em 1969, em entrevista ao escritor Jota Alves de Oliveira, transcrita no seu livro *Magias de Umbanda* e intitulada "45 anos de Umbanda sem Exu", disse Benjamim Figueiredo:

– E percorria Jesus todas as cidades e povoados, ensinando nas sinagogas, pregando o Evangelho do Reino e curando toda sorte de doenças e enfermidades. Vendo Ele as multidões, compadeceu-se delas, porque estavam aflitas e exaustas como ovelhas que não tem pastor. E então se dirigiu aos seus discípulos: "A Seara na verdade é grande, mas os trabalhadores são poucos. Rogai, pois, ao Senhor da Seara que mande trabalhadores para a sua Seara" (Mat. 9: 35-37).

Jesus fala em Seara e recomenda aos seus discípulos para rogar a Deus que mande trabalhadores para a sua Seara. A palavra Seara significa Campo de Cultivo. Então verifica que os trabalhadores são poucos para cultivar a vastidão do campo, que é imenso, e recomenda, ou pede mais trabalhadores, isto é: homens capazes de entender a sua palavra, a palavra do seu Evangelho, as lições que ficaram para a vida eterna. Não havendo quantidade suficiente de trabalhadores, é preciso que os discípulos supliquem ao Senhor, a Deus, que encaminhe mais discípulos para o Mestre enviar a todas as nações, pregar o seu Evangelho, a palavra de Luz. O campo de cultivo é o mundo e o trabalho de arroteamento da terra, do cultivo, corresponde aos seus habitantes. É preciso esclarece--los, instruí-los, iluminá-los, através da Luz do seu Evangelho.

Estabeleçamos paralelos com o Ensino de Jesus, pois as Searas, no plural, também são várias, ele mesmo afirmou em outra passagem, que tinha outras ovelhas que não estavam ali naquele rebanho, mas era necessário cuidasse, também delas.

A Seara Cristã é uma só, porém, ela se subdivide em várias Searas. O conjunto do Cristianismo forma uma unidade, mas, as outras Searas, mesmo que não adotem o Cristianismo, vivem dentro da Grande Seara do Senhor, que é o mundo. Então não importa, para o Senhor, que estejam divididos os seus governados: católicos, protestantes, espíritas, umbandistas, maometanos, islamitas etc. Não importa, pois Ele sabe da capacidade de entender de cada um, e cada um está ligado a Ele dentro de qualquer religião, seita ou culto.

Jota Alves de Oliveira[3] entrevistou Benjamim Figueiredo sobre o fato de as tendas não apresentarem o termo Umbanda e sim Espírita e assim se manifestou:

> 1° – Porque ninguém, até então, sabia do seu significado.
>
> 2° – A palavra espírita definia bem que ali havia manifestações de espíritos.
>
> 3° – Que era, também, por causa da polícia que perseguia tenazmente as tendas de Umbanda e de rituais africanos, também as chamadas macumbas, por isso com a palavra espírita na legenda e na fachada da Tenda, estavam mais acobertados das perseguições da época.

Jota Alves de Oliveira argumentou então, por que não alterar agora, já que as perseguições não prosseguem com tanta frequência, e a Umbanda é respeitada e livre para realizar seu trabalho essencialmente de caridade ao povo, e por que não dar agora o nome certo e inquestionavelmente lógico ao movimento umbandista? Benjamim respondeu:

> Não vale a pena mexer nisso, além do mais dá muito trabalho para alterar o nome e custa muito caro com averbações no cartório.

Sobre Benjamim Figueiredo, vejamos as palavras do Espírito Pedro Miguel na *Revista Espiritual de Umbanda*:

> Trazemos a vocês, da imortalidade, a obra do Caboclo Mirim, na dedicação, determinação e transparência de seu médium, Benjamim Figueiredo, homem que matéria dedicou sua vida à espiritualidade de Umbanda. Homem que levou sua irradiação a centenas de templos, centenas de irmãos. Médiuns em busca de caridade operaram através de suas Entidades. Reconhecer a obra de Caboclo Mirim é reconhecer a espiritualidade. Mesmo no antagonismo dos dias de hoje, não podemos nos esquecer de todos aqueles que dedicaram seus dias no planeta em prol do crescimento universal.

---

[3] OLIVEIRA, J. Alves. *Umbanda Cristã e Brasileira*. Rio de Janeiro: Tecnoprint, 1985.

> Benjamim Figueiredo, sem dúvida, é um desses. Homem que teve em sua vida a maior prova de determinação, pois abriu mão de toda a luxúria pessoal, inclusive, de sua própria história. Porém, que seja feita a justiça através dos canais vibratórios da evolução, não deixando passar em vão essa obra.

O Caboclo Mirim realizou a grandiosa obra em prol dos necessitados conduzindo o destino da Tenda Mirim por vários anos de doutrinação e formação umbandista.

Um fato interessante precisa ser ressalvado. O jornal *Diário de Notícias*, de 30 de dezembro de 1973, publicou uma matéria sobre a Umbanda onde Benjamim foi entrevistado. A seguir um trecho da entrevista:

> Nesta casa, cultuamos somente a Umbanda, não somos sincretizados a qualquer outra religião, mesmo que seja espírita de origem africana. Meu trabalho na Umbanda começou no Centro do "Seu Sete Encruzilhadas" na Praça XV, nos meados de 1917. Logo depois foi fundada a Tenda Mirim, e, de lá para cá, estou aqui.

Em 1982, Benjamim Figueiredo publicou o livro *Umbanda - Escola da Vida* – Volume I. O segundo volume foi publicado em 1983.

Outro fato interessante é a divergência (não pessoal) de alguns expoentes da Umbanda da época conforme escreveu Jota Alves de Oliveira:[4]

O fenômeno Umbanda se firmou de há 40 anos a esta data, segundo informações colhidas nos livros do conhecido jornalista João do Rio e, também, de Leal de Souza. Dos umbandistas antigos, entre eles o Capitão Pessoa, Zélio de Moraes, Benjamim Figueiredo, Tancredo da Silva Pinto e outros, há acentuadas divergências quanto às práticas umbandistas, seus fundamentos, suas variações ritualísticas etc.

O próprio Benjamim Figueiredo, apesar de ter sido preparado na Umbanda por Zélio de Moraes e o Orixá Malet, tinha concepções ritualísticas bem diferentes da fonte onde aprendeu. Na Tenda Mirim não eram usadas velas nem cola-

[4] OLIVEIRA, J. Alves. *Magias da Umbanda*, Editora Eco, Rio de Janeiro, 1970.

res ritualísticos (guias). Benjamim Figueiredo se orgulhava de nunca ter trabalhado com Exu.

Benjamim Figueiredo desencarnou em três de dezembro de 1986, assumindo a presidência o Senhor Mirim Paulini Figueiredo (desencarnado em 8 de agosto de 2015), e assumiu como Vice-Presidente, a Senhora Janaina Figueiredo, atual comandante da Tenda.

Figura 5: Mirim Paulini Figueiredo e Janaína Figueiredo. *http://filhosdavovorita.blogspot.com*

Ponto cantado de chegada do Caboclo Mirim

Quando Ele vem, lá do Oriente
Ele vem com ordem de Oxalá
Sua missão é muito grande
É espalhar a caridade
E a seus filhos abençoar
Eu saravá Mamãe Oxum
Eu saravá Papai Oxalá
Porque Ele é o nosso Rei
É o dono desse Jacutá

Novos tempos da Tenda Espírita Mirim

Tuxaua Janaína Figueiredo[1]

A Tenda Espírita Mirim, organização quase centenária, foi fundada em 1924 pelo CCT Benjamin Gonçalves Figueiredo, médium do Caboclo Mirim e do Preto Velho Pai Roberto. Após seu desencarne, o comando da organização foi assumido pelo Tuxaua de Umbanda Senhor Mirim Paulini Figueiredo, médium do Caboclo Curumataí e Tia Maria Redonda. Atualmente, é dirigida pela Senhora Tuxaua de Umbanda Janaina Figueiredo, aparelho da Cabocla Janaina e da Vovó Maria da Guiné.

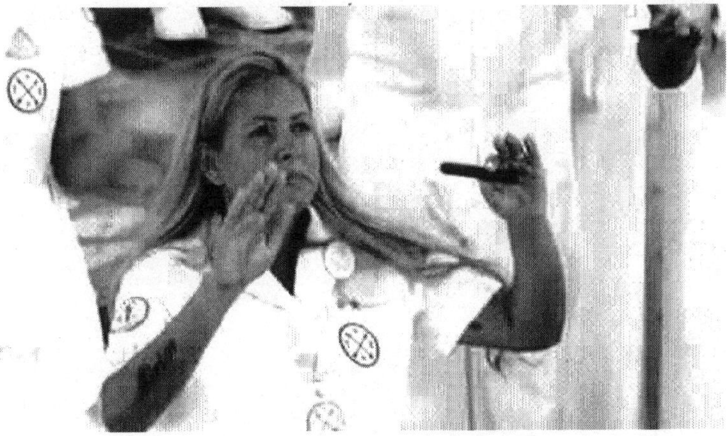

Figura 5b: Senhora Janaína incorporada com a Cabocla Janaína. Acervo da Tenda Espírita Mirim.

A Senhora Janaína Figueiredo começou sua caminhada espiritual como médium iniciante na 7ª Filial da Tenda Espírita Mirim em 8 de dezembro de 1994, na época comandada pelo Senhor CCT AC Geraldo Leite, médium do Caboclo Pedra Azul e do Preto Velho Pai Joaquim, permanecendo nessa filial até sua consagração como Comandante Chefe de Terreiro em 2004, em cerimônia realizada na matriz da organização pelo Senhor Mirim Paulini Figueiredo. Em 2005, a Senhora Janaina e o Senhor Mirim Paulini Figueiredo casaram-se e, em 27 de junho de 2009, foi inaugurada a 6ª filial da Tenda Espirita Mirim, na Rua

[1] Colaboração especial de Thales Fonseca CCT AC e Khrys Motta CCT.

Boiacá, nº 95, Vila Valqueire, Rio de Janeiro – RJ, cujo comando foi exercido pela Senhora Janaína durante sete anos.

Posteriormente, já consagrada como sucessora do Tuxaua da Tenda Espírita Mirim, a Senhora Janaína assumiu o comando da Matriz com as bençãos do Senhor Mirim Paulini Figueiredo. Após o desenlace do Senhor Mirim Paulini Figueiredo, em 9 de agosto de 2015, conforme fora determinado por ele e com o apoio de toda a Alta Cúpula Espiritual, o Comando Geral da Organização foi assumido pela Senhora Janaína. Desde então, com coragem, determinação e fé inabaláveis, a Senhora Janaína tem estado à frente da TEM aprimorando o maravilhoso legado recebido das mãos do Sr. Mirim.

Figura 5c: Senhora Janaína incorporada com a Vovó Maria da Guiné. Acervo da Tenda Espírita Mirim

Desde que assumiu o comando da organização, a Senhora Janaína tem implementado políticas de união, inclusão, respeito à diversidade e modernização, inspirando-se em ferramentas de vanguarda, desenvolvendo serviços sociais junto à comunidade local, fortalecendo a irmandade com as demais casas umbandistas que visitam a TEM, consolidando e ampliando a organização no Brasil e no mundo. Sob seu comando, a TEM, além da Matriz, possui 10 filiais no Brasil e 4 filiais no exterior.

Visando o melhor atendimento aos seguidores da TEM, a nova presidência tem realizado diversas obras no prédio sede (fotos a seguir) e investido em otimização das instalações internas e externas, na fachada, na iluminação, bem como na construção de rampa de acessibilidade e na reforma do *hall* de entrada, dentre outras melhorias físicas e administrativas. Ainda em reformas, a Matriz da TEM está visivelmente renovada, melhorada e mais acolhedora com o objetivo de receber todos os irmãos que vêm em paz e em busca de amparo.

Por ser uma organização beneficente, sem fins lucrativos, que visa o auxílio material e espiritual de todos os irmãos necessitados que a procuram, a missão da TEM é espalhar ao mundo inteiro a bandeira de Oxalá, não apenas nos conceitos religiosos, mas também na prática da caridade. Sendo assim, a Senhora Janaína tem coordenado a realização de diversas obras sociais, como distribuição de sopas, bebidas, cobertores e cestas básicas às comunidades carentes, além de café da manhã para os idosos. Visando ampliar e aprimorar as obras sociais da organização, a atual gestão pretende, em curto prazo, a partir de 2020, implementar projetos gratuitos de assistência nas áreas jurídica, psicológica e médica, bem como projetos na área educacional por meio de aulas de noções básicas de língua inglesa. No momento, esses projetos encontram-se em fase final de detalhamento logístico junto aos parceiros e colaboradores.

Figura 5d: Rampa de acesso da Tenda Espírita Mirim. Acervo da Tenda Espírita Mirim.

Figura 5e: Visão noturna da nova fachada da Tenda Espírita Mirim. Acervo da Tenda Espírita Mirim.

Diante do passado glorioso dessa organização, a atual presidência compreende que essa obra deve ser consolidada na sociedade atual de forma global, inclusiva e participativa visando o bem comum, ultrapassando as paredes do templo, recebendo com carinho todos os irmãos das casas visitantes, acolhendo todos os assistentes com amor, mantendo uma política interna de respeito e irmandade entre os médiuns e praticando a caridade por meio das obras sociais supracitadas.

Figura 5f: Hall da Tenda Espírita Mirim. Acervo da Tenda Espírita Mirim.

Figura 5g: Congá da Tenda Espírita Mirim. Acervo da Tenda Espírita Mirim.

A semente plantada por Caboclo Mirim germinou, criou raízes sólidas, floresceu, gerou muitos frutos no Brasil e no exterior, e todos os irmãos que fazem parte da Escola de Caboclo Mirim têm o respeito e a gratidão dessa casa.

Agradecemos a todos os Comandantes que auxiliam na direção das filiais e também a todos os Comandantes de casas descendentes, que espalharam a Escola da vida mundo afora.

Somos Todos Mirim!
Saravá Fraterno!
Tuxaua Janaína Figueiredo

45 anos sem gira de Exu[5]

Jota Alves de Oliveira

Escolhemos, depois de outros, este título para chamar a atenção dos leitores e desenvolver este item, e mostrar que a curimba de Exu diz que "Sem Exu não se faz nada" – é força de expressão – e nada mais! Os umbandistas conscientes ou inconscientes, ainda tem muito que analisar, meditar, refletir quanto ao que os espíritos de qualquer categoria dizem, ou mandam fazer. É preciso não esquecer, também, que somos espíritos vivendo em ambiente físico, e os espíritos desencarnados vivem no ambiente extra físico. Mas, repetimos: todos nós somos espíritos e devemos analisar toda orientação que os espíritos nos transmitem do além que pode ser boa ou ruim. Por isso, e para isso, para fazer as devidas distinções, aí está a Doutrina Espírita, para estudar, analisar e comparar.

Jesus também tratou com Exus encarnados e desencarnados. Viveu, padeceu e morreu na Quimbanda, realmente, pois o ambiente da Terra é mais de Quimbanda de que de Umbanda. "Quem gostar de Exu, que trabalhe com ele, e quem não gostar que o mande embora. Temos livre arbítrio que Deus no concedeu para agirmos com a nossa vontade. Se Exu precisa evoluir, que reencarne e venha trabalhar no pesado".

O progresso da Umbanda dependerá, também, dos seus praticantes. A Umbanda será o que dela fizerem os umbandistas. Porém, sem o desejo de avançarem, de irem mais adiante, de se reformarem, de se melhorarem moral e espiritualmente, sem se evangelizarem, os umbandistas estacionarão no marco zero! E a Umbanda será aquela força indomável a sulcar os caminhos vários que conduzirão o homem a Deus – através de mais sofrimento.

O caminho ficará plano quando o filho de fé – o médium se dispuser a deixar de ser máquina, apenas, aparelho receptivo ou intérprete, para, aceitando o sacrifício, com abnegação que a sua mediunidade lhe impõe estudar e aos poucos melhorar os ambientes do seu lar e da sua vivência, e isso só se consegue através do treino perseverante, da força de vontade. Mas

[5] OLIVEIRA, Jota Alves. *Magias de Umbanda*, 1970.

para isso é indispensável que o Chefe da Tenda tenha carinho com os seus comandados, instruindo-os e fazendo leituras de livros doutrinários e evangélicos para que a iluminação se faça na alma de cada um. Fora disso, é como diria o Caboclo Estrela: "Carregar água no cesto".

No blog da Tenda de Umbanda Filhos da Vovó Rita[6] podemos ler:

> Nos tempos de Benjamin Figueiredo dava-se a impressão que a Tenda Mirim e suas filiais ignoravam o "Povo da Rua" pois não faziam saudações a Exus e a Pombagira. Todavia, esse Povo sempre teve muita importância na corrente astral da casa, não deixando de auxiliar no desenvolvimento de médiuns iniciantes e consulentes, porém de forma discreta, já que na época as opiniões se dividiam entre a Umbanda e "Macumbas". Assim, para evitar uma ligação errônea da Tenda Mirim, os trabalhos com o povo da Rua eram extremamente restritos.

Uma escola de Umbanda com 27 filiais[7]

Jota Alves de Oliveira

O Movimento Umbandista se expande de maneira significativa e justificada, inclusive nas previsões de Jesus, conforme constatando no seu Evangelho. A par do expansionismo por todos os Estados, queremos admitir que é no Rio de Janeiro e no Estado do Rio Grande do Sul, onde o índice de progresso já se impõe de maneira acentuada, a Umbanda e os seus praticantes vão evoluindo devagar e, consequentemente, eliminando petrechos de suas práticas, por desnecessários, pois o ambiente da selva africana ou brasileira, não é o mesmo da civilização, daí, o índio e o Preto Velho já estabeleceram algumas modificações nas práticas do passado, melhorando-as e fazendo-as acompanhar o dinamismo da época, como, aliás, está acontecendo com o Catolicismo.

Nossa observação volta-se para as práticas da Tenda Mirim, no Rio de Janeiro, práticas sem Exu. É uma organiza-

[6] *http://filhosdavovorita.blogspot.com*
[7] OLIVEIRA, Jota Alves. *Magias de Umbanda*, 1970.

ção única no gênero em nosso Brasil – cujo método vem sendo adotado por outras Tendas, até mesmo nos Estados, como tivemos oportunidade de ver.

A palavra Escola traduz ensino, colégio, educandário, onde se aprende. Caboclo Mirim faz questão que se use a designação Escola e ele têm justificadas razões para essa exigência, sem forçar a ninguém, mas que tem lógica. É realmente, uma corrente espiritualista com métodos próprios ou sistema planificado, do qual se obtém os mais salutares resultados, tanto para os aprendizes, os iniciados, como para os que lá chegam com a capacidade mediúnica desenvolvida.

Um Templo onde os benefícios se estendem aos que buscam – bem intencionados – algo de que estão necessitados. Benefícios que os bons trabalhadores de Pai Oxalá, fazem descer do Céu a Terra, para amenizar as dores de todos, e despertar em cada filho de Deus – a Centelha de Vida que vibra em cada um de nós.

Este comentário é uma cópia fiel daquilo que o Caboclo e o Mestre nos dizem em sua linguagem clara, mas uma pálida amostra que traduzimos dentro das nossas probabilidades.

Caboclo Mirim, espírito missionário, preparou a antena receptiva daquele que seria e é intermediário do seu programa, de suas ordens, de sua mensagem cheia de amor e vida! O seu médium, que presa a sua missão, e que está cumprindo religiosamente a sua tarefa, o seu missionato, já há 45 anos.

A imponente sede própria, de três andares, com um salão de 1000 metros quadrados, foi inaugurada no dia 19 de março de 1942, conforme dados colhidos no mensário *O Caminho*, excelente jornal doutrinário publicado pela Tenda Mirim durante 21 anos e do qual foram secretários e colaboradores o autor deste livro, Diamantino Coelho Fernandes, Cícero dos Santos, Gareau Moreira, Olívio Novais e outros.

Em sua nova sede e durante alguns anos a Tenda Espírita Mirim chegou a registrar uma frequência de 3.000 assistentes! E o que é mais notável é que tal número de frequentadores era atendido em apenas duas horas de trabalho! Tal a quantidade de médiuns passistas e de descarga, para atender tão grande multidão! Cremos admitir que seja recorde nos anais do Espiritismo de Umbanda, o fato registrado em livros da Tenda, bem assim a quantidade de médiuns que por lá passaram, mais de 8.000!

A Seara é grande e os trabalhadores da Seara, que se dispunha cuidar do cultivo do campo; porém, como a máxima de Jesus adquiriu quando Ele aconselhou aos discípulos que pedissem ao Senhor da Seara que lhe mandasse trabalhadores para melhor cuidar e expandir a Seara nova de Umbanda, e assim aconteceu! Oito mil médiuns!

E o que fazer quando se acumularam tantos médiuns, talvez uns três mil?

Mirim tomou as providências e pôs seu programa a funcionar dentro da expansão prevista, com seu método prático, eficiente: Simplicidade, naturalidade, disciplina, amor ao próximo e respeito acima de tudo.

As primeiras providências foram tomadas para a instalação da primeira filial, e que ocorreu em 30 de junho de 1951. Para esta tarefa foi destacado um dos servidores fiéis de Mirim: Antônio Chagas (o Chaguinhas), médium do Caboclo Tibiriçá. Com humildade e firmeza, o trabalho foi concluído para felicidade da grande Família Mirim.

Foi o início de uma série que não sofreu solução de continuidade nos primeiros 18 anos. A filial número 1 surgiu no longínquo subúrbio da Central do Brasil, do chamado Ramal de Nova Iguaçu, na Estação de Queimados – à Rua Alegrete. E foi como que um luzeiro dentro do campo deserto daquela região, que prosperaria com rapidez e assinalaria o progresso do local. É a filial número 1 ostentando em sua fachada o emblema de duas flechas cruzadas, que é o ponto riscado de Mirim, simples e definindo que ali é uma Seara de Caboclo, que se denomina Umbanda para os civilizados da Terra de Santa Cruz. Vem, nesse lapso de tempo, abrigando a todos os viandantes das caminhadas difíceis na encarnação presente, dentro deste mundo de provas e expiações. É um Templo! Sede própria dispondo de todo o conforto para os filhos da Casa e seus assistentes.

Aí tem os leitores uma organização que honra a Umbanda e os umbandistas e que não têm similares. O método de trabalho de Mirim vem sendo adotado por muitas Tendas do Rio de Janeiro e de outros Estados.

Os uniformes são iguais para todos, de algodão branco. Para os homens macacão branco e para as mulheres, moças e meninas, avental até os pés e abotoado na frente, de meia manga.

Figura 6: Gira festiva na Tenda Mirim. *http://primadodobrasil.blogspot.com*

Figura 7: Emblema da Tenda Espírita Mirim. *Magias de Umbanda*, Jota Alves de Oliveira, 1970.

Não se fazem nem se aconselham despachos, que é o produto da ignorância de quem pede e de quem faz. É que a Lei de choque de retorno é inexorável, não perdoa e estará ativada com o produto que enviamos ao desafeto.

No sistema de vibrações emanadas do Astral Superior não são usadas nem recomendadas velas. Não se adotam colares presos ao pescoço, ditos guias. Não se usa pemba, nem pólvora, nem ponteiros. Não se usam bebidas, a não ser o vinho doce, moscatel nas giras festivas dos terceiros domingos do mês, no horário de 16 as 20 horas; nas filiais é no primeiro domingo do mês. O elemento material que o Caboclo ou Preto Velho usa é charuto ou cachimbo, nada mais.

Na abertura das sessões, preces e cânticos próprios para a preparação do ambiente. Cânticos de chamada do Guia Chefe e, em consequência, dos seus auxiliares ou substitutos e demais trabalhadores. Na prece são salvados todos os Orixás, tanto na abertura como no encerramento das sessões. Durante as sessões os cânticos correspondentes ao Orixá do mês, são entoados do começo ao fim.

As sessões se dividem em: Sessões Públicas de Passes e Descarga dos maus fluidos ou retirada de obsessores. Sessões Privativas de Irradiação aos doentes e desobsessão. Sessões Privativas da Escola de Médiuns, ocasião em que é ministrada toda orientação doutrinária e ritualística aos trabalhadores da Escola Mirim.

Tudo funciona bem e bonito, em uma disciplina perfeita e harmoniosa.

Todas as sessões são realizadas dentro do horário estabelecido de uma e meia, no máximo duas horas.

Diz o Caboclo Mirim que todos devem respeitar as Leis da Terra, e que os médiuns, empregados e sujeitos a horários e a patrões, bem como as donas de casa aos seus deveres domésticos, com afazeres diários em hora normais, não podem ficar à mercê de espíritos menos disciplinados, que esquecem a condição do médium encarnado e, consequentemente preso ao tempo e a horários. Além do mais, acrescenta, sempre houve e haverá doentes – MAS QUE TODOS DEIXARÃO DE ADOECER QUANDO PRATICAREM A LEI DE OXALÁ.

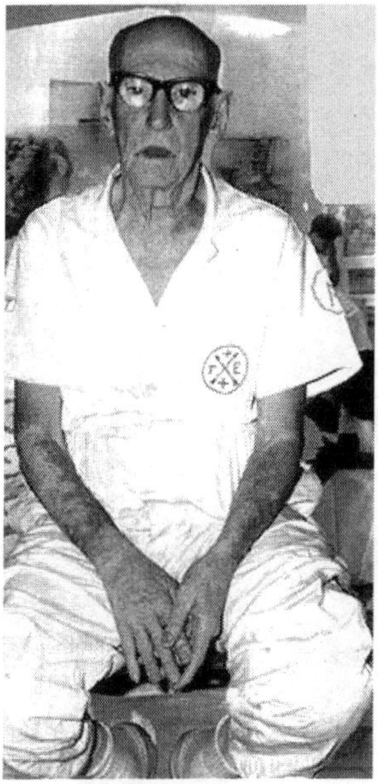

Figura 8: Benjamim Figueiredo. *http://primadodobrasil.blogspot.com*

Figura 9: Caboclo Mirim incorporado no médium Benjamim Figueiredo. *http://fraternidadeumbandistaluzdearuanda.blogspot.com*

Figura 10: Benjamim Figueiredo e os médiuns da Tenda Espírita Mirim. Acervo da Família Figueiredo.

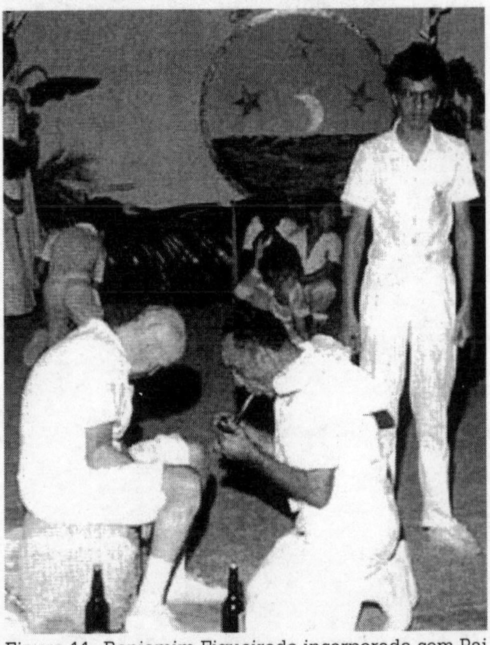

Figura 11: Benjamim Figueiredo incorporado com Pai Roberto. *http://fraternidadeumbandistaluzdearuanda.blogspot.com*

Figura 12: Gira de confraternização do Primado de Umbanda, realizada no Maracanãzinho, em homenagem ao IV Centenário da Cidade do Rio de Janeiro, 1965. *http://primadodeumbanda.blogspot.com.br*

BENJAMIM GONÇALVES FIGUEIREDO

Roberto Ferreira

Cabana Espírita do Caboclo Sucuri
Casa de Ogum Sete Espadas

OBS. O Senhor Roberto teve a oportunidade de colher algumas boas histórias do passado junto à antigos comandantes, como o CCT Pinho (Caboclo Juruçá) e o CCT Leônidas (Caboclo Calmaria).

Em uma época quando a Umbanda era ainda muito mal compreendida, e quando reinava verdadeira desunião entre os seus adeptos e até no seio de suas instituições, um vulto notável e infatigável surgiu no cenário umbandista, constituindo-se em um dos mais proeminentes trabalhadores de seu tempo.

Seus pais foram José Nunes de Figueiredo e Judith Gonçalves de Figueiredo, tendo o seu nascimento ocorrido no bairro do Rocha no antigo Distrito Federal, em 26 de dezembro de 1902.

Em sua residência eram realizadas sessões espíritas dirigidas por sua avó; aliás foi ela quem em meados do Século XIX trouxe um dos primeiros exemplares do *Livro dos Espíritos* para o Rio de Janeiro iniciando dentro dos seus postulados os trabalhos de mesa realizados na época.

– Eu sou o Caboclo Mirim! E a partir de hoje trago para as Terras de Santa Cruz uma nova Escola.

Na sua mensagem esclareceu, ainda, ser sua missão grandiosa para a difusão da Religião de Umbanda.

A palavra Escola traduz ensino, Colégio, Educandário, onde se aprende. O Caboclo Mirim fazia questão que usassem a designação Escola, e ele tinha justificadas razões para essa exigência.

Assim, aos 13 de outubro de 1924 se considerou fundada a Tenda Espírita Mirim, congregando, inicialmente, além de Benjamim Figueiredo, as seguintes pessoas: José Nunes de Figueiredo Filho, Judith Gonçalves de Figueiredo, Eduardo Gonçalves de Figueiredo, Madalena Gonçalves de Figueiredo, Hercílio Latino Gonçalves, Abgail Maria Gonçalves, David Latino Gonçalves, Benjamim Franklin Gonçalves, José Fróes e João Mota Mesquita Filho. Eram doze! E doze eram os Apóstolos de Jesus.

O trabalho para edificação do Templo Escola foi gigantesco, como gigantesca são suas proporções físicas. Construído em terreno comprado da família da cantora Elizeth Cardoso, custou 436 contos de réis, a Sede-Matriz de três andares, possui um salão de 20 metros de largura por 50 metros de comprimento, foi erguido sobre uma imensa rocha. O dinheiro para a obra foi emprestado por um português e consumiu 468 contos de réis.

A Tenda funcionou primeiramente na Rua Sotero dos Reis. De lá mudou-se para a Rua São Pedro até que em 19 de março de 1942, fixou-se definitivamente na antiga Rua Ceará, atual Avenida Marechal Rondon, 597, no bairro de São Francisco Xavier.

Benjamim casou-se com uma jovem de família católica, que chegou à Tenda com uniforme escolar e foi curada pela Entidade. Chamava-se Assunta e veio colaborar em muito com Benjamim no seu trabalho espiritual, pois era médium do Caboclo Curumataí. A segunda gravidez de Assunta foi atestada com sete dias por Mirim, que afirmou que o filho era um menino que seria batizado com seu nome e no futuro assumiria o comando da Organização. O primeiro filho, uma menina chamou-se Mirina e o segundo Mirim.

Benjamim era taxado de louco, visto que os planos do Caboclo eram muitos avançados para a época.

Benjamim era amigo de Zélio de Moraes, médium do Caboclo das Sete Encruzilhadas, como foi de todos os líderes do seu tempo. Anos difíceis, foi preso pelo DOPS, como "macumbeiro" por sete vezes e na delegacia dava assistência espiritual aos detentos.

Já com a Tenda organizada, Mirim inicia então a segunda fase da sua missão gloriosa: A fundação das filiais, que seriam núcleos difusores da mensagem trazida da Aruanda.

A filial n° 1 foi criada na localidade de Queimados, Nova Iguaçu, em 30 de junho de 1951, sob o comando do Caboclo Tibiriçá, que baixava no médium Antônio Chagas, grande trabalhador que ainda será visitado por nós. A inauguração da filial foi como um luzeiro dentro do campo deserto daquela região que prosperaria, como prosperou, assinalando o desenvolvimento do local.

Queimados foi a primeira das Tendas filiais, tanto no Rio de Janeiro quanto em outros Estados da Federação.

Pela T. E. M. passaram grandes vultos do Umbandismo brasileiro que deram sua contribuição intelectual para o progresso da Lei Suprema.

Profissionalmente, Benjamim iniciou como office-boy no Banco Francês, formando-se contador, vindo a chefiar a Seção de Contabilidade do HSE.

Não era só o Caboclo Mirim que vibrava em sua coroa. Pai Roberto e Toco de Pau, também realizavam seus trabalhos pelo médium, que tinha a sua "cabeça feita" pelo Médium Supremo.

A organização é algo tocante na Tenda, que honra a Umbanda e aos umbandistas, e que não tem similares. O método de trabalho que foi adotado por muitas outras casas, nele há uma hierarquia para os filhos materiais e espirituais, os médiuns, que vai do 1° ao 7° graus.

Em sua Tenda não se adota os chamados despachos. Todas as sessões são realizadas dentro do horário estabelecido, em uma harmonia perfeita de amor e disciplina. Chegou-se a atender 3.000 pessoas em duas horas!

No final da década de 1940, Mirim iniciou uma série de reuniões, com os guias dirigentes de outras instituições umbandistas para a criação de um órgão que iniciasse a tão sonhada unificação. Ao seu lado reuniram-se o Mestre Luiz, Pai João Baiano, Pai Joaquim do Bonfim, Preta Velha Maria Rosa, Caboclo Tupinambá, Caboclo Marajá, Caboclo Sete Estrelas do Oriente e muitos outros que irradiavam suas luzes sobre os seus dedicados "aparelhos".

Finalmente em 5 de outubro de 1952, foi fundado o Primado de Umbanda, instituição que iria organizar o Culto Umbandista em terras brasileiras. Na ocasião, Mirim foi consagrado o Tupixaba de Umbanda, alcançando mais tarde o posto de Taxuaua.

Na reunião do dia 10 de setembro de 1953, o Caboclo Mirim afirmou:

– É preciso não esquecer que as próprias religiões também evoluem, mas uma evolução no sentido de melhoramento e não no sentido de estagnação. Não devemos, nem podemos confundir as oferendas feitas pelos Sacerdotes nos altares de outrora com as matanças de hoje, verdadeiros assassinatos de animais praticados por autênticos magarefes[8] e não por iniciados ou Sacerdotes.

Benjamim zelava por uma Umbanda sadia.

O Primado de Umbanda, sob a sua liderança, foi a entidade federativa, mais organizada e que mais resultados trouxe ao movimento; grandes estudos foram realizados pelos membros do Colégio Sacerdotal, infelizmente nada mais resta. Seu afastamento veio em decorrência de política interna do Primado.

A Tenda Espírita Mirim e o Primado de Umbanda participaram dos festejos oficiais do IV Centenário da Cidade do Rio de Janeiro, em 1965.

Benjamim Figueiredo era requisitado por muitos políticos, onde se destacava a figura do ex-Governador de São

[8] Indivíduos que abatem e esfolam as reses nos matadouros; açougueiro, carniceiro (Nota de Diamantino Fernandes Trindade).

Paulo, Adhemar de Barros, que vinha ao Rio exclusivamente para vê-lo e por muitas vezes levá-lo para a capital paulista para consultas particulares. Outros como o Governador Chagas Freitas e o Deputado Renato Meira Lima frequentavam a Tenda e faziam parte do seu círculo.

Ainda hoje temos o contato com médiuns saídos das hostes da Tenda Mirim que ainda repetem com lágrimas nos olhos os ensinamentos recebidos do Mestre Mirim.

Leopoldo Machado, o Espírita número 1 do Brasil, relatou em seu livro: "O problema da unificação, o trabalho de Benjamim no apoio aos grandes movimentos em prol do Espiritualismo nas terras de Santa Cruz. A Tenda Espírita Mirim, a maior casa de Umbanda no Brasil, empresta, entretanto, irrestrita solidariedade social ao Congresso de Mocidades Espíritas, abrindo-lhe, espontaneamente, sua sede e seu belo teatro, até, se quiséssemos, para todas as reuniões".

O Caboclo Mirim, assim que chegamos, baixou para dizer-nos: "Eu sei que vocês seguem outro caminho, mas em duas coisas estamos iguais: no trabalho para o bem e na procura de amar ao próximo como a nós mesmos".

Viúvo, Benjamim casou-se pela segunda vez; da união nasceu seu terceiro filho que foi batizado com o seu nome.

Benjamim Gonçalves Figueiredo desencarnou em 3 de dezembro de 1986, sendo seu corpo sepultado no Cemitério do Caju, no Rio de Janeiro, levando uma multidão para dar o último adeus ao "Velho Tuxaua da Umbanda".

Ele soube aproveitar a oportunidade oferecida por Tupã, desenvolvendo sua gigante tarefa, no sentido de distribuir em profusão, tudo aquilo que era patrimônio de seu espírito esclarecido e evangelizado. Ele soube assimilar, em sua plenitude, os ensinamentos do Médium Supremo, no sentido de colocar a luz sobre o velador. Foi o Bom Obreiro que soube restituir ao Senhor, em dobro, os talentos recebidos.

Partiu o lutador infatigável, mas seu esforço, o calor de suas convicções e o vigor de suas energias não se perderam, porque as lutas do Espírito não se apagam, mas antes se fundem no patrimônio da cultura, renovando ideias e fortalecendo a fé esclarecida, aquela que pode "enfrentar a razão face a face em todas as épocas da humanidade.

"A vida permite o direito da liberdade, mas, o culto da natureza impõe o dever da seriedade" (Caboclo Mirim).

Dentre as inúmeras curimbas compostas para louvar o Caboclo Mirim, destacamos a que nos pareceu a mais significativa e demonstrativa do trabalho desta venerável Entidade para o progresso e difusão da Umbanda:

Abre as portas do meu coração
E deixa a luz do amor entrar
Abrace com sorriso e alegria
Essa linda Umbanda de Oxalá
Mas Ela tem o verde da esperança e o branco da paz
Mas é linda assim
Essa é a Umbanda do nosso Mestre

CABOCLO MIRIM: UM DIGNO LUGAR NA HISTÓRIA

Sérgio Navarro Teixeira

Jornal de Umbanda Sagrada, fevereiro de 2006

Na formação da identidade de um povo, era preciso o conhecimento oral, passados dos mais velhos aos mais jovens, como forma de não se perder o contato com suas origens e manter os antepassados vivos na memória. Dizem ainda que a História da Humanidade sempre foi escrita pelos conquistadores, pelos vitoriosos. Uma regra que não se aplica em tempos de paz, nem pode ser regra para a formação cultural de todos nós, filhos de fé da nossa querida Umbanda.

Sou apenas um humilde estudioso da religião, mas já aprendi que Umbanda é vida e movimento, é crescimento e evolução, sem dúvida alguma! E na atual fase da nossa religião, é bonito de se ver uma nova geração de filhos trabalhando para elevar nossa mãe Umbanda a um patamar que sempre mereceu estar filhos que olham para a frente sem esquecer o passado, lembrando de tudo aquilo que hoje são memórias em nossos corações, mas que confirmam mensagens atuais e eternas nas palavras de nossos queridos Guias e Protetores, verdadeiros dirigentes do Movimento Umbandista.

Em 1982 ingressei na Tenda Mirim no Rio de Janeiro, dirigida por aquele senhor de fisionomia austera, mas de um carinho enorme pelos seus filhos de fé. Benjamim Figueiredo já era um senhor idoso, mas quanta energia, quanto domínio tinha aquele Caboclo incorporado em um corpo tão frágil. Caboclo Mirim ainda conduzia com vigor todos os trabalhos, nas Giras e nas sessões de caridade! Claro que aos 15, 16 anos de idade, ainda não podia corresponder à toda a grandeza do trabalho e da obra daquele ser de Luz, que veio plantar tão linda Escola nestas terras de Santa Cruz. Após o desencarne do Senhor Benjamim, comecei a procurar entender o legado do Mestre Mirim, comparando tudo aquilo que sentia em meu coração, com o que os meus guias traziam e com a narrativa daqueles que ao seu lado estiveram. E muito além de paredes de um templo, pude constatar: Que grande obra deixou o Caboclo Mirim.

Este manifesto não visa defender que a Escola de Mirim seja melhor do qualquer outra. Acredito que é na diversidade que reside a riqueza da nossa religião, como as mais variadas flores que compõem um só belo jardim!

Só que em algum momento, na juventude da nossa religião, os ânimos dos dirigentes estiveram exaltados na defesa de suas posições e de seus pontos de vista. No passado anda se imaginava uma Umbanda unificada, centralizada tal qual a Federação Espírita Brasileira no Kardecismo. E sei que grandes abismos foram criados dentre os diversos grupos atuantes na nossa religião. Aliás, pouca coisa mudou nesse sentido. Mas mesmo assim, os verdadeiros dirigentes da nossa Umbanda, nossos queridos Caboclos e Pretos Velhos, foram conseguindo trazer sua mensagem, levantando pouco a pouco o véu da ignorância dos homens, principalmente para todos aqueles de boa vontade!

Quando se apresentou ao meio umbandista em 1924, é possível que a Escola do Caboclo Mirim devia estar muito à frente de seu tempo, já que naqueles dias ainda imperavam rituais muito rústicos tais como matanças de animais, raspagens de cabeça e babalorixás ainda muito afeitos ao Candomblé, e pouco afinados com a verdadeira Umbanda.

Mestre Mirim pôs em prática um ritual mais "limpo",

onde não havia o sincretismo com as imagens católicas, seus médiuns se vestiam de forma sóbria, de uniforme branco e sem aquelas centenas de guias no pescoço. A hierarquia no terreiro foi dividida em sete graus de iniciação, onde o médium ia ascendendo ao ritmo de seu próprio desenvolvimento espiritual: sem camarinha, "obrigações" ou "recolhimentos".

Suas Sessões de Caridade sempre foram muito produtivas, pois todos davam sua contribuição para alcançar o bem estar e a cura de seu semelhante: do encarnado ao desencarnado, do Caboclo ao Exu, todos participavam simultaneamente do atendimento ao público, com discrição e perfeita harmonia. Os atabaques só soavam nas grandiosas Giras mensais, onde dezenas, talvez centenas de médiuns confraternizavam com a espiritualidade, recebendo as bênçãos de seus Guias, na vibração das Sete Linhas de Umbanda!

Penso inclusive que Mestre Mirim preparou o terreno para a corrente espiritual que viria a ser conhecida como Umbanda Esotérica. É fato que, já em 1941, no Primeiro Congresso Brasileiro do Espiritismo de Umbanda, surgiu pela primeira vez a expressão AUMBHANDÃ, da língua sânscrita, como sendo a origem do vocábulo UMBANDA. Tal tese foi apresentada pelo Primado de Umbanda, fundado pelo Caboclo Mirim, e é até hoje aceita por diversas correntes umbandistas.

Por todo exposto, pergunto aos meus irmãos umbandistas:

Como é possível esquecer uma Escola tão profícua, tão bela em seus mistérios e na sua simplicidade, como a Escola de Mestre Mirim?

Como uma semente que germinou por toda a nossa nação, que foi, e é a raiz que originou dezenas de agrupamentos umbandistas pode ser negada?

Como um líder, que desde 1924 dirigiu centenas de irmãos de fé nas dezenas de tendas afiliadas e coirmãs, em torno de Congressos e Organizações, do porte do Primado de Umbanda, pode ser apagado da História da nossa religião?

Não há resposta. Não é possível. Mas, está acontecendo lentamente. Em tempos de globalização e da democratização da informação, não encontro uma só referência ao trabalho realizado por Benjamim Gonçalves Figueiredo e pelo Caboclo

Mirim, nos difíceis anos de consolidação e divulgação da Umbanda, em livros dos principais autores umbandistas, nas matérias das revistas ou nos sites das diversas organizações de nossa religião.

Hoje temos internet, rádio, revistas e livros que levam às novas gerações o que é e o que esperamos da nossa religião. Na História da Umbanda, todos citam, merecidamente, o respeitado Senhor Zélio Fernandino de Moraes e o grande Caboclo das Sete Encruzilhadas, um dos pilares de nossa fé. Mas, como em um lapso de tempo, há um salto até meados dos anos 1950, com a divulgação da obra do nobre W. W. da Matta e Silva, como se nada houvesse ocorrido em 50 anos de Umbanda.

Seria por que, a exemplo do Senhor Zélio, o Senhor Benjamim não foi um grande autor literário? Mas a obra dos Caboclos das Sete Encruzilhadas e Mirim fala por si.

Será que não tem valor aqueles obreiros que não tiveram sucessores à altura, ou um bem elaborado trabalho de divulgação na mídia?

Meu objetivo não é competição, nem julgamento do mérito da obra de todos os incansáveis, guerreiros da nossa religião. Só peço o digno e merecido espaço a um dos mais importantes baluartes da Umbanda: nosso Caboclo Mirim. Será sempre com a lembrança de tão preciosos valores, e com o aprofundamento em nossas raízes que construiremos uma religião livre de aventureiros e aproveitadores.

Como a todos que sentiram em suas vidas a luz de Mestre Mirim, que façam valer suas vozes. Sei que muitas casas tem em suas origens a influência benéfica desse espírito missionário que ainda hoje auxilia e coordena os rumos da Umbanda.

É mister que os formadores de opinião do meio umbandista se aprofundem mais nas pesquisas. Os fatos acima narrados são História, estão aí. Sejamos honestos e acima de tudo, justos. Vamos levar aos mais jovens a verdade, estimulando os livres-pensadores e a fé racional, com isenção e humildade.

Como já disse, sou apenas um pequeno aprendiz e pouco posso fazer para levar à público essa questão, mas espero que tenha podido dar minha pequena contribuição à memória de nossa Umbanda!

OBS. Aqui estou meu irmão Sérgio unido a você, a pedido do Astral, para resgatarmos a memória de Benjamim Figueiredo e Caboclo Mirim. Aqui estamos, como servidores públicos do Astral.

BENJAMIM FIGUEIREDO PELO OLHAR DE HENRIQUE LANDI (2007)

CCT Presidente da Tenda Espírita Fraternidade de Luz

http://www.tefl.com.br

Figura 13: Henrique Landi com Átila Nunes Filho. *https://www.tefl.com.br*

Conheci BENJAMIN FIGUEIREDO em sua própria casa, a Tenda Espírita Mirim – Matriz, que na época funcionava na Rua Ceará, hoje Marechal Rondon, no Bairro de São Francisco Xavier, aqui no Rio de Janeiro. Incorporado com o seu guia o Caboclo Mirim, era o Primaz da Umbanda. Primaz, de acordo com o estatuto do Primado de Umbanda, tinha a função de chefe do Departamento Ritualístico e Doutrinário da Organização Federativa (Fundada no Rio de Janeiro, em 05 de Outubro de 1952).

Benjamim e o Caboclo Mirim, ante o observador comum, este teria grande dificuldade para identificar quando a entidade estaria incorporado em seu médium, tal a afinidade que existia entre ambos.

Inegavelmente, Benjamin era um grande dirigente de sessões de terreiro e ainda acrescia incorporado com o Caboclo Mirim.

Quando ocorreu o fato que iremos narrar, o Primado de Umbanda reunia no 2° domingo do mês todas as casas umbandistas federadas, em uma sessão conjunta, e levando-se em conta os grupamentos de médiuns (incluindo os da Tenda Mirim – Matriz e suas filiais), agregavam-se cerca de 2.000 pessoas em média (leve-se em conta que o salão interno – terreiro – da Tenda Mirim – Matriz, possui em vão livre cerca de 50 metros de extensão por ambos os lados e 30 metros de largura, de frente e fundos, segundo nos informaram).

Já existia, naquela ocasião, um trabalho de preparação com vista à realização do 2° Congresso Brasileiro de Umbanda no Rio de Janeiro (que ocorreu efetivamente em 1961), e várias casas não federadas ao Primado de Umbanda, com o intuito de aproximação, eram convidadas para participarem das sessões conjuntas, na Tenda Mirim – Matriz.

Neste domingo, o terreiro estava repleto, o Caboclo Mirim, com seus dois assistentes (incorporados em seus médiuns), conduziam os trabalhos com a tranquilidade de sempre e a disciplina exemplar do ritual umbandista.

O uniforme usado pelos médiuns nas sessões do Primado era branco (como de hábito na maioria das casas umbandistas), quando de repente adentra o terreiro uma das organizações convidadas, que era conduzida por seu dirigente o Babalorixá Filadelfo, incorporado com o seu guia o Caboclo Ubirajara, trajado com cocar e saiote em plumas vermelhas, trazendo em cada uma das mãos um maracá (os quais sacudia incessantemente) fazendo um ruído característico.

O grupo visitante trazia cerca de 50 médiuns, todos trajados da mesma forma que o dirigente. O Mestre de Guaú do Primado, de nome Belarmino, acompanhado por todo pessoal de apoio da curimba e da orquestra (existia naquela época uma orquestra da Tenda Mirim, que acompanhava os pontos cantados), puxou o ponto:

Seu Ubirajara
Quando vem da mata
Ele traz na cinta uma cobra coral
Era uma cobra coral
Era uma cobra coral

E na cadência de sua curimba o Caboclo Ubirajara, dançando, corria de um lado para outro do terreiro, sacudindo os maracás, atraindo a atenção dos participantes para si e seu grupo, que ao mesmo tempo executava uma coreografia com fundamento nas danças de caboclos. Todos estavam embevecidos com a coreografia dos visitantes, cujas vestimentas vermelhas contrastavam com os uniformes alvos dos demais.

Momento em que o Caboclo Mirim percebeu que os trabalhos estavam passando ao domínio do Babalorixá visitante, que já entoava pontos e atraia a atenção de todos. Então Mirim, sutilmente, foi colocando pontos cantados com a finalidade de restabelecer o seu domínio na sessão, o que conseguiu. Sabia da enorme responsabilidade que pesava sobre si, ante o número de participantes médiuns presentes.

BENJAMIN FIGUEIREDO, médium admirável do Caboclo Mirim, que conseguia uma interação perfeita entidade-médium, por tudo que realizou na divulgação da Umbanda, pelo exemplo edificante de amor ao próximo, receba a nossa homenagem que é o ponto de sua entidade-guia, o CABOCLO MIRIM:

Com sua Flecha e seu bodoque
A girar, a girar
Vem cumprindo a lei que traz da Juremá
Penacho lindo, eu nunca vi assim,
Quem vem na Umbanda saravá
É o Caboclo Mirim

Figura 14: Caboclo Mirim manifestado e os médiuns ajoelhados cantando acompanhados pela orquestra. *http://www.facebook.com* – Caboclo Mirim: Reflexões.

Figura 15: Caboclo Mirim, com os médiuns em volta, cantando um ponto. *http://www.facebook.com* – Caboclo Mirim: Reflexões.

O LEGADO DE BENJAMIM FIGUEIREDO

Umbanda: 100 Anos (1908-2008)

Sérgio Navarro Teixeira

Introdução

Escrever sobre Benjamin Gonçalves Figueiredo não é apenas falar do homem e do médium, porque sua vida se mistura com a mensagem e com a obra de seu mentor espiritual, um dos mais importantes dirigentes espirituais da Umbanda: o magnífico Caboclo Mirim. Ambos serão para sempre um exemplo edificante de amor ao próximo e de luta pela dignidade do culto umbandista.

Em um momento histórico-cultural difícil para a Umbanda, Benjamin Figueiredo foi um dos principais expoentes no movimento pela evolução do culto e pelo reconhecimento das casas umbandistas junto às autoridades de seu tempo, estando lado a lado de alguns dos incansáveis guerreiros dos primeiros anos da nossa querida Umbanda, tais como: Zélio Fernandino de Moraes, Domingos dos Santos, João Carneiro de Almeida, José Álvares Pessoa, Manoel Nogueira Aranha, João de Freitas, Cavalcanti Bandeira, Cícero Bernardino de Melo, Narciso Cavalcanti, Félix Nascente Pinto, Jerônimo de Souza, Henrique Landi Júnior, Matta e Silva, Tancredo da Silva Pinto, Attila Nunes (pai), Omolubá, Flavio da Guiné, dentre outros.

Por toda uma vida voltada à unificação dos umbandistas, Benjamin Gonçalves Figueiredo deixou registrada em nossa memória as lembranças do incansável líder, do médium admirável de Caboclo Mirim e de Pai Roberto e do homem cuja integridade e ideais em muito superaram os seus dias, nos trazendo até os dias de hoje os ecos de uma bela mensagem de fé e de determinação em tirar a Umbanda da marginalidade a qual esteve relegada pela sociedade brasileira até meados do século passado.

A anunciação da Umbanda

Cerca de 20 anos após a Proclamação da República (15/11/1889), a sociedade brasileira vivia profundas transformações, ainda em busca de sua personalidade, de sua "brasilidade".

No mundo das artes, por exemplo, um grupo de artistas revolucionava a estética e a linguagem na Semana de Arte Moderna de 1922. Esse sentimento nacionalista viria também a se manifestar na política, com a ascensão de Getúlio Vargas ao poder, já na década de 1930. Era o fim da hegemonia da elite agrária e a implantação do Estado Novo.

A característica mestiça da população brasileira passava a ser valorizada, tida como forma de união da nação. Por essa visão, os vários grupos raciais ganhavam igual importância na formação da civilização brasileira. Esta ideologia ajudou na crença de que o preconceito racial não existia no Brasil. Gilberto Freyre, em seu livro *Casa Grande e Senzala* (1933), foi um dos intelectuais que deram suporte a tal tese. Até o samba, manifestação cultural oriunda da cultura negra brasileira, era redescoberto e reformatado, levado a um universo mais amplo: brilhava a estrela de Carmem Miranda!

E dentro deste contexto nacional, um fato marcante, para aqueles que se propõe a estudar as origens da Umbanda, veio a consolidar-se como o marco inicial da religião: a famosa manifestação do Caboclo das Sete Encruzilhadas em 1908, através do seu médium Zélio Fernandino de Moraes (1891-1975), na cidade de Niterói, então capital do antigo estado do Rio de Janeiro.

A data, 15 de novembro, é a mesma da comemoração da proclamação da República brasileira. Coincidência? Diante de uma respeitada e organizada Federação Espírita Brasileira, o Caboclo das Sete Encruzilhadas pôde deixar registrada a definição do novo movimento religioso: "Uma manifestação do espírito para a caridade". Caridade, a principal lei da Umbanda, religião do amor fraterno em benefício dos irmãos encarnados, qualquer que fosse a cor, a raça, o credo e a condição social.

Sabe-se que aquela não foi a primeira manifestação mediúnica de um espírito com perfil de um índio brasileiro, uma vez que desde o final do século XIX há registro da presença destes em pequenos terreiros, espalhados à margem da sociedade daqueles dias, as ditas "macumbas cariocas".

Mas, o advento do Caboclo das Sete Encruzilhadas foi realmente especial por diversos aspectos

No início do século XX, "macumba" podia facilmente definir toda e qualquer relação mediúnica (geralmente promíscua) de curandeiros, pais de santo, feiticeiros, charlatões, e todos aqueles que se dispunham a intervir junto às forças invisíveis do além apenas em troca de dinheiro e poder, como bem descreve Paulo Barreto em 1904, sob o pseudônimo de "João do Rio", no livro *As Religiões no Rio*, [...] "Vivemos na dependência do Feitiço, dessa caterva de negros e negras de babalorixás e yaôs, somos nós que lhes asseguramos a existência, com o carinho de um negociante por uma amante atriz. O Feitiço é o nosso vício, o nosso gozo, a degeneração. Exige, damos-lhe; explora, deixamo-nos explorar e, seja ele *mâitre-chanteur*, assassino, larápio, fica sempre impune e forte pela vida que lhe empresta o nosso dinheiro."

Daí percebe-se a grandeza da missão do Caboclo das Sete Encruzilhadas como mensageiro das diretrizes da mais altas esferas da espiritualidade. Sua presença e sua mensagem eram muito claras: uma nova legião de entidades iluminadas trabalharia pela elevação moral e espiritual do nosso povo, sob a inspiração de Cristo-Oxalá.

Era o nascimento da Umbanda!
Benjamin Gonçalves Figueiredo

Desta forma entendemos porque, em 12 de março de 1920, outro jovem médium viria a ser o veículo de mais um iluminado Mestre, que também se utilizando da roupagem fluídica de um índio brasileiro, veio ratificar a mensagem de humildade e caridade da Umbanda.

Vinha ensinar a prática da mediunidade em sintonia e respeito à natureza e ao livre-arbítrio do praticante, na plenitude da "Escola da Vida".

Assim, o Caboclo Mirim se manifestava pela primeira vez naquele que seria seu companheiro de uma vida: Benjamin Gonçalves Figueiredo (26/12/1902 – 03/12/1986).

Benjamin Gonçalves Figueiredo, então com dezessete

anos, participava com sua família de sessões espíritas (*kardecistas*) até que, em março de 1920, em uma dessas reuniões, o Caboclo Mirim incorporou no jovem médium e anunciou que aquela seria a última sessão de Kardec realizada por aquela família e que as próximas passariam a ser de Umbanda, religião apresentada apenas há pouco mais de dez anos.

A partir de então, toda a família Figueiredo viu-se envolvida na formação daquele que seria um dos mais importantes núcleos Umbandistas do Brasil.

Aos 13 dias do mês de março do ano de 1924 considerou-se fundada a Tenda Espírita Mirim. Desde o início o Caboclo Mirim advertiu que aquela seria uma organização única no gênero em todo o Brasil, cujo método seria adotado por outras Tendas, até mesmo em outros Estados da Federação.

De fato, o ritual da Tenda Mirim sempre se destacou no meio Umbandista por trazer influências de correntes filosóficas que vão desde o Ocultismo e a Teosofia ao Espiritismo de Kardec. O Caboclo Mirim aboliu do seu culto diversos elementos que estavam intimamente ligados à noção de que se tinha das "macumbas" e feitiçarias reinantes naqueles tempos, bem como alguns outros também relacionados ao culto católico e à cultura africana, em especial.

Ainda como parte da ruptura com outras religiões, nos terreiros orientados pelo Caboclo Mirim não se encontravam altares com as imagens católicas, apenas a de Jesus Cristo situado acima da altura da cabeça dos médiuns, onde se lia a inscrição "O Médium Supremo".

Os atabaques foram trocados por enormes tambores (tocados sentados), toalhas de guarda e as vestes rendadas coloridas, típicas da Bahia, deram lugar aos brancos uniformes e calçados, sempre sóbrios, como a lembrar a seus médiuns que todos eram apenas operários da fé, ou melhor, "Soldados de Oxalá", como na letra de um belo hino da Tenda Mirim. Nenhum ornamento, nem guias, colares ou qualquer tipo de ostentação pessoal era aceita. Antes da abertura dos trabalhos, era até difícil ao visitante reconhecer os dirigentes dentre os demais médiuns da Casa.

Foi um primeiro passo em busca de uma identidade própria para a Umbanda, buscando-se dignificar o culto e seus participantes, tendo como base a organização e a disciplina do conjunto do corpo mediúnico da casa umbandista.

Percebe-se ainda a nítida influência do movimento positivista daqueles tempos, através de certa rigidez hierárquica e disciplinar no terreiro, o que, aliás, atraiu muitos médiuns militares para as fileiras das casas sob a orientação de Benjamin Gonçalves Figueiredo.

O Caboclo Mirim introduziu também o conceito de graduação aos seus médiuns em desenvolvimento, com uma classificação própria para cada um nos trabalhos de atendimento público. Foi, talvez, a primeira Escola de Formação Iniciática Umbandista!

O novo adepto da religião iniciava seu desenvolvimento mediúnico na base da pirâmide hierárquica do terreiro, e ia ascendendo nela conforme em seu próprio ritmo, levando-se em conta a seriedade e a dedicação do neófito, e sempre de acordo com a intensidade e a qualidade com que seus próprios Guias trabalhavam junto ao médium.

Com isso, durante o seu desenvolvimento, o médium exercitaria várias funções dentro dos trabalhos de caridade. A nomenclatura dos sete graus foi baseada na terminologia da língua Nheengatu, da antiga raça dos índios Tupi. Assim ficaram classificados:

– 1° Grau: Bojámirins – Entidades dos médiuns Iniciantes (I)

– 2° Grau: Bojás – Entidades dos médiuns de Banco (B)

– 3° Grau: Bojáguassús – Entidades dos médiuns de Terreiro (T)

– 4° Grau: Abarémirins – Entidades dos Subchefes de Terreiros (SCT)

– 5° Grau: Abarés – Entidades dos Chefes de Terreiros (CT)

– 6° Grau: Abaréguassús – Entidades dos Sub Comandantes Chefes de Terreiros (SCCT)

– 7° Grau: Morubixabas – Entidades dos Comandantes Chefes de Terreiros (CCT)

A liturgia aplicada nos terreiros também introduzia novos conceitos à fé umbandista. O Caboclo Mirim sintetizou o tradicional panteão africano em algumas linhas de trabalho sob a égide de Tupã, o Senhor da criação na cultura Tupi-Guarani. Os Orixás evocados nos trabalhos da Tenda Mirim eram: Oxalá, Oxóssi (e Jurema), Ogum, Iemanjá, Oxum, Nanã, Iansã e Xangô. Sempre se evitando o sincretismo com os santos católicos, principalmente nas curimbas cantadas.

As manifestações mediúnicas davam-se sempre através dos Caboclos, Pretos Velhos e as Ibeijadas (crianças), e não havia sequer uma saudação aos Exus e Pombagiras, muito menos uma Gira ou sessão própria para o trabalho destes. Certamente uma atitude que visava ratificar a ruptura da Umbanda com as populares "macumbas".

Para muitos, Benjamin Figueiredo parecia ignorar completamente a existência do "Povo da Rua", bem como a extensão e a importância dos trabalhos próprios dessa corrente. Benjamin parecia ignorar, perante os olhares menos atentos. Realmente, nos tempos de Benjamin Figueiredo, as casas ligadas à Tenda Mirim não faziam Giras próprias de Exu e Pombagira. Mas sua participação sempre foi fundamental na corrente astral da Casa.

Com um olhar mais apurado observava-se a presença do "Povo da Rua" auxiliando desde o desenvolvimento dos médiuns iniciantes bem como trabalhando pesado no descarrego de médiuns e consulentes. Mas sempre de uma forma extremamente discreta, fosse junto aos Caboclos e Pretos Velhos, fosse junto à parte do corpo mediúnico denominados "médiuns de banco".

Essa categoria de médiuns tinha como principal característica operar sempre sentado e de forma receptiva (ou passiva), em contraponto aos médiuns de terreiro incorporados com seus Caboclos, que ministravam o passe no consulente, de forma ativa. Os médiuns de banco se doavam fornecendo ectoplasma e também auxiliando na dispersão de energias maléficas e/ou miasmas, bem como na condução de almas sofredoras ou espíritos trevosos ("exunizados").

Este era o trabalho fundamental das sessões de caridade sob a orientação do Caboclo Mirim. Daí percebe-se que só com a segurança dos sempre alertas Exus e Pombagiras, em total sintonia e cooperação com as demais entidades presentes, se alcançava o pleno êxito em cada sessão.

Além das sessões de caridade, outro evento importante sob a direção do Caboclo Mirim eram as magníficas Giras mensais. Em seu enorme terreiro (20 x 50 metros), inaugurado em 1942, cerca de dois mil médiuns da Tenda Mirim, suas filiais e casas coirmãs, confraternizavam com seus Caboclos e Pretos Velhos em uma só poderosa vibração de amor aos Orixás e à Umbanda.

A partir dos anos 1950, com um trabalho já bem consolidado na sua matriz no Rio de Janeiro, o Caboclo Mirim responsabilizou vários médiuns a levar as Tendas de Umbanda ao longo de todo território nacional.

A primeira casa descendente da Tenda Mirim foi criada em 30 de junho de 1951, como filial, em Queimados, cidade de Nova Iguaçu. Depois desta, novas casas foram abertas em Austin, Realengo, Colégio, Jacarepaguá, Itaboraí e Petrópolis.

A primeira casa descendente do Caboclo Mirim, aberta fora do Rio de Janeiro foi na cidade de Assai, no Paraná

Até 1970, já tinham sido abertas 32 casas sob a orientação de Caboclo Mirim.

A Umbanda fora da marginalidade

Nos primeiros anos da Umbanda, ainda no início do século XX, a repressão ao dito "baixo espiritismo" era bastante intensa.

A Maçonaria, a Umbanda, o Espiritismo de Kardec e principalmente os cultos Afro-Brasileiros eram reprimidos com vigor.

Pior ainda durante o período da ditadura Vargas, quando a polícia agia violentamente, com a justificativa de que a "macumba" tinha ligações com a subversão, servindo até para dar cobertura a grupos comunistas, segundo relatos da época.

Uma lei datada de 1934 colocou todos esses grupos sob a jurisdição do Departamento de Tóxicos e Mistificações da Polícia do Rio de Janeiro, na seção especial de Costumes e Diversões, que lidava com problemas relacionados com álcool, drogas, jogo ilegal e prostituição.

Praticar a Umbanda era então uma atividade marginal! (perdurou com tal classificação até a reorganização do Departamento de Polícia do Rio, em 1964). Essa mesma lei de 1934 gerou uma situação dúbia: se o registro na polícia permitia aos terreiros a prática legal, concretamente, servia para facilitar a ação das autoridades, aumentando a possibilidade de intimidação e extorsão.

Registrados ou não, os umbandistas e demais praticantes de cultos Afro-Brasileiros ficavam expostos à severa perseguição policial do Rio. Não era difícil ver a polícia invadir e fechar terreiros, confiscando objetos rituais, e muitas vezes prendendo os participantes. Benjamin Figueiredo, Zélio Fernandino de Moraes e muitos outros foram presos diversas vezes nesse período.

Mas havia um "modelo" que vinha conquistando seu espaço na sociedade brasileira: A Federação Espírita Brasileira (FEB), fundada desde 1° de janeiro de 1884. Nos anos 1930, esta já conseguira se firmar como legítima representante do Espiritismo no Brasil, unificando, fortalecendo e tornando coesas as casas espíritas. O simbolismo que carrega o vocábulo "federação", como ideia de unidade nacional, servia ao discurso da Era Vargas, que naqueles tempos já via com bons olhos a religião espírita, como mais uma fonte de pacificação e, principalmente, controle das massas pela elite "branca" da sociedade.

Tentando se livrar do estigma marginal dos feiticeiros, iniciou-se um claro movimento por uma auto identificação dos umbandistas com o Kardecismo e com o alto espiritismo. O próprio termo Espírita foi usado para esconder nomes e para disfarçar os praticantes da Umbanda de sua ascendência afro-brasileira, quase como uma nova forma de sincretismo, tal qual a máscara católica que as religiões Afro-Brasileiras se utilizaram nos tempos do cativeiro. Daí a denominação de tantas Casas umbandistas tradicionais: Tenda Espírita Mirim, Tenda Espírita Fraternidade da Luz, Tenda Espírita Estrela Guia da Umbanda etc.

Os números de São Paulo, apresentados pelo professor de Sociologia da Religião Lísias Nogueira Negrão (*Entre a Cruz e a Encruzilhada*. São Paulo: EDUSP, 1996), são um ótimo exemplo: de 1929 a 1944 o número de centros espíritas kardecistas registrados em cartórios representava 94% do total de unidades religiosas registradas, contra apenas 6% das casas declaradas de Umbanda. Alguns anos depois, no período de 1953 a 1959 (após a descriminalização), este número já havia se invertido, com 68% de casas de Umbanda contra 31% de casas kardecistas.

O movimento umbandista ganhava corpo e estruturava-se a fim de obter o status de religião brasileira

O exemplo da FEB deve ter parecido a melhor opção para as lideranças umbandista daqueles tempos. Criar uma federação para negociar com o Estado a regulamentação da Umbanda, e consequentemente o fim da repressão ao culto, inserindo assim a Umbanda na estrutura do Estado pela via institucional foi o caminho escolhido. Em 1939 fundou-se a Federação Espírita de Umbanda, atual União Espiritista de Umbanda do Brasil. Zélio de Moraes, Benjamin Figueiredo, Tancredo Pinto e outros se uniram em torno de um só ideal: tirar a Umbanda da marginalidade, organizando-a como uma religião coerente e hegemônica e assim obtendo sua legitimação social.

Esse grupo realizou então o Primeiro Congresso Brasileiro do Espiritismo de Umbanda em 1941, onde essas lideranças apresentaram suas teses sobre a religião. A corrente predominante trazia à sociedade uma Umbanda original e evoluída que existiria desde o Oriente, de onde teria se espalhado para a Lemúria (um lendário continente perdido), e daí para a África, onde teria degenerado para o feiticismo, forma que teria chegado ao Brasil pelos escravos negros.

Assim, a influência africana na Umbanda não era negada, mas olhada como uma corrupção da tradição religiosa original, na sua fase anterior de evolução.

A defesa da nova definição do termo Umbanda, reflete bem o pensamento dos intelectuais da religião, unidos naquele primeiro congresso. Ali surgiu, pela primeira vez, a expressão AUM-BANDHÃ do Sânscrito *Aum Bhanda*, termos que foram traduzidos como "o limitado no ilimitado", "Princípio

Divino, luz radiante, fonte de vida eterna, evolução constante". Tal tese, apresentada pela Tenda Espírita Mirim, é até hoje aceita por diversas correntes umbandistas.

Alguns estudiosos apontam nessa primeira tentativa de consolidação da Umbanda forte tendência de desafricanização e embranquecimento da Umbanda, uma vez que os demais líderes das religiões Afro-Brasileiras foram excluídos desse encontro histórico. Alegam também que a dita "lavagem branca" da origem da Umbanda pode ser encontrada em denominações comuns à época, como Umbanda Pura, Umbanda Limpa, Umbanda Branca e Umbanda da Linha Branca no sentido de "magia branca". Termos que contrastavam com magia negra e linha negra, associados com o mal.

Mas a verdadeira luta de Zélio de Moraes, Benjamin Figueiredo e seus contemporâneos era pela descriminalização da prática da Umbanda, o que viria a ser o maior feito daquele Primeiro Congresso.

Em 1944, essas mesmas lideranças umbandistas apresentam ao então Presidente Getúlio Vargas um documento intitulado *O Culto da Umbanda em Face da Lei*, conseguindo que o governo brasileiro aprovasse a descriminalização da nossa querida religião.

Papas & Codificações

Apesar de uma grande vitória, a descriminalização da Umbanda não foi suficiente para manter unidas as lideranças do movimento, juntas até então pela legitimação da religião.

Por volta de 1950, essas mesmas lideranças passaram a se entrincheirar em torno de seus pontos de vista pessoais, cada qual defendido com ardor e paixão, abrindo-se assim um enorme fosso dentre as diversas correntes umbandistas. Diversas Federações são fundadas no Brasil (só no RJ foram seis novas).

Com o fim da perseguição das autoridades públicas à Umbanda, a religião passou por um rápido período de crescimento. Estavam abertas as portas da Umbanda aos mais diversos grupos que ainda se encontravam marginalizados, da mesma forma que um dia esta se encontrara. Todos os terreiros, das mais variadas "linhas", incluíram em seus nomes a palavra Umbanda como forma de fugir à repressão policial.

O Primado de Umbanda

Como um dos maiores representantes da corrente umbandista que liderara o Primeiro Congresso de Umbanda, Benjamin Gonçalves Figueiredo, presidente da Tenda Espírita Mirim (RJ), também sabia que aquele era o momento de levar a Umbanda pelo Brasil afora.

Em 1951, a Tenda Mirim já iniciara seu processo de expansão, abrindo filiais em todo o estado do Rio. Então, visando a expansão em nível nacional, Benjamin Figueiredo, inspirado por seu mentor Caboclo Mirim, convocou diversos dirigentes umbandistas a fim de se unirem em torno de um ideal maior: a codificação da Umbanda. Juntas essas Casas umbandistas fundam, em 03 de outubro de 1952, no Rio de Janeiro, o Primado de Umbanda.

Idealizado como uma instituição federativa, o Primado visava o fortalecimento da Umbanda e a maior união e entendimento entre seus responsáveis e adeptos, procurando estabelecer, o quanto possível, maior uniformidade nos trabalhos espirituais e práticas do ritual. Destacando-se pela organização, disciplina e seriedade, e sob a condução de Benjamin, eleito primeiro Primaz, o Primado de Umbanda cresceu rapidamente, contando com dezenas de casas filiadas em poucos anos.

O Primado ainda congregaria outros segmentos umbandistas e apoiaria a organização de um novo Congresso de Umbanda. Neste segundo Congresso, realizado em 1961 sob a presidência do Sr. Henrique Landi Junior, novamente debateu-se a codificação da religião e aprovou-se o Hino da Umbanda, de autoria de J. M. Alves. Ainda haveria um 3º Congresso, efetivamente realizado em 1973.

Benjamin Figueiredo ainda incentivou a criação do Colegiado Espiritualista do Cruzeiro do Sul, do Círculo de Escritores e Jornalistas de Umbanda, e seria o principal fundador da Escola Superior Iniciática de Umbanda do Brasil, da qual foi Conselheiro Nato.

Também nos anos 1950/1960, muitos autores apresentam obras literárias sobre a Umbanda. Além de Benjamin Figueiredo (*Okê Caboclo* – 1968) e Tancredo da Silva Pinto, também há livros lançados por Aluízio Fontenelle, Byron Torres, Decelso, Emanuel Zespo, Jota Alves de Oliveira, João Varela, Lourenço Braga, Oliveira Magno, Samuel Ponze, Silvio Pereira Maciel, dentre outros.

O antagonismo dessas principais correntes gerou debates que afetam os umbandistas até os dias de hoje.

E tal qual naqueles tempos, hoje ainda se observa que cada grupo ou organização implanta sua própria "codificação", tentando influenciar o movimento umbandista com sua visão e seus ideais, através da mídia escrita, TV ou Internet.

Mas vale ressaltar que não há verdade absoluta, Centro ou Tenda melhor ou pior, mais "evoluída" do que qualquer outra. Será sempre seguindo princípios básicos de amor e, principalmente, respeito ao próximo, que conseguirá o umbandista ver que, abaixo das pequenas diferenças de culto exterior, somos todos os "Irmãos de Fé".

O Legado de Benjamin Figueiredo

A Umbanda, quase 100 anos após a famosa apresentação pública de Caboclo das Sete Encruzilhadas, ainda é uma jovem religião em busca de sua afirmação. E merecem o nosso respeito e admiração todos os incansáveis guerreiros que abriram as primeiras trilhas, que seguiram em caminhos nunca antes percorridos e que criaram as bases para que, um século depois, pudessem os umbandistas ter orgulho dos nossos terreiros e de nossos Guias.

Essa foi a grande luta de Benjamin Gonçalves Figueiredo. "A Umbanda é coisa séria para gente séria". Assim, Caboclo Mirim anunciava que era chegado um novo tempo aos verdadeiros umbandistas, era hora de abandonar os excessos litúrgicos, e de cada um despertar para sua jornada de crescimento íntimo, sob a luz dos Guias de Aruanda.

Benjamin Figueiredo soube estar à altura de uma obra maior, orientada pela legítima cúpula espiritual do movimento umbandista. Sabia que, em seu tempo, seria conhecido como um radical, pela intransigência que precisaria defender uma Umbanda livre dos grilhões de feiticeiros e exploradores da fé, das superstições que poluíam as mentes mais imaturas de alguns fiéis, e principalmente da marginalidade que a sociedade relegava nossa religião.

Não foi um grande escritor, mas seu exemplo seria seu maior diferencial. Como médium dedicado de Caboclo Mirim e Pai Roberto, consolidou a Tenda Mirim e o Primado de Umbanda como verdadeiras Escolas Iniciáticas, provando que a Umbanda tinha vida própria fora da cultura afro-brasileira.

Alguns o acusaram de "embranquecer" a Umbanda, mas Benjamin nunca aceitou o ser humano, e suas manifestações socioculturais, como algo estático. Acreditava que tudo evolui, cresce e se desenvolve. É a "Escola da Vida" trazida por Caboclo Mirim!

Claro que respeitava a cultura negra que tanto enriquece nossa religião, mas achava dispensável ao culto alguns dos rituais africanos mais rústicos. Para ele, Umbanda nunca seria lugar para matanças de animais, "fundangas", raspagens de cabeça, camarinhas, "recolhimentos" ou "obrigações" aos Orixás.

O "radicalismo" de Zélio de Moraes, Benjamin Figueiredo e seus companheiros, permitiu que não predominasse na Umbanda apenas a matriz africana e a avassaladora cultura Yorubá, da mesma forma que se observa sua forte presença nos Cultos de Nação. Talvez, sem sua contribuição, a Umbanda hoje seria apenas uma forma "light" do Candomblé.

Mas, respeitando-se como religiões irmãs, cada qual vem aprendendo a consolidar sua própria visão do universo, com seus próprios fundamentos, rituais e, principalmente, sacerdotes.

Assim, a Umbanda pode consolidar-se como religião universalista, com espaço para diversas influências que enriqueceram e fortaleceram os umbandistas, permitindo que observemos em nossos terreiros a presença da matriz católica, da matriz espírita, da matriz orientalista etc.

A conclusão que chegamos é que será na busca do equilíbrio, do "Caminho do Meio", que a Umbanda crescerá.

Os gregos antigos já nos ensinavam que a temperança, a prudência e a modéstia, aliadas à moderação e ao bom senso, compõe as condições indispensáveis a se alcançar um estado de espírito são e calmo (Sophrosyne). Mas trilhar pelo meio não significa ignorar a energia dos extremos, com sua força e sua vitalidade. O melhor caminho será encontrado na polarização correta dessas forças, não na sua anulação. No caminho do meio todos os extremos se encontram, e nele todos os extremos se apoiam e se fortalecem.

Que os filhos da nossa querida Umbanda reconheçam o conjunto das forças presentes em sua religião, e possam encontrar em seu equilíbrio a verdadeira Luz de Aruanda!

Referências

BARRETO, Paulo ("João do Rio"). *As Religiões no Rio* – Editora Nova Aguilar (1976).

BROWN, Diana. *Uma história da Umbanda no Rio* (Cadernos do ISER. Umbanda & Política. Volume 18) – Editora Marco Zero.

DECELSO. *Umbanda de Caboclos* – Editora ECO (1972).

FEDERAÇÃO ESPÍRITA DE UMBANDA. *Primeiro Congresso do Espiritismo de Umbanda*. Trabalhos apresentados ao 1° Congresso Brasileiro de Espiritismo de Umbanda, reunidos no Rio de Janeiro, de 19 a 26 de Outubro de 1941. Jornal do Commércio – RJ (1942).

FIGUEIREDO, Benjamin Gonçalves. *Okê Caboclo* – Editora Eco (1968).

ISAIA, Artur César. *O Elogio ao Progresso na obra dos Intelectuais de Umbanda* – artigo da UFSC.

JENSEN, Tina Gudrun. *Discursos sobre as religiões afrobrasileiras: Da desafricanização para a reafricanização*. (traduzido por Maria Filomena Mecabô).

OLIVEIRA, Jota Alves de. *Magias da Umbanda* – Editora ECO (1970).

OLIVEIRA, José Henrique M. *As estratégias de legitimação da Umbanda durante o Estado Novo: institucionalização e evolucionismo*. (23/05/2006.)

NEGRÃO, Lísias Nogueira. *Entre a Cruz e a Encruzilhada* – Edusp (1996).

PRANDI, Reginaldo. *O Brasil com Axé: Candomblé e Umbanda no Mercado Religioso* (2004).

PRIMADO DE UMBANDA – *Ordenações do Primado de Umbanda*.

TRINDADE, Diamantino Fernandes. *Umbanda e sua História* – Ícone Editora (1991).

REVISTA ESPIRITUAL DE UMBANDA, n. 6 – Editora Escala (2004).

SÁ JUNIOR, Mario Teixeira de. *A invenção da alva nação umbandista* (Tese de Mestrado apresentada ao Programa de Pós-Graduação em História pela Universidade Federal de Mato Grosso do Sul – Campus Dourados (2004).

Páginas da Internet:

Círculo dos Irmãos Espiritualista Fé e Caridade (CIEFEC) (http://ciefec.blogspot.com)
Tenda Espírita Fraternidade da Luz (htpp://www.tefl.com.br)
Umbanda – A Proto-Síntese Cósmica (http://www.umbanda.org)

REVENDO A HISTÓRIA DO INÍCIO DA UMBANDA

Renato Henrique Guimarães Dias

Lilia Ribeiro gravou, na década de 1970, diversas fitas com Zélio de Moraes que foram repassadas pela Tenda Espírita Nossa Senhora da Piedade à Mãe Maria, da Casa Branca de Oxalá, que gentilmente se disponibilizou para recuperá-las e digitalizá-las.

Renato Guimarães postou algumas delas no seu blog[9] e fez uma análise interessante sobre o áudio que mostra a ligação de Zélio de Moraes com Benjamim Figueiredo como podemos ver a seguir:

> Amigo leitor! Não sei se vocês perceberam o impacto que o áudio que disponibilizamos na postagem *A ligação de Zélio de Moraes e Benjamim Figueiredo* tem para a história da Umbanda? Aquele áudio joga luz sobre fatos ocorridos nas duas primeiras décadas da Umbanda, que nos obrigará a rever tudo o que já foi escrito sobre aquela época. Analisemos os dois primeiros pontos que chamamos a atenção na postagem supracitada.

O nome da religião

Com base no que ouvimos no áudio da Fita 56 B, disponível na postagem *A ligação de Zélio de Moraes e Benjamim Figueiredo*, do blog Registros de Umbanda, teríamos que reescrever parte do que já foi escrito sobre os fatos ocorridos nos

[9] http://registrosdeumbanda.wordpress.com

dias 15 e 16 de novembro de 1908 e adicionar um fato novo, ocorrido em 1909, relativo à mudança no nome da religião.

No diálogo travado entre um dos presentes e o Caboclo das Sete Encruzilhadas, ocorrido na casa de Zélio no dia 16 de novembro daquele ano, no qual o primeiro indaga o segundo sobre o nome do novo culto, teríamos que reescrever o diálogo para algo do tipo:

> *Um dos presentes*: "Qual será o nome desse novo culto?"
> *Caboclo das Sete Encruzilhadas*: "O novo culto se chamará Alabanda."
> Como era a primeira vez que ouviam esse nome, um deles indagou:
> *Um dos presentes*: "O que quer dizer Alabanda?"
> *Caboclo das Sete Encruzilhadas*: "Alabanda quer dizer Deus ao nosso lado."

Além deste fato, teríamos que acrescer um fato novo sobre o início da Umbanda: a mudança do nome da religião, de Alabanda para Aumbanda, em 1909. Além das referências feitas por Jota Alves de Oliveira (*Umbanda Cristã e Brasileira*, p. 41) e, posteriormente, por Diamantino Fernandes Trindade, Ronaldo Antonio Linares e Wagner Veneziani Costa (*Iniciação à Umbanda*, p. 24), agora podemos ouvir o próprio Zélio de Moraes falar, entre os minutos 12:25 e 12:50, que o termo Alabanda foi substituído por Aumbanda porque não ficava bem, não soava bem o nome anterior. Analisemos, portanto, a forma como se deu a mudança.

Supomos, com base na fala de Zélio de Moraes naquele áudio, que o primeiro nome da nova religião, Alabanda, foi uma homenagem feita pelo Caboclo das Sete Encruzilhadas a Orixá Malet, que em sua última encarnação havia sido malaio e muçulmano: Alá é um aportuguesamento da expressão árabe *al-Lah*, cujo significado é "O Deus" e é dessa forma que os muçulmanos referem-se a Deus em suas preces.

Ao fazer a referida mudança, o Caboclo substituiu Ala por Aum, que, segundo Zélio de Moraes, seria a expressão grega que teria o mesmo significado da expressão árabe.

Sobre a afirmação de Zélio de que AUM significaria "O

Deus", em grego, não encontramos nenhum exemplo nessa língua que corrobore essa teoria. Entretanto, segunda a senhora Karen Armstrong,[10] UM é a palavra que os filósofos gregos usavam para se referir a Deus. Talvez, o fato de o nome ter se firmado como Umbanda e não como Aumbanda, tenha sido uma correção posterior feita pelo Caboclo das Sete Encruzilhadas, para adequar o nome da religião a forma correta usada pelos filósofos gregos para se referir a Deus. Mas isso já é uma especulação minha.

Sobre a descendência da Tenda Espírita Mirim e o seu fundador Benjamim Figueiredo (descende da Tenda Espírita Nossa Senhora da Piedade)

No áudio ouvimos Zélio contar que Benjamim passou a frequentar a Tenda Espírita Nossa Senhora da Piedade (TENSP) para que Zélio o desenvolvesse na Aumbanda, e em uma dessas ocasiões, Orixá Malet, incorporado em Zélio, pegou Benjamim e, após carregá-lo nas costas por meio quilometro, o atirou no mar, tendo, logo após o fato, dito que Benjamim já estava pronto pra começar a trabalhar com a Umbanda. Na fita 56 B, Zélio conta que conheceu Benjamim Figueiredo, o qual trabalhava com Kardecismo e o procurou para se desenvolver na Umbanda. Teriam ido à Ilha do Braço Forte, onde, incorporado com Orixá Malet, carregou Benjamim nos ombros e andou meio quilometro com ele nas costas, jogou-o no chão e começou a cantar algo que ninguém entendia. Benjamim foi rolando pela areia, até que o Orixá Malet o pegou outra vez e entrou com ele no mar. "Levou ele até a profundeza, e eu não sei nadar, minha mulher dizia 'Zélio não sabe nadar'... Quando chegou à praia, eu disse a ele: tá pronto para trabalhar com Caboclo Mirim está batizado... agora pode me dizer quem desenvolveu ele?".

Infelizmente, na fita não há o período em que isso teria ocorrido, mas se olharmos a história da Tenda Espírita Mirim (TEM), podemos supor quando isso ocorreu. No antigo site da TEM, que reproduzo parcialmente abaixo, lemos que:

[10] ARMSTRONG, Karen Armstrong. *Uma história de Deus: quatro milênios de busca do judaísmo, cristianismo e islamismo*. São Paulo: Companhia das Letras, 1994.

> O Kardecismo veio para o Brasil através da família Figueiredo. Em 1920, esta família realizava sessões de Kardec na Rua Henrique Dias nº 26, na Estação do Rocha, Rio de Janeiro.
> No dia 12 de Março de 1920, o Médium Benjamim Gonçalves Figueiredo, teve a primazia de incorporar, pela primeira vez, o Caboclo Mirim, Grande Mestre que veio para nos ensinar a Escola da Vida, que poucos conheciam na época.
> Após a sua chegada, O Caboclo Mirim anunciou que aquela seria a última Sessão de Kardec e que as próximas Sessões passariam a ser de Umbanda.
> Em uma de suas mensagens ele disse que a partir daquele momento a TENDA ESPÍRITA MIRIM seria reconhecida mundialmente e advertia que a mesma seria uma Organização única no gênero em todo o Brasil, cujo método seria adotado por outras tendas, até mesmo em outros Estados da Federação, o que, mais tarde, teríamos a oportunidade de comprovar.
> O Caboclo Mirim, Espírito Missionário, preparou a antena receptiva daquele que seria o intermediário do seu programa, de suas ordens e de suas mensagens, ou seja, o seu médium, que preservaria a sua missão e que cumpriria, religiosamente, a sua tarefa.
> No ano de 1924 considerou-se fundada a Tenda Espírita Mirim, por ordem do Caboclo Mirim, através do seu jovem Médium, Benjamim Gonçalves Figueiredo.[11]

Perceberam que entre a ordem do Caboclo Mirim e a fundação da TEM existe um período de exatos quatro anos? Perceberam, também, que antes da ordem do Caboclo Mirim, a família de Benjamim não trabalhava com Umbanda, apenas com Espiritismo?

Ora, se:

1 – Benjamim e sua família desconheciam a Umbanda em 1920;

2 – Só iniciaram as atividades da TEM (tenda de Umbanda e não de Espiritismo) em 1924;

[11] TENDA ESPÍRITA MIRIM. Apresentação. Disponível em: *http://www.tendaespiritamirm.com.br*

3 – Zélio nos conta que Benjamim frequentou a TENSP para aprender com ele sobre a Umbanda, tendo sido batizado no mar por Orixá Malet e considerado, então, pronto a trabalhar com a Umbanda;

4 – Pelas regras da TENSP, em seu regimento interno, é Orixá Malet quem autorizava ou não a matrícula de pessoas como membros da TENSP, bem como autorizava aquelas que considerava desenvolvidas a dar passes, consultas, auxiliar trabalhos de desenvolvimento mediúnico e outros que se realizavam na tenda.

Podemos supor que nesses quatro anos, entre 1920 e 1924, Benjamim foi membro da TENSP, com autorização de Orixá Malet, tendo sido desenvolvido e considerado pronto por esta entidade a começar a trabalhar com a Umbanda e, só depois disso, é que Benjamim teria fundado a TEM, junto de seus familiares. Ou seja, embora Renato Ortiz tenha escrito que:

> A Umbanda se desenvolve paralelamente em diferentes estados sem que exista, pelo menos de maneira comprovada, uma relação de influências entre os diversos terreiros. Em meados dos anos 1920, existe em Niterói a tenda de Zélio de Moraes, no Rio de Janeiro a de Benjamim Figueiredo, e em Porto Alegre a de Otacílio Charão.[12]

e outros pesquisadores tenham se baseado nele quando escreveram sobre o início da Umbanda, podemos afirmar, comprovado pelo áudio em questão, que há, sim, uma relação da TEM com a TENSP, uma vez que a TEM pode ser considerada mais uma tenda de Umbanda descendente da TENSP.

Talvez, a TEM seja a segunda tenda descendente da TENSP, mas não podemos afirmar isso por enquanto, pois ainda não conseguimos descobrir a data de fundação da Tenda Espírita São Pedro (só sabemos que foi anterior a 04 de março de 1927).[13]

---

[12] ORTIZ, Renato. Breve nota sobre a Umbanda e suas origens. *Religião e Sociedade*. Rio de Janeiro: Civilização Brasileira, 1986.

[13] A data de fundação é 5 de março de 1925, conforme pesquisa do Coronel Carlos Soares Vieira (nota do autor).

A Entidade Pai Roberto e Benjamim Figueiredo

Pela fita, ouvimos que a entidade Pai Roberto trabalhava com um médium do bairro de Alcântara, São Gonçalo, RJ, antes de passar a trabalhar com Benjamim Figueiredo. Ainda segundo a fita, quando da visita de Benjamim ao terreiro do citado médium, a entidade Pai Roberto, incorporada, disse a Benjamim que ele abandonaria o cavalo (médium) dele e ia passar a trabalhar através da mediunidade do Benjamim, abandonando o médium anterior e os trabalhos de feitiçaria

Figura 16: Pintura de Pai Roberto.

que fazia através dele.

Acho que com essas considerações, conseguimos mostrar a você, leitor, a importância do áudio.

TENDA ESPÍRITA MIRIM – MATRIZ E FILIAIS

Ao longo do tempo algumas Tendas mudaram de endereço e outras tiveram suas atividades encerradas. Vejamos, inicialmente, a relação das Tendas em 1970, publicada no livro *Magias da Umbanda*, de Jota Alves de Oliveira. Em seguida temos a relação publicada no livro de Benjamim Figueiredo *Umbanda - Escola da Vida* – Volume I (1983). Logo após a relação encontrada, em 2019, na página da Tenda Espírita Mirim.

Encontramos, recentemente, Tendas em Londres, Pais de Gales e Lisboa. Com o encerramento das atividades de várias Tendas, ocorreu uma alteração da numeração das filiais.

Magias da Umbanda, Jota Alves de Oliveira – Editora ECO, 1970

SEDE – Avenida Marechal Rondon, 597 – São Francisco Xavier.

FILIAL 1 – Rua Alegrete, 122 – Queimados. Direção Espiritual do Caboclo Tibiriçá.

FILIAL 2 – Rua Vovó Catarina, 354 – Morro Agudo – Nova Iguaçu – RJ.

FILIAL 3 – Rua Francisco Ferreira, 12 – Austin – Rio de Janeiro. Direção Espiritual do Caboclo Peri.

FILIAL 4 – Rua Rinaré, 285 – Realengo. Direção Espiritual do Caboclo Jaguari.

FILIAL 5 – Em reorganização.

FILIAL 6 – Em reorganização.

FILIAL 7 – Avenida Nelson Cardoso, 270 – Largo do Tanque – Jacarepaguá. Direção Espiritual do Caboclo Uerucutum.

FILIAL 8 – Avenida Almirante Oliveira Pinto, 116 – Colégio. Direção do Caboclo Pena Verde.

FILIAL 9 – Estrada do Itaboraí s/n – Itaboraí – Estado do Rio. Direção Espiritual do Caboclo Juruçá.

FILIAL 10 – Em reorganização.

FILIAL 11 – Rua Sargento Aquino, 450 – Olaria. Direção Espiritual do Caboclo Sete Ondas.

FILIAL 12 – Rua Mosela, n. 1548 – Estado do Rio. Direção do Caboclo Tupiniquim.

FILIAL 13 – Rua D, Lote 16. Quadra 1, – Estação Engenheiro (Caramujo). Direção Espiritual do Caboclo Araçatuba.

FILIAL 14 – Rua Antônio Cordeiro, 160 – Freguesia – Jacarepaguá. Direção Espiritual do Caboclo Pena Branca.

FILIAL 15 – Rua Zopiro Goulart, 166 – Senador Camará. Direção Espiritual do Caboclo Guaraí.

FILIAL 16 – Rua Adalberto Tanajura, S/N – Anchieta. Direção Espiritual do Caboclo Zanueli.

FILIAL 17 – Rua Taboraí, 537 – Braz de Pina. Direção Espiritual do Caboclo Arruda.

FILIAL 18 – Rua Laura Brandão, Lote 32 – Honório Gurgel. Direção Espiritual do Caboclo Rompe Mato.

FILIAL 19 – Rua Projetada, Quadra D – Lote 9 – Mesquita. Direção Espiritual do Caboclo Mata Virgem.

FILIAL 20 – Rua D – Quadra F, Lote 12 – Bairro da Graça. Direção Espiritual do Caboclo Pena Branca.

FILIAL 21 – Alameda Vanazzi, s/n – Barra Mansa – Estado do Rio.

FILIAL 22 – Rua B, 167 – Paciência. Direção Espiritual do Caboclo Tupinagé.

FILIAL 23 – Rua da Escolinha s/n. Parada Angélica – Estado do Rio. Direção Espiritual do Caboclo Jupiraci.

FILIAL 24 – Rua Jarina, 352 – Marechal Hermes. Direção Espiritual do Caboclo Itamar.

FILIAL 25 – Rua Verão, 63/65 – São Gonçalo – Estado do Rio. Direção Espiritual do Caboclo Calmaria.

FILIAL 26 – Assaí – Estado do Paraná. Direção Espiritual do Rei Congo de Angola.

FILIAL 27 – Rua Professor Honório Silvestre, 106 – Ramos. Direção Espiritual do Caboclo Atuia.

Umbanda - Escola da Vida – Volume I (1983) – Benjamim Figueiredo

SEDE – Avenida Marechal Rondon, 597 – São Francisco Xavier – Rio de Janeiro.

FILIAL 1 – Rua Alegrete, 122 – Queimados – RJ.

FILIAL 2 – Rua Vovó Catarina, 354 – Morro Agudo – Nova Iguaçu – RJ.

FILIAL 3 – Rua Francisco Dias, 183 – Marechal Hermes – Rio de Janeiro.

FILIAL 4 – Rua Rinaré, 285 – Realengo – Rio de Janeiro.

FILIAL 5 – Rua Getúlio, 65 – Todos os Santos – Rio de Janeiro.

FILIAL 7 – Avenida Nelson Cardoso, 270 – Tanque – Jacarepaguá – Rio de Janeiro.

FILIAL 8 – Avenida Almirante Oliveira Pinto, 116 – Colégio – Rio de Janeiro.

FILIAL 9 – Rua Promotor Olímpio de Melo, 395 – Itaboraí – RJ.

FILIAL 11 – Rua Sargento Aquino, 450 – Olaria – Rio de Janeiro.

FILIAL 12 – Ladeira Carlos Bittencourt, 33 – Mosela – Petrópolis – RJ.

FILIAL 13 – Rua Maracaí, 16 – Paracambi – RJ.

FILIAL 14 – Rua Antônio Cordeiro, 160 – Freguesia – Jacarepaguá – Rio de Janeiro.

FILIAL 15 – Rua Zopiro Goulart, 166 – S. Camará – RJ.

FILIAL 16 – Rua Adalberto Tanajura, S/N – Anchieta – Rio de Janeiro.

FILIAL 17 – Rua Silvia Costa, 84 – Japerí – RJ.

FILIAL 18 – Rua Laura Brandão, 32 – Honório Gurgel – Rio de Janeiro.

FILIAL 19 – Rua Projetada, Quadra 9, Lado Direito – Mesquita – RJ.

FILIAL 21 – Alameda Vanazzi, 60 – Barra Mansa – RJ.

FILIAL 22 – Rua Itapemirim, 471 – Nova Iguaçu – RJ.

FILIAL 24 – Rua Teixeira de Pinho, 144 – Piedade – Rio de Janeiro.

FILIAL 25 – Rua Verão, 63/65 – São Gonçalo – RJ.

FILIAL 27 – Rua Professor Honório Silvestre, 106 – Ramos – Rio de Janeiro.

FILIAL 29 – Estrada da Sacarrão, 56 – Vargem Grande – Rio de Janeiro.

Página da Tenda Espírita Mirim (2019)
http://www.tendaespiritamirim.com.br

MATRIZ

Av. Marechal Rondon, nº 597 – São Francisco Xavier, Rio de Janeiro – RJ

Comando: Janaína Figueiredo / Cabocla Janaína e Vovó Maria da Guiné

1ª FILIAL
R. Juiz de Fora, 122 – Guarani, Queimados/RJ
Comando: Carlos Fernandes/Caboclo Flecha Dourada do Oriente e Pai José de Angola - Rosilene Fernandes / Cabocla Iara e Vovó Cambinda do Cativeiro

2ª FILIAL
R. Vovó Catarina, 354 – Cidade Mirim, Nova Iguaçu/RJ
Comando: Waldir / Caboclo Ogum Rompe Mato e Tia Joana
Leila / Caboclo Sete Estrelas e Vovó Catarina

3ª FILIAL
R. Jacuí, 28 – Braz De Pina, Rio de Janeiro/RJ
Comando: Lúcio Mattos / Caboclo Ventania, Pai Joaquim de Angola e Vovó Joana De Angola

4ª FILIAL
Rua Rinaré, 285 – Realengo, Rio de Janeiro/RJ
Comando: Nilzea Patane / Caboclo Flecha Dourada e Vovó Maria d'Angola

5ª FILIAL
Rua Zopiro Goulart, 166 – Senador Camará, Rio de Janeiro/RJ
Comando: Luan Augusto / Caboclo Tupinambá e Pai João de Angola

6ª FILIAL
Rua Boiacá, 95 – Bento Ribeiro, Rio de Janeiro/RJ
Comando: Matheus Augusto / Caboclo Pena Verde e Vovó Maria Quitéria

7ª FILIAL
Avenida Nelson Cardoso, 270 – Taquara, Rio de Janeiro/RJ
Comando: Gera Oliveira / Caboclo Ogum Sete Espadas e Tia Mariana

8ª FILIAL (SÃO FRANCISCO, CA, USA)
219 Paloma Ave, San Francisco, Califórnia, 94901, EUA
Comando: Ana Maria de Ayra / Caboclo Caçador de Oxóssi e Vovó Catarina

10ª FILIAL (LISBOA, PT)

Largo do Poço Branco, 3A, São João das Lampas, Lisboa, Portugal
Comando: Thales Fonseca / Caboclo Guerreiro e Pai Benedito de Aruanda

11ª FILIAL
Rua Sargento Aquino, 431 – Olaria, Rio de Janeiro/RJ
Comando: Hilton Ribeiro / Caboclo Rei Caçador e Pai Benedito do Cruzeiro

12ª FILIAL
Ladeira Carlos Bittencourt, 33 – Mosela, Petrópolis/RJ
Comando: Jandira Domingos / Caboclo das Sete Jiboias e Pai Cambinda do Cativeiro

13ª FILIAL (INGLATERRA, UK)
Potters Bar – Hollies Way, Amboise Building, 230, High Street Potters Bar, EN6 5BH
Comando: Thales Fonseca / Caboclo Guerreiro e Pai Benedito de Aruanda - Aliton Costa / Caboclo Ventania e Pai Serafim

14ª FILIAL (CARDIFF – PAIS DE GALES, UK)
Comando: João Luz / Caboclo Guerreiro

O COLEGIADO ESPIRITUALISTA DO CRUZEIRO DO SUL

A tentativa dos umbandistas em demarcar seu distanciamento das práticas religiosas da matriz africana, aproximando-se do Espiritismo, vai além das teses do Primeiro Congresso Brasileiro do Espiritismo de Umbanda, ocorrendo nas obras de seus intelectuais. Termos como Umbanda Branca, Umbanda Pura, Umbanda de Linha Branca são contemporâneos desse Congresso, que sugeriam a purificação da Umbanda de seu passado africano.

Na década de 1940, existiam dois grandes grupos de intelectuais umbandistas que trabalhavam em sentidos opostos: um, procurava o reconhecimento da Umbanda como uma religião espírita ou pelo menos com tais características, o outro defendia as origens africanas da Umbanda e uma completa independência do Espiritismo.

O primeiro grupo apresentou suas teses no Primeiro Congresso Brasileiro do Espiritismo de Umbanda, em 1941, e reconhecia a origem africana da religião umbandista, mas defendia a matriz espírita kardecista com bases católicas.

Um dos objetivos deste Congresso era mostrar as raízes genuínas da Umbanda do Oriente. Uma análise do conteúdo simbólico das teses apresentadas durante o Congresso mostra que os intelectuais de Umbanda, em busca de legitimidade, tentavam construir uma identidade mais próxima do Espiritismo do que das origens africanas.

Os participantes desse grupo preocupavam-se em revestir a Umbanda com qualificações que acabassem com a discriminação e o preconceito (baixo espiritismo e macumba). O fato ficou conhecido como o embranquecimento da Umbanda.

O segundo grupo, caminhava na direção oposta, defendendo a origem e as raízes africanas, não aceitando a aproximação com o Espiritismo. Procuravam resolver o problema da perseguição religiosa por meio do sincretismo com o Catolicismo, que já havia sido incorporado pelos candomblés e pelos Cultos de Nação em geral. A figura de maior destaque nesse grupo foi Tancredo da Silva Pinto, considerado o principal articulador do Culto Omolokô no Brasil.

Um dos objetivos do Primeiro Congresso Brasileiro do Espiritismo de Umbanda era desafricanizar a Umbanda e por isso não haviam sido convidados os líderes das religiões afro-brasileiras. Em 1950, Tancredo da Silva Pinto, defensor dos cultos afro-brasileiros, fundou a Confederação Espírita Umbandista do Brasil.

Na metade da década de 1950, seis federações foram fundadas no Estado do Rio de Janeiro, dentre elas, a Aliança Umbandista do Rio de Janeiro (AURJ). Três dessas federações defendiam uma forma de Umbanda africanizada.

Tancredo da Silva Pinto, através de sua coluna semanal no jornal O Dia, recomendava uma forma africana para os rituais da Umbanda. Conseguiu grande ascendência sobre os setores mais humildes da religião, chegando a receber o título de *Tata de Umbanda*.

Em 1956, os representantes das duas correntes, a Umbanda Pura e a Umbanda Africanista superaram determinadas divergências e formaram uma coligação, que agrupava as principais federações do Rio de Janeiro, e foi denominada de Colegiado Espiritualista do Cruzeiro do Sul e tinha a UEUB como principal articuladora. Dessa coligação participou também Tancredo da Silva Pinto chegando mesmo a ser um dos seus presidentes. Duas matérias do mês de maio de 1956 do *Jornal de Umbanda* registram os objetivos e a instalação do Colegiado.

Benjamim Figueiredo foi eleito Presidente Executivo do Colegiado Espiritualista do Cruzeiro do Sul, como podemos ver na matéria publicada pelo *Jornal de Umbanda*.

Como esperamos seja o Colegiado Espiritualista do Cruzeiro do Sul

Jornal de Umbanda, maio-junho de 1956

A UNIÃO ESPIRITISTA DE UMBANDA DO BRASIL, o PRIMADO DE UMBANDA, a CONFEDERAÇÃO ESPÍRITA UMBANDISTA e a ORDEM MÍSTICA ESPIRITUALISTA AGLA-AVID se uniram para fundar o COLEGIADO ESPIRITUALISTA DO CRUZEIRO DO SUL, cujo objetivo é estabelecer a harmonia entre as diversas correntes religioso-espiritualistas.

Primeiro o intercâmbio em uma política de "boa vizinhança" para, à medida que essas relações forem estreitando os seus laços, ser possível trabalhar e lutar pelo "GLÓRIA A DEUS NAS ALTURAS E PAZ NA TERRA AOS HOMENS DE BOA VONTADE" que um dia poderá ter um sentido mundial se for possível primeiro criar o entendimento no nosso Brasil.

Pode parecer para muitos uma utopia, uma tarefa superior à força humana, mas é preciso notar que não estamos sós e que à nossa volta existem inúmeras Falanges cuja missão é justamente despertar a espiritualidade, a fraternidade e o entendimento entre os seres humanos.

Mas é preciso que os elementos que tem sobre suas cabeças a responsabilidade de manter o equilíbrio de relações entre essas correntes do pensamento humano ajam sempre com a máxima lealdade e sinceramente absoluta. Nada de puxar a "brasa para a sua sardinha". Nada de querer preponderar ou mesmo querer demonstrar superioridade.

Antes de tudo é preciso respeitar para ser respeitado; deixar os julgamentos para a Justiça Divina. É preciso não olvidar nunca que muita gente que por aí anda pensando ser espírito altamente evoluído, quando chegar lá em cima, na pátria da realidade, há de se sentir encalistrado[14] e muito se admirará quando verificar que muitos daqueles que mereciam seu desprezo e sua pena estão situados muitos degraus acima, na escala da espiritualidade.

Esse passo que acaba de ser dado é um princípio ainda muito embrionário. A semente ainda precisa brotar, ser bem resguardada, para que possa crescer e a haste se transformar em arbusto e muito depois em árvore frondosa.

Urge que cada uma dessas correntes estabeleça bem claramente suas normas, de modo a que cada uma tome conta de sua seara sem entrechoques, sem invasão de fronteiras, o que só pode ser alcançado se essas fronteiras estiverem bem determinadas.

Urge promover a criação da Federação dos que seguem o rito Omolokô, urge reunir os que fazem Quimbanda. Urge estabelecer todas as diferenciações para que então o entendimento seja possível e não provoque confusões lamentáveis.

É mister muita coragem, muito desprendimento, muita luta, mas acima de tudo boa vontade e sinceridade.

Muito necessária é a colaboração das organizações de primeiro grau (tendas, centros, cabanas, templos, lojas etc.) de modo que cada uma, compenetrada de suas responsabilidades e de sua posição no tempo e no espaço, não venha a perturbar essa harmonização tão necessária.

É preciso que as comissões encarregadas de organizar, dentro de suas respectivas agremiações, suas normas e as que reúnam representantes das diversas correntes para o estabelecimento do que acima chamamos de fronteiras, todas sejam escolhidas com muito critério, em que entrem os fatores de conhecimento, de equilibrado bom senso e de muito espírito de compreensão e fraternidade, para que seja possível colher frutos verdadeiramente sadios, subjetiva e objetivamente.

[14] Envergonhado.

Essa talvez seja a tarefa inicial de maior responsabilidade, pois qualquer falha pode redundar no mais completo fracasso da iniciativa.

Da elevação dos propósitos de cada um resultará o êxito, assim como da segurança dos alicerces depende a firmeza e alcance de qualquer obra.

Nada de concessões politiqueiras nessa escolha é primordial.

Por sua vez os que receberem tais encargos ter aquele espírito de renúncia que marcou os apóstolos de Cristo, que tudo deixaram para seguir seus passos, fortuna, bens e família.

Assim é que acreditamos ser possível realizar essa obra, que consideramos belíssima e necessária, a qual, se firmar-se, atrairá por certo novos agrupamentos, o que a reforçará naturalmente.

Jornal de Umbanda, maio-junho de 1956

Instalou-se no dia 30 de maio de 1956, na sede do Centro Espírita Caminheiros da Verdade, Rua Atalaia, 133, Engenho de Dentro, o COLEGIADO ESPIRITUALISTA DO CRUZEIRO DO SUL, tomando posse, na mesma oportunidade a sua primeira diretoria que ficou assim constituída; *Conselho Superior*: **Benjamim Gonçalves Figueiredo**, Presidente Executivo; Floriano Manoel da Fonseca e Tancredo da Silva Pinto, presidentes, sendo este o mais alto órgão dentro do COLEGIADO; Secretário Geral, Professor Celso Alves Rosa; Tesoureiro Geral, Senhor Armando Gareau Moreira; Presidente da Comissão de Investigação Psíquica, Professor Waldir Osório; Comissão de Assuntos Materiais, Senhor Jerônimo de Sousa; Superintendente de Assuntos Espirituais, Senhor Antônio Venâncio do Nascimento; Superintendente de Assuntos Materiais, Sebastião Rodrigues Alves; Comissão de Visita e Intercâmbio, Jayr Matos Tostes; Comissão de Sindicância, Profilaxia Moral e Fiscalização, Aristides Castanheira; Comissão de Estudos e Pesquisas, Dr. Henrique Landi. *Conselho Fiscal*: João Carneiro de Almeida, Raimundo Guedes Cavalcante, José Ribeiro, Belarmino de Oliveira Pinto, Roberto Ramos de Oliveira e Manoel Nogueira Aranha.

Os trabalhos tiveram início exatamente às 20 horas, logo após ter sido constituída a mesa que dirigiu os trabalhos, cabendo a presidência ao irmão Presidente do COLEGIADO, **Senhor Benjamim Gonçalves Figueiredo**, participando da mesma as diversas representações que ali compareceram, anotando-se entre as mesmas a representação da União Espiritista de Umbanda do Estado de São Paulo e Confederação dos Centros Espíritas de São Paulo; Dra. Dala Paes Leme, esposa do pintor do lindo e espiritual quadro de Iemanjá. Inicialmente ouviu-se o Hino Nacional executado pela Banda de Música do Terceiro Batalhão da Policia Militar; a seguir foi pronunciada a prece pelo irmão Presidente do Centro Espírita Caminheiros da Verdade e conselheiro do Colegiado, João Carneiro de Almeida, após o que fazem uso da palavra, representando, respectivamente: União Espiritista de Umbanda do Brasil; Confederação Espírita Umbandista e Primado de Umbanda, instituições fundadoras do Colegiado; fala em seguida o jornalista e escritor João de Freitas.

Encerrada a primeira parte, sob a direção da Professora Lídia Nunes, Presidente do Centro Espírita Trabalhadores Humildes e diretora do Departamento Infanto-Juvenil da União Espiritista de Umbanda do Brasil, tem início a solenidade artística com a apresentação do belo quadro: CRUZEIRO DO SUL, com a participação de jovens irmãs dos diversos Centros e Tendas de Umbanda, como sejam: Caminheiros da Verdade; Cabana Nosso Senhor do Bonfim; Trabalhadores Humildes e muitas outras que nossa reportagem não conseguiu anotar, cada uma delas representando um Estado do Brasil. Empunhando garbosamente a bandeira nacional recitavam um poema alusivo ao Estado que representavam, terminando com a jovem simbolizando o Cruzeiro do Sul, a qual, após declamar lindo poema, intitulado "O Cruzeiro do Sul", passa a linda faixa ao Presidente executivo do COLEGIADO.

Na mesma ordem é oferecido ao COLEGIADO, pelos trabalhadores da Cabana Espírita Nosso Senhor do Bonfim uma linda flâmula sendo a mesma entregue ao Presidente; segue-se um bem organizado show, sob a direção do jovem Osmar, representando a Ordem Espiritualista Agla-Avid, que arrancou merecidos aplausos do público com a linda apresentação dos artistas. Termina a inesquecível festa com uma farta mesa de doces.

Anotamos entre os presentes o filho do General Araripe Faria, o jovem Dr. Manoel Araripe; o escritor umbandista Lourenço Braga; Olívio Novais e as representações das seguintes Tendas e Centros: Sumaré; Tupinambá; Pai Joaquim de Loanda; Fraternidade; Cabana Espírita Jipiri; Nosso Senhor do Bonfim; Cabana Espírita Pai João; Tenda Espírita Fé pela Luz; Centro Espírita Perseverança; Centro E. U. S. Antônio de Pádua; Olívio Novais, representando o *Jornal de Umbanda*; José Alves de Oliveira, representando *O Caminho*; e o Professor Theodoro Castelo, representando *O Caminheiro* e ainda o representante do jornal *Nossa Umbanda*; Sociedade Baiana; Seara de Umbanda Tupinambá; Casa Espírita Cosme e Damião; Tenda Espírita Tupinambá; Tenda da Igreja de Cristo; Tenda de Umbanda Jesus Maria e José; Tenda Ubirajara; **Primado de Umbanda**.

A TENDA ESPÍRITA MIRIM E A SUA ESCOLA (1952)

Benjamim Gonçalves Figueiredo

Introdução

Este trabalho foi ditado pelo grande Orixá de Umbanda, CABOCLO MIRIM, com o único propósito de orientar a Armação de um Terreiro na parte material.

Diz Mirim que a Umbanda começa na indispensável disciplina física e termina na física da grande disciplina, e enquanto não houver disciplina material de um terreiro, a desorganização também material, cada um, organizará um ambiente de indisciplina, consciente ou inconsciente que, ligada a outras forças iguais, aumenta consideravelmente o potencial de indisciplina física, dando ao ambiente uma depreciação na vibração de vida, prejudicando assim toda e qualquer ação de magia que possa ser executada.

Assim, pois, este trabalho que traduz a Escola Umbandista,

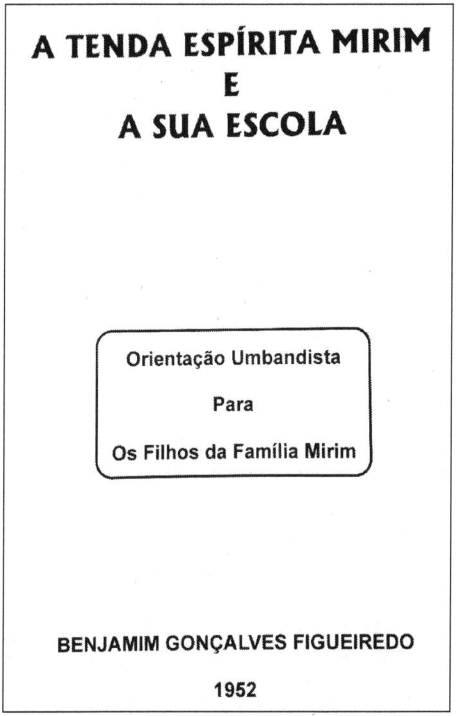

A TENDA ESPÍRITA MIRIM
E
A SUA ESCOLA

Orientação Umbandista
Para
Os Filhos da Família Mirim

BENJAMIM GONÇALVES FIGUEIREDO

1952

Figura 17: Capa do livro *A Tenda Mirim e Sua Escola: Orientações para os Filhos da Família Mirim* (1952).

realizado na TENDA ESPÍRITA MIRIM, será ofertada a todos os MANOS, como prova de solidariedade na Lei de Umbanda.

Benjamim Figueiredo
Cavalo do Caboclo Mirim

Os cinco princípios fundamentais que compõem a ação mediúnica

1ª – Quando dois espíritos estão ligados pela escravidão de ambos em crimes cometidos.

2ª – Quando a união entre dois espíritos se faz pela escravidão do encarnado, mas quando o desencarnado ainda tem inferioridade.

3ª – Quando a união é feita sem acordo de necessidades recíprocas.

4ª – Quando a união é feita sem acordo, porém em que ambos se estimam;

5ª – Quando a união é feita pela harmonia natural, sem que ambos se distingam.

Instruções para abertura e encerramento, da atribuição do cabeceira

O Cabeceira, que tem a função de responsável pelo terreiro, fará a abertura e o encerramento do mesmo, sendo precedido de uma preparação do ambiente em uma breve palestra, para então fazer a prece pedindo autorização às forças da natureza.

E assim, em nome de São Miguel Arcanjo, São Gabriel e São Rafael, em nome de Oxalá, Oriente Yemanjá, Ogum, Oxóssi, Xangô e todos os africanos, em nome do Caboclo Mirim, estão abertos os nossos trabalhos.

Abertos os trabalhos pelo Cabeceira, o Sr. Ogan fará as saudações de acordo com as instruções junto, até a chegada do Orixá que vai comandar o terreiro.

Depois que o Chefe Espiritual chega e encerrada a sua curimba de chegada são feitas as saudações de acordo com o ritual; ainda o Cabeceira faz a entrega do terreiro ao Comandante Espiritual que vai trabalhar.

Instruções para abertura e encerramento feitas pelo Sr. Ogan

Depois de feita a prece pelo Cabeceira. O Ogan faz a abertura do terreiro da seguinte forma:

Saravá (nome do Chefe que vai comandar)
Saravá Curumataí
Saravá Tubiriçá
Saravá Jangobi
Saravá Peri
Saravá Ogum Sete Estrelas
Saravá Giramundo

Estes Orixás são, oficialmente, Chefes das Filiais da Tenda Espírita Mirim.

O ponto cantado de abertura será dos Anjinhos, que será curimbado três vezes. Ao chegar o Ogan determinará os pontos que deverão ser curimbados.

O Ogan é obrigado a bater cabeça na entrada e saída do Chefe de terreiro, no que deverá ser acompanhado pelos curimbeiros auxiliares.

É expressamente proibido, nas filiais, o uso de atabaques, fazer cabeça, matança, despachos, demandas, receituários ou consultas para remédios; estas serão encaminhadas ao Departamento Médico, para as devidas providências, que serão tomadas na Matriz.

O Chefe do terreiro da filial tem poderes para indicar os filhos que achar em condições de assumir as promoções, bastando para tanto levar o escolhido à presença do Caboclo Mirim para lhe ser feita a consagração.

O Sr. Ogan, ou o curimbeiro que estiver puxando as curimbas, poderá cantar as curimbas dos Orixás das filiais, mas somente durante os trabalhos, sem prejuízo da abertura dos mesmos.

Instruções para a nomenclatura dos filhos que trabalham no terreiro

Os trabalhadores de um terreiro de qualquer organização umbandista dividem-se em dois quadros que constituem as duas forças, de utilidade para a boa formação da magia aplicada:

Filhos espirituais de Umbanda – Cavalos
Filhos materiais de Umbanda – Cambonos

Estes dois quadros se dividem cada um em sete cursos

de preparação ou sete graus, de acordo com o aproveitamento de cada filho.

1º Quadro – Filhos Espirituais de Umbanda

Os iaôs ou iniciados são todos os profanos que ingressaram na organização para as necessárias provas de experiência a fim de seguirem o verdadeiro caminho: Filho Materiais e Espirituais de Umbanda, de acordo com a aptidão de cada um.

1º Grau – São todos profanos que, aprovados nas experiências, vão seguir o quadro de Filhos Espirituais de Umbanda – Cavalos.

2º Grau – São todos os filhos que trabalham no BANCO, fazendo o aperfeiçoamento de incorporação com os elementos necessitados.

3º Grau – São todos os filhos que trabalham no TERREIRO, dando passes para o aperfeiçoamento de incorporações com as Entidades.

4º Grau – São todos os filhos que trabalham como SUBCHEFES; receberão a primeira consagração de terreiro e assumirão o primeiro compromisso da Fé, com o COMANDANTE CHEFE DE TERREIRO.

5º Grau – São todos os filhos que, aprovados nos graus anteriores, demonstraram por merecimento próprio, o direito de serem CHEFES DE TERREIRO; receberão a consagração do grau e será dado ao conhecimento público o nome do seu águia.

6º Grau – São todos os filhos que já tenham completado as escolas nos graus por que passaram e aprovados pelo COMANDANTE CHEFE DE TERREIRO; serão consagrado com a ORDEM DE COMANDO e assumirão a Chefia das Filiais, pelo engrandecimento da Umbanda.

7º Grau – É sempre o COMANDANTE GERAL DA ORGANIZAÇÃO que tem sobre os seus ombros a responsabilidade de manter a disciplina e todo patrimônio moral da organização.

2º Quadro – Filhos Materiais da Umbanda

1º Grau – São todos os profanos aprovados nas experiências e que vão seguir o quadro de Filhos Materiais de

Umbanda – Cambonos.

2° Grau – São todos os filhos que estão se aclimatando ao respeito e à disciplina do terreiro, para serem respeitados quando assumirem quaisquer responsabilidades ordenadas pelos superiores.

3° Grau – São todos os filhos que fazem serviço de cambonagem junto aos assistentes, frequentadores da organização, para aprenderem a tratar com urbanidade de acordo com os preceitos da Umbanda.

4° Grau – São todos os filhos que fazem o aprendizado das curimbas para serem selecionados como CURIMBEIROS AUXILIARES DO Sr. OGAN.

5° Grau – São todos os filhos, que já sendo Curimbeiros Auxiliares, passam pelos testes de inteligência, boa voz, disciplina de terreiro e moral para ingressarem, quando aprovados, na ESCOLA DE OGAN.

6° Grau – São todos os filhos que fazem o curso especial de Ogan.

7° Grau – São todos os filhos, devidamente aprovados na Escola de Ogan e consagrados pelo Comandante Chefe de Terreiro, que recebem a Ordem Sagrada de comandarem os Terreiros das Filiais junto a um Subchefe Comandante Chefe de Terreiro.

A Escola da Lei de Umbanda será obrigatória para todos os filhos, a fim de se prepararem convenientemente, tornando-se assim elementos úteis a si mesmos a aos outros, quando se fizer necessário:

1° – Todos os graus dos Filhos Materiais de Umbanda tem escolas especializadas cujas instruções serão ministradas pelos filhos mais graduados como princípio de disciplina.

2° – Estas instruções são bases fundamentais de Leis que serão executadas na Matriz e nas Filiais da Tenda Espírita Mirim.

3° – Todos os filhos consagrados com a Ordem de Comando nas Filiais cumprirão estas instruções e farão cumprir como se fosse o próprio Comando Geral da Organização.

Nomenclatura do quadro de trabalhadores adultos da Família Mirim

Filhos Espirituais de Umbanda – Cavalos

7° Grau – Comandante Chefe de terreiro – CCT
6° Grau – Subcomandante Chefe de Terreiro – SCCT
5° Grau – Chefe de Terreiro – CT
4° Grau – Subchefe de Terreiro – SCT
3° Grau – Terreiro – T
2° Grau – Banco – B
1° Grau – Iaô ou iniciante – I

Filhos Materiais de Umbanda – Cavalos

7° Grau – Ogan – O
6° Grau – Escola de Ogan – EO
5° Grau – Curimbeiro – C
4° Grau – Curimbeiro Auxiliar – CA
3° Grau – Assistência – A
2° Grau – Serviço de Terreiro – ST
1° Grau – Iaô ou iniciante – I

Instruções

1° – Estes emblemas são colocados no braço direito de cada filho que ingressa no quando de adepto da organização.

2° – Cada Filial usará a cor das letras de acordo com a linha especializada que trabalha o Orixá Comandante.

3° – Todas as Filiais usarão o uniforme da Organização, colocando sobre o emblema da categoria o Ponto Riscado do Orixá Comandante.

4° – Todas as Sessões Espirituais da Matriz e Filiais começarão às 20h30min horas e terminarão às 22 horas.

Nomenclatura do quadro de trabalhadores juvenis da Família Mirim

A – Filhos Espirituais de Umbanda

5° Grau – Chefe de Terreiro – CTJ
4° Grau – Subchefe de Terreiro – SCTJ
3° Grau – Terreiro – TJ
2° Grau – Banco – BJ

1° Grau – Iniciando – IJ

B – Filhos Materiais de Umbanda – Cambonos
5° Grau – Curimbeiro – CJ
4° Grau – Curimbeiro Auxiliar – CAJ
3° Grau – Assistência – AJ

Classificação dos Espíritos que trabalham nos cavalos

Ordem geral

ENTIDADES: Nos cavalos do 1°, 2° e 3° Graus
GUIAS: Nos cavalos do 4° e 5° Graus
ORIXÁS: Nos cavalos do 6° e 7° Graus

1ª Fase – Preparação

Todo e qualquer Espírito que esteja trabalhando na cabeça de um cavalo de 1°, 2° e 3° Graus (Desenvolvimento, Banco e Terreiro) é considerado como Entidade, pelo fato de estar na dependência da preparação do cavalo que terá de realizar um tempo de trabalho necessário para harmonização das duas forças.

Assim, pois, Entidades quando incorporadas no terreiro, farão saudações entre si, batendo ombro. Baterão ombro também, aos cavalos de 4° Grau.

Farão saudações, de joelhos, aos cavalos de 5° Grau.

Baterão cabeça aos cavalos de 6° Grau.

Não farão saudações aos cavalos de 7° Grau.

2ª Fase – Confirmação

Quando um determinado Espírito houver passado com trabalho efetivo com o seu cavalo, pelos três primeiros graus, devidamente aprovado pelo seu Comandante Chefe, será promovido ao 4° Grau, que é Subchefe de Terreiro; fará então o Juramento de Fidelidade, dando o seu nome e Ponto Riscado e cantando sua Curimba para que o Comandante Chefe faça a devida Confirmação e seja considerado como Guia do cavalo.

Farão saudações, batendo ombro, aos cavalos do 5° Grau. Farão saudações de joelhos, aos cavalos do 6° Grau e baterão cabeça aos cavalos de 7° Grau.

3ª Fase – Submissão

Quando o Guia, pelo seu tempo de trabalho, haja conseguido a confiança e estima do seu cavalo e tenha demonstrado como Subchefe, desembaraço, simplicidade e capacidade administrativa, será consagrado como cavalo de 5° Grau, que é Chefe de Terreiro, prestando assim o Juramento de Submissão, quando fará a Escola de Comando. Farão saudações, batendo ombro, aos cavalos de 6° e 7° Graus.

4ª Fase – Comando

Quando a Entidade e depois Guia, houver alcançado a sua Preparação, Confirmação e Submissão, devidamente aprovadas na sua grande realização, juntamente com o seu cavalo, será cavalo de 6° Grau, fazendo o Juramento de Honra e recebendo a Ordem Sagrada de Comando como Subcomandante Chefe de Terreiro.

O que representa a saudação material

Esta Magia Material aplicada consciente ou inconsciente tem três ações que se complementam no mesmo ato:

– A primeira, com a simples presença do animal (que é a fonte profana da vida consciente), com outro animal racional, ou mesmo com outra espécie de vida. Este contato simples é a primeira ação da Magia, fundamentalmente de vibração orgânica (forma).

– A segunda é a ação de tomarmos conhecimento direto, daquele ou daquilo, que está junto a nós, quando passamos a dirigir as nossas vibrações mentais, aceitando ou não, de acordo com o foro íntimo de cada um.

– A terceira é aquela ação que executamos ao nos ligarmos materialmente, pelo aperto de mão a uma pessoa, ou pegarmos em qualquer objeto, fazendo a ligação integral na Magia aplicada.

Sabemos bem dos perigos que decorrem destas três ações que são de ordem material. Os Filhos de Umbanda deverão evita na maneira do possível, certos e determinados contatos, a fim de não ficarem sujeitos às diferenças de vibrações que, para os mal intencionados, representam uma oportunidade de ataque.

Assim, pois, temos no Ritual de Umbanda, a saudação oficial para a nossa vida profana, vida pública, que dará aos filhos obedientes os meios de defesa pessoal.

A nossa saudação profana, pela Lei de Umbanda, é feita, tão somente colocando a mão direita completamente aberta sobre o nosso próprio coração, traduzindo com isto, todo o nosso afeto por aquele que está junto de nós.

O que representa a saudação espiritual

A saudação é a Lei de interpretação de valores, materiais ou espirituais, para a boa vibração de um ambiente. A saudação é feita dentro de três planos de ação, de acordo com os valores presentes ao mesmo ato:

a) Feita por um valor menor a um maior.

b) Feita por valores do mesmo nível.

c) Feita por valores maiores aos menores.

A saudação, sendo um ato de Magia aplicada, está sempre na dependência da forma intrínseca de atuação, para que o seu ato tenha valor de Magia ou não.

Na Umbanda, o respeito é um traço característico da intimidade de cada um, porém, a disciplina aplicada é função básica no ato da Magia, sendo a Saudação de Vida Mestra na preparação do ato.

Quando feita por um valor menor a um maior, é o ato de preparação da vibração.

Quando feita por valores do mesmo nível, é um ato de condensação da energia vibratória.

Quando feita por valores maiores ou menores, é um ato de distribuição de energia.

Em um terreiro, nunca se deve fugir à disciplina da normalidade das vibrações, para que não haja choques vibratórios prejudiciais à harmonia do mesmo. Sabemos que em um terreiro cada um tem uma força e que não poderá fazer o que deseja, mas somente aquilo que a harmonia do equilíbrio autorização.

Os Filhos Espirituais de Umbanda seguem uma capacidade de vibração superior às suas próprias quando estão sob a direção de Entidades, Guias e Orixás, que lhe emprestam forças superiores; assim, terão que se disciplinar, a ponto de atender, com equilíbrio, todas as necessidades da função de cavalos.

Cada cavalo vale apenas por si mesmo; assim, cada Entidade, Guia ou o Orixá, aproveita o material que possui para realizar o que precisa.

Sabemos, portanto, que os nossos Chefes de Cabeça estão na dependência dos nossos valores e que as ações benéficas se realizam de acordo somente com aquilo que nós, cavalos, autorizamos pela honestidade e equilíbrio.

Assim, pois, cada cavalo deve, naturalmente, se harmonizar, procurar apenas o seu lugar, realizando somente o que deve e nunca fugindo da sua grande disciplina, para que as vontades pessoais não intercedam desarticulando a fonte de irradiação saudável, que cada um terá de fornecer na ação de Magia feita pelo Comandante Chefe.

Cada Entidade, Guia ou Orixá, em um Terreiro, tem um determinado valor que deverá ser respeitado por todos os filhos; este grande respeito será mesmo realizado entre eles, em um perfeito Ritual de Magia pela formação de uma grande harmonia.

Por esse motivo, as Entidades baterão ombro, entre si, na interpenetração de forças, condensando entre elas, uma preparação inicial do conjunto harmonioso, pelo poder materializado de energia que ainda possuem. Deverão bater ombros aos Guias do 4° Grau, como que fazendo um oferecimento de solidariedade ao aproveitamento do grande conjunto. Não poderão bater ombro aos Guias de 6° e 7° Graus, por ser desnecessário. Deverão, no entanto, fazer uma saudação de joelhos, com o movimento das mãos sobre o coração, aos Guias do 5° Grau. Aos Orixás do 6° e 7° Graus, terão que bater cabeça.

Os Guias do 4° e 5° Graus farão sudações entre si, batendo ombro, na interpenetração de forças, de acordo com o plano de Juramento de Fidelidade, condensando a energia. Os Guias do 4° Grau, recebendo das Entidades o oferecimento, transmitirão, aos Guias do 5° Grau, pela magia de saudação, que por sua vez, darão conhecimento aos Orixás do 6° Grau.

Saudação para os quadros de cambonos

Os cambonos em geral:

a) Baterão cabeça ao quadros de Subchefes de Terreiro, Chefes de Terreiro, Subcomandantes Chefes de Terreiro e ao Comandante Chefe de Terreiro.

b) Farão a saudação de joelhos ao quadro de Cavalos de Terreiro.

c) Farão a saudação batendo ombro às Entidades que trabalham nos Cavalos de Banco.

Ao Senhor Comandante Chefe de Terreiro e Subcomandantes, será obrigatório o bater cabeça ao Senhor Ogan, na entrada e na saída, bem assim, os cambonos que fazem os serviços de confiança junto aos Subcomandantes. Esta ordem será para todas as sessões quer privadas, quer públicas.

Neste ato o cambono ficará estendido no chão até que o Comandante, responda à saudação, por ser um ato inteiramente sagrado, quando é feita por um cambono de responsabilidade.

Os demais cambonos farão apenas a saudação batendo cabeça e se levantando imediatamente para não prender a atenção do Comandante Chefe de Terreiro. Para esta última saudação estão incluídos todos os cambonos adultos e juvenis.

Os juvenis que estiverem fazendo o serviço de cambonagem, juntos aos Subchefe, serão também obrigados a ficar estendidos no chão até o Subchefe corresponder à saudação, quando então será feita a entrega do charuto (para as sessões privadas).

Aos senhores Cavalos de Banco, os cambonos baterão ombro e farão saudação levando as duas mãos sobre o seu próprio coração, dando assim o testemunho de todo afeto e respeito.

A UMBANDA NA ESCOLA DA VIDA (1953)

Benjamim Gonçalves Figueiredo

A energia do pensamento

Aqueles que passam pelas escolas da indiferença construtiva, sabem perfeitamente que o pensamento é apenas um simples perfume emanado da existência do nosso próprio corpo, como reação de defesa natural, quando o nosso próprio

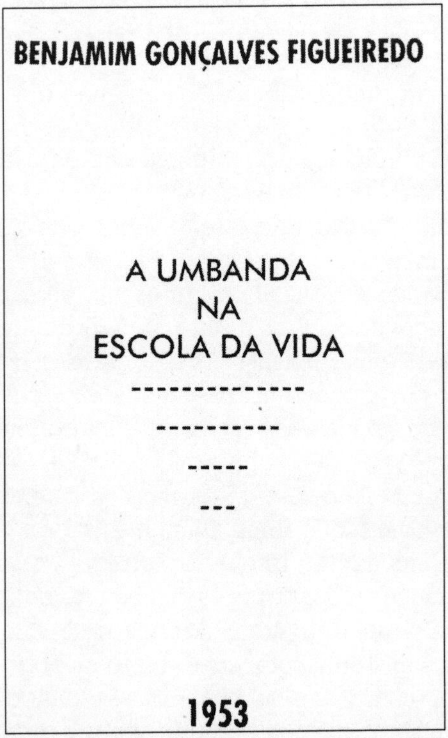
BENJAMIM GONÇALVES FIGUEIREDO

A UMBANDA
NA
ESCOLA DA VIDA

1953

Figura 18: Capa do livro *A Tenda Mirim e Sua Escola: Orientações para os Filhos da Família Mirim* (1953).

corpo, como reação de defesa natural, quando o nosso corpo físico pela inteira liberdade de locomoção, poderia sofrer as consequências naturais de violências orgânicas, pelo fato de ser assistido inteiramente pela grande força emanada pelo nosso espírito.

Como perfume, que é, representa o Todo da nossa vida materializada, sendo, portanto, de composição material, tendo como utilidade somente as coisas que sejam de ordem física, orgânica, quando o nosso pensamento, permitindo uma ligação perfeita do nosso corpo com a expressão real da vida, permite que cada um de nós tenha as maiores oportunidades de chegar à finalidade de despertar desta modalidade de norma material, para então sentirmos aquilo que deverá ser sentido, sem a interferência da infantilidade da mente, que, de qualquer maneira, atrofia a possibilidade de chegarmos à realidade das coisas, que se perdem pelo empobrecimento da nossa fonte mental.

A nossa vida age dentro de dois sistemas de ações, sem se deixar prender, apesar das nossas opiniões ainda não poderem compreender nem concordar.

Vida é apenas energia e como toda energia, pode ser aplicada nas várias modalidades e utilidades, assim também a nossa expressão de vida, que é energia, aproveita esta modalidade de forma física, para que devidamente condensada, ter o direito de ser utilizada como utilidade que completa o grande esplendor da natureza.

A vida é ação quando apenas, como substância que é, possa estar onde estiver dando ao espaço que ocupa o seu próprio direito de existir, e a vida é reação quando, devidamente condensada, empresta (com a sua utilidade aplicada), o potencial indispensável à finalidade da ação própria energia.

Assim, nós umbandistas, devemos nos despir cuidadosamente das vibrações impostas pelo nosso pensamento, para que, liberto, com naturalidade saudável, cada um de nós, se torne inteiramente útil à vida da nossa matéria, que, por sua vez, irá se descondensando, pela sua própria liberdade de ação, e assim, cada um de nós, então, será o que é em verdade, embora a nossa confusão mental, por enquanto, não o permita.

As quatro forças da magia

A Umbanda é uma Lei que demoradamente observada nos induz a verificar claramente que aqueles que se dedicam à sua prática são levados a obter um conhecimento perfeito da existência da Vida.

Assim, quando estamos em um terreiro de Umbanda, observamos ainda, que cada elemento presente tem uma grande função, da qual, se torna elemento imprescindível para a sua prática.

Portanto, nós, estudiosos que procuramos observar, nos mínimos detalhes, como cada um age no seu conjunto, constatamos que cada um deles, em um terreiro de Umbanda, dispõe de quatro forças efetivas e presentes, as quais, aparentemente diferentes uma das outras, executam reunidas, em um elevado potencial, qualquer ação que deva ser praticada.

Verificamos então, que, em primeiro lugar, está em jogo o ambiente material do cavalo, quer dizer, é necessário que o cavalo tenha organização física com aptidão para ser útil, e, para isso, ele deverá ter conhecimento de disciplina física e orgânica, afim de que a sua matéria possa estar em posição de vibração sadia capaz de fornecer os elementos indispensáveis de um ectoplasma materializado aproveitável.

Verificamos, em segundo lugar, que o cavalo precisa ter uma boa escola de higiene mental, para saber tranquilizar o seu pensamento a ponto de se harmonizar naturalmente com qualquer natureza de trabalho, dando a sua cooperação integral.

Verificamos, em terceiro lugar, a presença do próprio espírito do cavalo que, como responsável direto de toda ação, precisa se colocar com docilidade e simplicidade, permitindo que as duas primeiras forças possam em uma determinada magia, agir livremente, de forma que ele tire os proveitos para o seu próprio despertar.

Verificamos, finalmente, a interferência de uma Entidade, Guia ou Morubixaba, que se aproveitando de todo material disponível no momento, possa dar a expansão suficiente para se concretize a ação saudável em benefício daquele que vai ser atendido.

Sentimos, portanto, que sem a atuação dos elementos devidamente harmonizados, no seu conjunto, a produção será deficitária.

Assim, cada um assume, consequentemente, a responsabilidade moral pelo decréscimo daquela produção, que não poderá ser perfeita se qualquer dos elementos que compõem o grande conjunto com uma das suas e, outras forças (ou mesmo uma das três que formam a vitalidade espiritual do cavalo), fora das boas normas da disciplina.

A Lei de Umbanda entrosa e harmoniza toda e qualquer

espécie de força; por isso, nunca será prejudicada por qualquer ação praticada.

No entanto, aquele que compõe esta ação, se estiver desarmonizado, sentirá naturalmente, que está fora do ambiente, verificando assim a inutilidade da sua presença.

Assim, é preciso que cada filho de Umbanda saiba que o seu trabalho, feito em um terreiro, depende muito e inteiramente da forma como ele vive a sua própria vida material.

Existir, vibrar e harmonizar

Umbanda não é a própria vida, mas o ato de conhecermos que a vida existe, ou simplesmente: a própria escola da vida.

É, portanto, ação e tem como primeira reação tudo quanto existe na forma material.

A vida material, das coisas que completam os sete princípios fundamentais contém os elementos vitais que compõem o ritual de Umbanda.

O ritual da Lei de Umbanda é apenas a existência das forças materiais que serão usadas no seu cerimonial.

A segunda reação é a magia.

Magia é a ação da vida que cada elemento material executa nos seus movimentos naturais dando a substância saudável para qualquer finalidade de ação.

A Umbanda tem ainda, como terceira reação, a liturgia.

A liturgia é o ritmo dos movimentos e formas.

A Umbanda consagra a existência da matéria e os seus movimentos coordenados sublimando-lhes a essência para formar a cúpula de defesa espiritual, produzindo um ambiente capaz de neutralizar qualquer interferência de outros que lhes sejam opostos.

Resumindo: a Umbanda prova a existência da matéria, imprimi-lhe movimentos naturais e coordena a própria fonte de harmonia.

Pelo ritual, as Entidades, Guias e Orixás, aproveitam a existência dos elementos materiais; pela magia, tiram e executam as influências que determinados materiais fornecem, pela liturgia, harmonizam a vida orgânica de forma a ter um ambiente propicio à sua ação.

Cerimônia

É preciso saber que ritual é uma coisa e cerimônia é outra.

A cerimônia é o ato de vibração que a Entidade, Guia ou Orixá executa desenvolvendo um determinado assunto com os elementos materiais e indispensáveis à Umbanda.

Estas cerimônias, feitas pelas Entidades, Guias e Orixás, não fogem aos princípios de prática: secreta e profana.

É secreta, quando feita apenas para a preparação dos filhos materiais ou espirituais de Umbanda.

É profana, quando feitas nas sessões públicas, onde o ambiente é inteiramente materializado.

As cerimônias obedecem às sete vibrações da Lei de Umbanda, e cada Orixá, de acordo com os seus pendores, viverá os seus próprios direitos.

Assim, sua presença se manifesta mediante os três seguintes fundamentos: EXISTIR, VIBRAR e HAMONIZAR.

Os três aspectos da vibração

A vida é ação e reação.

A reação é força e toda força é vibração.

A vibração não tem direção própria, vive pela sua qualidade e age pela forma como for impulsionada.

Assim, apesar de ser energia materializada, assume três aspectos diferentes, conforme a ação que lhe deu motivo: material, mental ou espiritual.

O aspecto material é emitido por indivíduos ainda apegados inteiramente às coisas materiais. Não quer dizer que sejam, mas, vivendo somente os assuntos materiais, o seu ambiente é todo materializado e, assim, só poderão emitir vibrações materiais.

O aspecto material é aquele que o indivíduo, já usou do pensamento, não materializa tanto a vibração, embora o faça mais sutilmente.

O aspecto espiritual é aquele que o indivíduo, já afeito à espiritualidade, sabe evitar a emissão de formas materiais em proveito da sua tranquilidade.

Quando a vibração é produzida no primeiro aspecto, sua qualidade, sendo inteiramente material, não tem poderes para subir uma polegada acima da sua ação, porque o peso da sua forma encaminha-a para um ambiente em afinidade com a sua própria expressão.

Assim, um determinado indivíduo sendo inteiramente material e tendo o dom da mediunidade, certamente só poderá executar fenômenos de natureza proporcional ao seu potencial; neste caso estão os quimbandeiros, que, não sendo maus, propriamente ditos, executam, no entanto, fenômenos em um potencial de tal inferioridade que se tornam capazes de fazer o mal na melhor das intenções. Por esse motivo, não se deve julgar ninguém.

Quando a vibração é produzida de acordo com o segundo aspecto, a sua qualidade já é menos condensada; poderá agir mais livremente, isto é, descer ou subir, no entanto, à sua própria expressão de força. Este aspecto de vibração é o comum entre os umbandistas.

Quando a vibração é produzida de acordo com o terceiro aspecto, a sua qualidade já é inteiramente descondensada. Só poderá ser emitida pelos espíritos desencarnados que, embora se utilizando dos cavalos, saberá como e quando deverá aproveitá-las nas ações de utilidade.

Assim sendo, não se pode modificar a ação de qualquer pessoa; cada um é naturalmente o produto de si mesmo. Cada cavalo traz, portanto, como valor de mediunidade, a sua grande expressão de vida; usará esta força como puder para o seu próprio aprimoramento.

O problema, pois, não é dar combate aos quimbandeiros, mas sim, criar escolas de aperfeiçoamento onde cada um deles encontre um ambiente mais favorável como princípio de oportunidade, de acordo com as instruções do nosso Evangelho.

"Deixai vir a mim os pobres de espíritos para que eles encontrem também o céu".

Como fazer caridade na Umbanda

Os umbandistas, nesta grande escola da vida, tem na caridade o apanágio confortador para justificar a reforma do seu passado culposo.

Certamente, a caridade, no aspecto material como é

interpretada, deve ter de cada um de nós o devido respeito, quando em meio deste grande da caridade seremos capazes de nos desvencilhar dele.

No entanto, é preciso que raciocinemos para verificar que a caridade é uma ação, nascida das reações violentas que produzimos. Assim, não poderemos ter a grande virtude que acreditamos à primeira vista, quando, como consequência de ações reacionárias, não possui vibrações que possam satisfazer em verdade a própria finalidade do direito de existir.

A caridade não é uma ação preventiva, ela não ultrapassa a força repressiva, e por isso, sempre terá o seu valor depreciado, porque será usada no limite dos casos isolados de acordo com a necessidade particular e momentânea de cada um.

A Umbanda pela sua escola saudável, diz que cada filho deve saber colocar de maneira a não precisar dos recursos da caridade, para não estar envolvido continuadamente na animalidade da vida profana. Poderá harmoniosamente ser uma fonte de irradiação permanente para boa manutenção do bem ao próximo.

Precisamos nos afastar, tanto quanto possível, destas interpretações grosseiras, que infantilizam o sentido real dos nossos deveres sagrados, para realizarmos uma escola saudável de independência espiritual onde encontramos os meios de sentir o perfume da vida.

Umbanda, mais uma vez repito, é apenas o direito de conhecermos que a vida existe, e não o direito de nos afundarmos nas coisas profanas da vida.

Fazendo uma apreciação ligeira sobre o sentido do ato do sofrimento, constatamos que ele é o reflexo imediato e completo de desarmonia de alguém, e que portanto cabe ao umbandista, saber procurar a causa interna que deu motivo àqueles efeitos.

Se nós, umbandistas, vamos acreditar que a nossa ação de magia é apenas no sentido da caridade material, desmanchando os efeitos, estaremos contestando a eficiência da sublimidade de Umbanda.

A caridade sabemos bem ser um assunto que empolga a todos os religiosos.

Cada um se atira violentamente, embora acredite que esteja realizando alguma coisa de importância, quando em verdade nenhum de nós sabe o que está fazendo.

A caridade é o ato de tratarmos dos outros que julgamos infelizes, e esquecemos nós mesmos, o nosso mundo vaidoso nos faz felizes, embora mergulhados no labirinto da fonte mental.

A Umbanda não aceita a prática da caridade pela forma interpretada nos nossos pensamentos.

A Umbanda é o ato de reconhecermos que a vida existe, e com este direito despertamos para a grande harmonia da vida.

A nossa fonte mental empobrecida, debatendo-se entre a existência do mundo objetivo é o direito de sentir a vida, vai, de confusão em confusão, agindo até encontrar a única realidade que a vida encerra.

Assim, o ideal da caridade é um dos caminhos que leva o homem a encontrar a sua própria estrada.

Todos os caminhos podem conduzir, mas, se cada homem é a grande expressão da vida e, portanto, a única estrada verdadeira, porque procurar caminhos diferentes, dificultando aquilo que deve ser tão simples como a própria vida?

Qual de nós sabe verdadeiramente o que o nosso próximo precisa, se ainda não nos conhecemos.

É preciso verificar que, enquanto cada um de nós procura dar aos outros, fica abandonado, por que procura dar aquilo que não tem.

Nenhum de nós começa por si mesmo para iniciar o benefício real de todos.

A caridade é um dos caminhos que, por amor, se pode prejudicar alguém.

A Umbanda só aceita a caridade quando, no sentido de cada um somente cuidar de si próprio. Quando assim acontecer, todos serão beneficiados e a soma do bem estar de todos proporcionará um melhor entendimento para deixarmos de acreditar em infantilidades.

Afinal de contas, uma coisa deve estar errada, ou é a nossa fonte mental em acredita que tudo está errado, ou todos os erros que existem nos nossos sentidos estão certos; tão certos, que acreditamos estarem errados.

Nascimento, vida e morte na Umbanda

Quem observa a reação da vida no tempo e no espaço, verifica que a própria vida manifestada é dividida em épocas, como que proporcionando a uma determinada coletividade o esplendor do seu apogeu. Depois, passa a se desfazer naturalmente, e como se transformando, revive para outra época que, devidamente reunidas, formam o grande manancial orgânico da energia propulsora.

A Umbanda também vive os mesmos efeitos porque, sendo como é, a reação suprema da própria vida, não poderia deixar de sofrer a influência desta grande força que emana de tudo que compõe a vida materializada.

Sabemos como umbandistas, que a escola da fonte mental no homem, se divide em três princípios fundamentais, de acordo com a sua natural evolução.

O primeiro, quando a nossa fonte mental, ainda se desenvolve gradativamente pelo conhecimento material, enriquecendo o seu patrimônio objetivo; é o que chamamos CULTURA.

O segundo, quando a nossa fonte mental já desabrocha, depois de adquirir vários conhecimentos nas mais variadas formas de cultura, formando assim o seu ambiente mental de irradiação; é o que conhecemos como INTELIGÊNCIA.

O terceiro princípio é quando a nossa fonte mental já fixou este ambiente de irradiação, mais tranquilizador, para então sentir o perfume que todas as ações de vida orgânica projetem.

A nossa Umbanda, como parte reacionária da vida, realiza exatamente a mesma forma da parte mental; apenas, de acordo com a situação do ambiente planetário, onde ela também vive a sua época, até que se concretize a sua própria finalidade.

Para exemplificar, temos a situação do nosso planeta nas épocas remotas, em que a humanidade vivia tão somente a preocupação das coisas materializadas. Pelo fato da coletividade viver assim, aquela Umbanda era toda feita nos princípios mais rudimentares, porque só era possível tirar daquele ambiente os efeitos aproveitáveis às melhores interpretações.

Assim a nossa Umbanda viveu aquela grande época.

Os umbandistas de hoje devem concordar que a Umbanda não pode vive as preocupações da personalidade escrava; não é mais aquela, regida pelos efeitos da cultura material; mas sim, esta, em que a inteligência despertada, já pode aprende melhor o sentido real da grande ação, que o perfume da magia realiza.

A nossa Umbanda, portanto, vive o seu desabrochar; as formas e movimentos são apenas fenômenos indispensáveis à sua prática; não são mais motivos para nos prender a rituais que serviram quando éramos ainda primitivos.

Precisamos sentir com mais independência os nossos deveres, não querendo imitar aquilo que já passou; seria retornar a práticas que hoje, com o despertar da inteligência, perderam naturalmente a sua oportunidade.

Assim, a Umbanda é uma Lei que nasceu com a própria vida, que vive como ambiente encantador, nas vidas sucessivas dos homens, e que morrerá com cada homem que souber acordar do sono da sua existência.

Para ser comandante Chefe de Terreiro

Este posto é de qualquer forma, pela sua própria natureza de magia, de muita responsabilidade.

Aquele que estiver investido de tal incumbência terá de possuir os requisitos indispensáveis para que possa desempenhá-lo com tal dignidade, de modo a ser amado por todos, fazendo executar com justiça absoluta as deliberações emanadas e autorizadas pelo próprio mandato. Assim, a Escola de Umbanda diz, nos seus mandamentos.

Todos nós, filhos de Umbanda, tem por princípio: "Obrigações" e, por fim: "Deveres".

As obrigações são todas de ordem material e dizem de perto sobre a vida física do corpo. Quem negligenciar este mandato essencial ficará impossibilitado de produzir alguma coisa útil.

A Escola de Umbanda define as "Obrigações", da seguinte forma:

a) Escola de disciplina física

Mastigar bem os alimentos, saber respirar e saber beber água, saber deitar-se para dormir, executar os preceitos de higiene externa e interna, aumentando deste modo o seu potencial de vibração sadia que será mais bem aproveitada em todos os setores da vida, mantendo assim a lucidez e a harmonia do seu próprio corpo.

b) Escola da Fonte mental

Evitar as preocupações, não ter opiniões, aceitar tudo em principio para que o tempo se encarregue de resolver a verdade, dominar a sua natureza emotiva, fonte de preocupações prejudiciais, construir com paciência e tolerância para que seja anulado saudavelmente o mundo objetivo material que tanto envenena a fonte mental, enfim, dar ao pensamento serenidade construtiva.

A Escola de Umbanda define os "Deveres", da seguinte forma:

a) Escola Espiritual de Umbanda

Ter escola de cabeceira, de curimba, conhecer a organização material do terreiro, e seja qual for o seu estado civil, estar em condições de fazer prova da sua autoridade moral, bem como da sua conduta ilibada e exemplar, no lar e fora dele. Ser compreensivo, tolerante e nunca mentir, demonstrando espiritualmente estar isento de preconceitos, a fim de que as suas decisões sejam justas.

b) Escola Material de Umbanda

Conhecer a organização administrativa de uma Tenda, conhecer psicologia da humanidade para escolher pessoas capazes, nunca tomar atitudes pessoais, saber estar sempre presente nas ocasiões de desentendimento sem molestar os culpados para que estes se possam corrigir.

O nosso ritual utiliza-se, portanto, das irradiações projetadas pela fonte de vida e por nós sentidas através das suas sete formas de manifestação e, componentes da Lei de Umbanda.

A magia e o perfume da natureza

A Escola de umbanda conhece perfeitamente que para

fazer magia, é necessária a presença da natureza material.

Sem esta não será possível qualquer ato de magia. A magia é feita dentro de dois princípios fundamentais: Natural e Artificial.

A magia natural é o resultado sublime do entrosamento encantador que a vida orgânica executa, na sua maravilha de esplendor, criando um grande céu material, para melhor segurança dos seres.

É ainda a força orgânica de harmonia suprema que os nossos sentidos atrofiados não alcançam; é a Lei de proteção real e verdadeira, projetando o seu grande perfume materialista, regularizando a existência da vida na sua aplicação de utilidades condensadas.

A magia artificial é aquela que cada elemento material, pelo governo da natureza mental pode irradiar, combinando as próprias forças com outras correspondentes e executa atos e fatos isolados de acordo com as possibilidades de cada um.

Esta força de magia é feita pelos umbandistas quando, na plenitude dos seus direitos mediúnicos, tenham poderes de fazer sentir as suas próprias vontades materiais, em vantagem de outros que estejam desprovidos de quais possibilidades.

Assim, cada umbandista deve despir-se da interpretação materializada deste ato para, com desprendimento saudável fornecer tudo que de bom possui a sua natureza material, ao invés de interferir com a natureza mental criadora, desvirtuando o próprio encantamento daquilo que é muito maior do que a sua interpretação.

Quando cada um de nós, umbandistas, souber separar a natureza mental da material, sentirá que encontrou no céu da sua grande realidade o maior potencial construtivo. Será suficiente para dar todas as explicações e cada um de nós, pois, é muitas vezes maior do que a suposta grandeza criada pela nossa natureza mental ainda adormecida.

Unificar

A unificação de Umbanda é hoje assunto que está praticamente na vontade de cada Chefe de Organização.

Todos nós sabemos que a Umbanda já percorreu o caminho das dúvidas e das hesitações. Foram lutas naturais pela falta de conhecimento que pudéssemos definir com exatidão o que é Umbanda, diferenciando-a daquilo que, embora muito semelhante, trabalha, todavia em sentido completamente oposto.

A verdadeira Unificação de que se pretenda realizar com os elementos que trabalham na Lei de Umbanda, é aquela que resulta do conhecimento que todos e cada um de per si, devam ter na sua verdadeira posição um terreiro.

Este conhecimento é que conferem aptidão e capacidade para o trabalho perfeito do conjunto e onde cada um de nós como um gerador de forças, representa, realmente, a coluna de sustentação da Cúpula da Umbanda.

A reunião destas forças irá constituindo, pouco a pouco a Egrégora Espiritual de Umbanda na sua expressão de incomensurável grandeza. É necessário que cada umbandista não tenha a preocupação exagerada de acreditar que Unificar Umbanda é o ato de impor, incondicionalmente a outrem a nossa opinião sobre o assunto.

O sentido real da nossa Unificação deverá ser iniciado por todo sem exceção. Sem que tal aconteça, sem que esta cooperação se realize corretamente no íntimo de cada elemento, no desejo de um aprimoramento pessoal, não poderemos confiar de forma alguma na solidez da Cúpula daquele Templo.

Todos juntos, em espírito e verdade, representaremos uma expressão construtiva, que será, no nosso caso, uma verdadeira expressão de amor, que é o único caminho que conduz a nossa Umbanda.

Unificar não é juntar os umbandistas em uma só opinião, é muito mais do que isto, é a interpenetração das nossas forças reais em uma só, formando a grande substância de vida saudável, que então, devidamente manejada por quem de direito, poderá reunir, de acordo com o merecimento daqueles que nos procuram, o útil e o agradável.

O corpo material e sua magia

A vida do nosso corpo material e, para aqueles que não se preocupam com a realidade das coisas, assunto inteiramente inútil. É verdade, no entanto, que, nesta parte da nossa vida, está talvez, o grande segredo que encerra o como e o porquê da realização de toda a magia.

A Umbanda é o ato de tomarmos conhecimento da existência de vida, e a magia é a reação natural da forma e dos seus movimentos. Onde não houver vida material, não haverá magia.

Onde não houver um corpo material, que é energia condensada, não haverá os elementos de ectoplasma físico, para, em combinação com a natureza orgânica, fornece todo o material suficiente de substâncias, capaz de realizar alguma coisa.

Assim, pois, o nosso corpo tem um grave valor e, por isso, devemos dar-lhe todo o cuidado necessário, procurando, pela escola da disciplina física, o caminho mais saudável para que ele se sinta perfeitamente à vontade, e, então, expandindo-se como pode e deve, fornecer em princípio, os meios de utilidade, para que o nosso espírito os aproveite, encontrando a sua própria oportunidade.

A fonte vegetativa do nosso corpo, isto é, sem a força mental e sem a presença do espírito, se a realiza naturalmente de acordo com a grande harmonia orgânica da vibração condensada e, por isso, ele tem vida própria.

Embora possuidor de uma energia em formação tem, no entanto, a fertilidade da sua própria expansão, como necessidade aplicada, condensador que é da própria vida suprema.

Devemos, então, saber afastar, com sutileza, toda a nossa fonte mental bem como os seus impulsos violentos, para que o nosso corpo não se veja obrigado a segui-lo, mas, tendo o direito de agir pelas suas próprias energias encantadoras, fornecendo, pela irradiação tranquila dos seus movimentos os altos ensinos de uma escola que, a seu turno tranquilizará também, com o tempo a nossa fonte mental envenenada.

A magia da Umbanda

A ação da magia é incontestavelmente um assunto que está ao alcance de qualquer criatura, desde que possa entender, isto é, sem nenhuma dificuldade, eu tudo tem vida, e, portanto, age de acordo com o seu próprio potencial, não podendo de forma alguma modificar a expressão de energia que lhe é própria, pois, representa uma fonte de utilidade aplicada, que, vivendo entrosadas com as demais, complete a grande harmonia material da vida.

Cada um de nós, como elemento de vida material, também representa uma grande força, que, estando harmonizada, como deve estar, poderá permitir que cada um de nós sinta perfeitamente os resultados agradáveis desta atitude correta. A Umbanda é uma Lei que tem a facilidade de despertar a vida da nossa individualidade, e assim, cada um de nós, poderá realizar aquilo que a sua força harmonizada pode produzir (como cavalos de Umbanda e, em obediência à lei da forma mediúnica) quando então devemos agir abnegadamente, com o propósito de despertar a nossa própria espiritualidade.

A Umbanda, quando feita em um terreiro, se torna muito mais difícil, pois grande quantidade de elementos que o compõem, pois, que não sendo todos potencialmente iguais, e muitas vezes até opostos como acontece comumente.

Aquilo que estiver, porém, na direção dos trabalhos, deverá agir cuidadosamente a fim de não perder a Armação Material do Terreiro, cuja Liturgia provoque um potencial de força suficiente para anular ou pelo menos, neutralizar a ação isolada desarmônica que algum elemento esteja vibrando.

Assim, é necessário, pois, que cada cavalo saiba que a sua presença no terreiro está sendo observada, e que ele só poderá estar presente como elemento útil àquele ao de magia, se estiver colaborando com a sua disciplina.

O que é Umbanda

O vocábulo Umbanda, como simples vocábulo, ficará por muito tempo, como interrogação desafiando a resposta que se encontra, em estado latente, no coração dos umbandistas. Muitos confrades estudiosos e dedicados às coisas de Umbanda tem procurado o significado desta palavra, para tranquilizar a curiosidade natural que encerra a grandeza deste tesouro tão oculto.

Enquanto esperamos que algum deles possa ter o privilégio de encontrar a resposta procurada, nós que somos ainda pequeninos, vamos amando a nossa Umbanda de acordo com as possibilidades de cada um.

Para nós, em princípio, Umbanda não significa coisa alguma que possa agradar à nossa própria fonte mental, quando ela encerra o encantamento da Vida que somente poderá ser sentida pela vibração saudável de nosso coração.

Certamente que, sendo uma palavra, deverá ser como as outras e ter também o seu significado, mas como desconhecemos e sabemos que não temos possibilidades de ultrapassar da nossa situação, vamos criar para nossa escola, um sentido sobre esta palavra que a traduza de maneira a agradar a todas e podermos, então, vive-la gostosamente, fugindo às preocupações desnecessárias.

Umbanda é a magia da forma nos seus movimentos, quer dizer, tudo que existe tem forma e movimento, e esta combinação natural, que a vida nos mostra, como simples modelo, serve bem verificarmos que, independentemente das nossas opiniões pessoais, existe alguma coisa que, escapando ao nosso entendimento, não deixa, no entanto, de ser uma grande realidade que vive pelo nosso bem.

O valor da nossa vida material depende tão somente da sua situação em equilíbrio físico, isto significa que, quanto mais tranquilos formos, mais harmonizada será a nossa vida material, que está sempre na dependência de executarmos todos os trabalhos físicos com o máximo de paciência, para não produzirmos reações violentas que, somadas a outras, venham colaborar com o grande mal estar da coletividade.

Assim, pois, nós, dizemos umbandistas, devemos pautar a nossa vida do nosso corpo físico, de maneira que possa ter toda plenitude de sua ação saudável, quando estivermos colaborando para as finalidades reais do nosso despertar.

As Escolas de Umbanda

Umbanda é o ato de sabermos que a vida existe. A existência da vida é a maior magia de ação. Tudo aquilo que vive, ocupando um lugar na ação da vida, é sempre uma reação.

Portanto, a nossa vida física orgânica, quando acompanhada dos nossos pensamentos e do nosso espírito, tem uma modalidade própria de ação que, por sua vez, também produz reações nos seus vários setores de atividade.

O nosso corpo tem vida própria; a sua grande vibração material, em harmonia com outros seres, forma o grande potencial que favorece, pela proteção de defesa natural, o instinto de conservação animal.

O nosso pensamento sozinho tem outra modalidade de ação que, quando passamos a dirigi-lo para atender à fonte da nossa atenção, se torna reação. O nosso espírito, sendo apenas ação de vida, não perde a condição de existir, mas se torna reação, quando aplicado nas finalidades para o qual existe.

Assim, sabemos que há três forças, devidamente entrosadas, formando uma só de utilidade aplicada: material, mental e espiritual.

Como um umbandista que somos, devemos tomar conhecimento direto da existência destas três forças, através de uma escola saudável. Cada filho de Umbanda, terá assim conhecimento suficiente para encontrar o próprio equilíbrio, irradiando todo o seu potencial em proveito da magia de Umbanda.

Aquele que não sabe se colocar na sua própria posição, isto é, devidamente harmonizado dentro de um terreiro não poderá tomar parte daquilo que se está realizando; estará só e sujeito às reações naturais que o seu próprio isolamento provoca.

As três Escolas de Umbanda

As três Escolas de Umbanda são:

1ª – Escola de disciplina Física

2ª – Escola Mental

3ª – Escola de Indiferença Construtiva

O cavalo de Umbanda que não conhece estes três aspectos, só poderá produzir aquilo que o encanto da infantilidade da sua consciência possa permitir.

Umbanda, em sua expressão mais simples, é a vida.

A existência da Vida é a maior magia de ação.

Viver é a reação correspondente. Diremos, então, sintetizando, que Umbanda é o ato da natureza pelo qual tomamos conhecimento de que a Vida existe.

A magia do pensamento

O pensamento é uma força material descondensada.

Inteiramente desnecessário à nossa própria vida, mas de grande utilidade, no entanto, como reação representativa da existência do nosso corpo material, ele (o nosso pensamento) como elemento de composição materializado, tem em si mesmo toda a energia física que emana do corpo, influenciando as suas próprias determinações, de acordo com as necessidades aplicadas.

O pensamento quando em ação, provoca reações correspondentes que passam a ter existência, embora de forma sútil, mas de um poder de energia que dificilmente se decompõe, a menos que encontre onde possa localizar todo o seu poderio, e assim, dar a descarga completa do seu potencial.

Quando pensamos, por exemplo, em um atendimento mal, a ação do nosso pensamento parte, com ou sem destino e, caminhando violentamente de acordo com a vibração, procura naturalmente o ponto onde foi projetado.

Acontece que, às vezes, este ponto não é encontrado, ou, sendo encontrado, é de um potencial maior que a ação do pensamento, emitido, e, não podendo se adaptar, pela repulsa natural de defesa encontrada, ele continua a prosseguir até ser contido ou descarregado, sucedendo muitas vezes que, depois de muito caminhar e enquanto caminha, a fonte emissora passa a uma posição de inferioridade, seja pela própria impotência, seja pelas fraquezas naturais da vida, e ele, como expressão da essência total do seu emissor, sente-se inteiramente atraída e volta violentamente, mercê da correspondente afinidade. Operando desastre tremendíssimos, onde somos arrastados às consequências mais perigosas possíveis, porque as resistências do nosso corpo estão muito longe de poder suportá-las.

Esta apreciação da força do nosso pensamento pode ser avaliada quando, por exemplo, em um terreiro, não estando devidamente atentos e protegidos contra tais emanações interiores (no momento de execução de magia coletiva), arriscamo-nos a absolvê-las, contaminando-nos, o que parecendo sem importância, pode, no entanto, trazem-nos os prejuízos e perturbações um dia, até muitos anos depois, como consequência da nossa atitude displicente ou desatenta.

Ninguém pode dar aquilo que não tem

A expressão da Vida ou da Umbanda como entendemos, tem também sua reação. Em cada ação vivida, ela opera a sua própria reação, que é o plano materializado em que nos encontramos.

Assim passamos da forma de essência de vida, para a forma material, que, não deixando também de ser essência, se torna apenas condensada, harmonizando materialmente uma determinada porção de energia que, em função aplicada, tem uma grande finalidade.

A reação da vida é apenas a nossa expressão como vivemos na matéria. Cada um de nós certamente tem, pelo fato da sua própria composição, aquilo que deu origem à nossa formação. Sabemos que a vida é essência suprema, e que, como essência, naturalmente é composta de elementos substanciais que são os Sete Princípios que rege inteiramente o nosso eu, e passamos a sentir, por esse motivo, a atração perfeita da nossa natureza intrínseca. Esses Sete Princípios que formam a ação da vida, são conhecidos como as Sete Linhas regidas pela nossa Lei de Umbanda.

Cada um de nós, portanto, deve estar ligado obrigatoriamente a um destes Sete Princípios. Assim, somos: Filhos de Xangô, Oxóssi etc., são expressões que determinavam a classificação de cada elemento de acordo com a sua própria expressão.

Os mestres, que conheciam perfeitamente a ação dos Sete Princípios, podiam psicologicamente verificar a que natureza pertencia cada elemento; bastava coloca-los de per si nos testes de vibração, verificando a reação correspondente, e determinando após: o grau, a afinidade e a natureza da viração obtida.

Cada um de nós é força, mas nenhum de nós pode modifica-la por que ela está em função do nosso próprio ser com o qual se completa. Assim, cada um de nós, umbandistas, tem o dever de descobrir os meios de harmonizar as nossas três forças já mencionadas: material, mental e espiritual para que fiquem devidamente equilibradas, tornando-se úteis a nós mesmos e capazes de nos fornecerem um ectoplasma saudável e que possa beneficiar também àqueles que precisarem.

A natureza material

A Umbanda está inteiramente ligada à Vida. Existem três fontes propulsoras de energia que fornecem toda a parte ativa para o encantamento maravilhoso da Vida material.

A primeira é a Natureza Material. É representada pela presença do objeto, de forma material e grosseira, que, existindo, torna-se por este ato imprescindível à grande harmonia orgânica da Vida.

Parece a qualquer um, pouco observador, que a parte material da Vida tem pouca significação ou mesmo nenhum valor. No entanto, verificamos, depois de algum tempo, que está praticamente nesta primeira parte da forma de natureza material de energia, o grande segredo da Vida suprema. Está perfeitamente ao nosso alcance, desde que cada um de nós consiga se afastar do grande labirinto da natureza mental.

Sem tranquilidade não se pode alcançar os poderes reais que são emanados desta fonte natural de energia condensada. O nosso corpo tem Vida própria, completamente independente. Ele é o produto lógico da suprema expressão da Vida, apenas na modalidade de força condensada.

É de aplicação tão útil que agirá, nesta forma acidental de energia condensada, dando toda a expansão de seus poderes no grande manancial que a Vida encerra.

Sabemos que o nosso corpo não quer nada, não pede nada, e nada exige; uma situação de indiferença completa vive inteiramente toda vitalidade orgânica da Vida, sem necessidade, portanto, da interferência mental nem da pretensa autoridade do nosso espírito, ainda adormecido.

UMBANDA – ESCOLA DA VIDA – VOLUME I (1983)

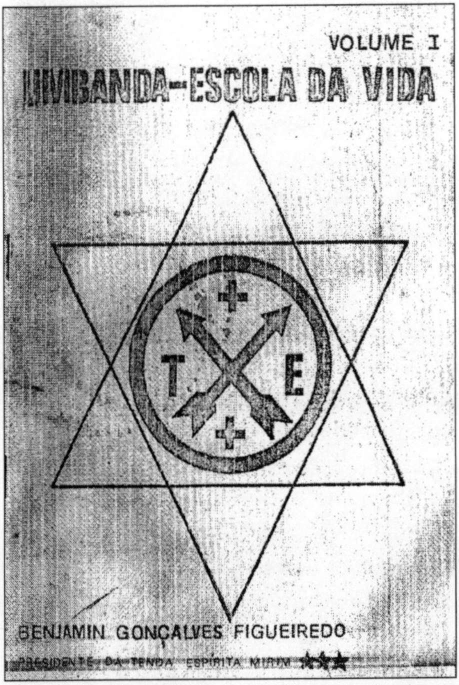

Figura 19: Capa do livro *Umbanda - Escola da Vida* – Volume I (1983).

Umbanda é coisa séria para gente séria.

Caboclo Mirim

A escola da vida é a seriedade Imposta pelo culto, executado no Terreiro da Natureza.

Caboclo Mirim

A vida permite o direito da liberdade, mas, o culto na natureza impõe o dever da seriedade.

Caboclo Mirim

A Umbanda não trabalha com as Almas, mas, para as Almas!

Caboclo Mirim

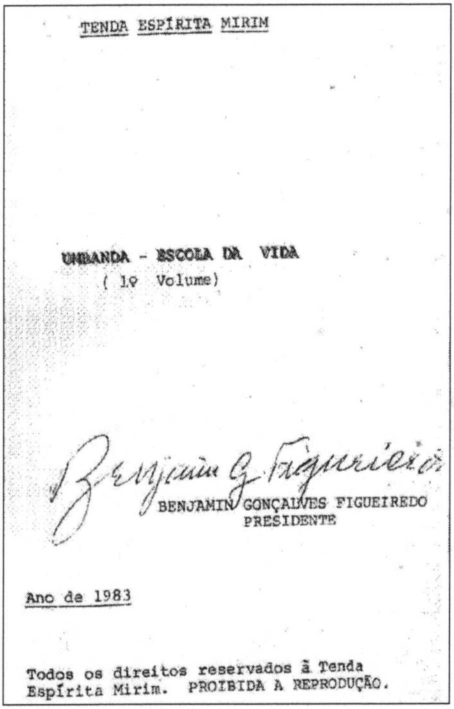

TENDA ESPÍRITA MIRIM

UMBANDA - ESCOLA DA VIDA
(1º Volume)

BENJAMIN GONÇALVES FIGUEIREDO
PRESIDENTE

Ano de 1983

Todos os direitos reservados à Tenda Espírita Mirim. PROIBIDA A REPRODUÇÃO.

Figura 20: Frontispício do livreto *Umbanda - Escola da Vida* – Volume I (1983). Com assinatura de Benjamim Figueiredo.

O quadro específico da Lei de Umbanda, pela vida da natureza, com suas aplicações

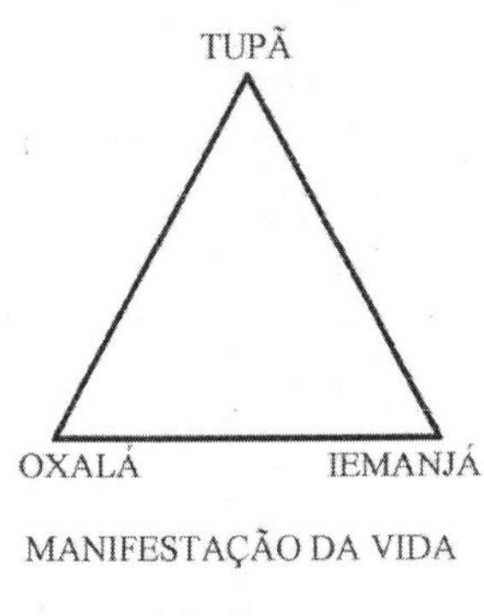

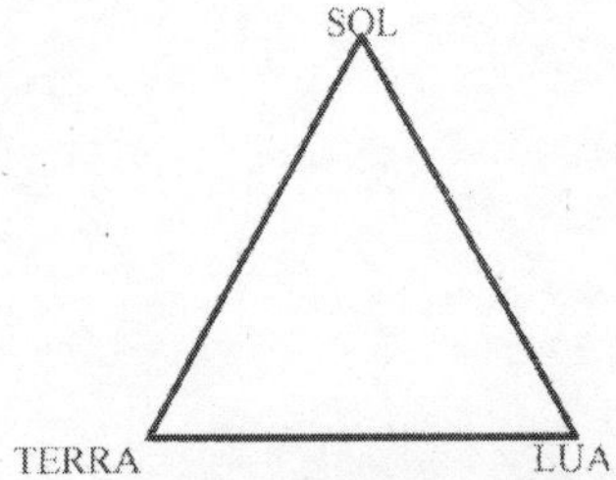

TUPÃ – Vida Ação, pura e simples
OXALÁ – Vida reação, vida manifestada
IEMANJÁ – Continuação da vida
XANGÔ-KAÔ – Conhecimento da vida
OXOSSI – Existência da vida
OGUM – Direção da vida
XANGÔ-AGODÔ – Condensação da vida
IOFÁ – Aplicação da vida

A Tenda Espírita Mirim não tem nenhuma pretensão de realizar patrimônio material, porque ela sabe, pela sua Escola, que o patrimônio material é simplesmente uma sombra refletida pelo valor espiritual de seus trabalhadores honestos, que ficará perpetuada, nas Terras da Santa Cruz.

O que a Tenda Espírita Mirim pretende e procura realizar, tanto quanto possível, é o patrimônio espiritual na vida daqueles que querem enriquecer espiritualmente.

A Tenda Espírita Mirim pratica o espiritismo, ou procura praticá-lo, fazendo-o prático e objetivo como é ensinado pela escola da vida.

Nós sabemos que a lei do Livre Arbítrio é imutável e, assim, qualquer interferência estranha no destino de cada um é sempre prejudicial ao bom equilíbrio secreto do nosso semelhante. Cada um tem que se corrigir sozinho, porque somente sozinho poderá resgatar as faltas que ficaram gravadas no seu carma.

Esta modalidade de espiritismo trazida pelo CABOCLO MIRIM, este filosofo e mestre, é sempre de aperfeiçoamento espiritual, pelo princípio da própria correção íntima, para poder dar de graça, aos pobres de espírito, aquele tesouro que armazenou na alma.

Assim, o CABOCLO MIRIM explica, pelo seu modo de sentir a vida, que Umbanda é o conjunto de Leis que rege a vida e a harmonia do Universo.

Ele nos traz certos conhecimentos que, para nós são realmente de muita grandeza espiritual, dando ao nosso espírito o descanso que favorece a boa compreensão.

Na sua grande escola da vida, toda ela de forma muito prática, ele nos ensina como devemos tranquilizar os nossos espíritos ou Centelhas de vida, para sabermos que a vida é espírito ou centelha de vida, como ação, reação e continuação.

Nos três triângulos apresentados por ele, trazemos uma boa compreensão que satisfaz, modificando as baboseiras das dúvidas que não tem respostas.

Este é o triângulo supremo da realidade da vida.

Ação é aquela Semente-ação, pura e simples, que nós materializamos com o nome de Deus.

Este é o triângulo supremo que faz a distribuição das sementes da vida, pela sua própria reação, irradiando o seu próprio valor para a manifestação da vida se realize.

O segundo triângulo é puramente religioso.

TUPÃ é a Vida-Ação, OXALÁ é a própria reação e IEMANJÁ é a Lei da continuação da Vida, porque nada se perde, tudo se transforma na perpetuação da vida.

TUPÃ é a semente suprema e primária da vida (espírito), plantada no grande jardim do espaço. Projetando a sua ação-causa, realizou os seus efeitos na manifestação da vida, permitindo a existência de tudo, pelo conteúdo de sua irradiação.

OXALÁ é a grande árvore da vida (Espírito), na sua manifestação, produzindo os frutos necessários para que nada se perca, podendo materializar-se com as partículas microscópicas de energia, para formar, pela Lei da condensação, a própria existência da Lei de OXÓSSI.

IEMANJÁ é o Direito de permanência da vida (espírito), na sua continuação.

No primeiro triângulo, falamos em ação, reação e continuação. Sabemos que a ação é a grande semente da vida que deu causa ao florestamento que se realizou em todo o espaço. Esta palavra – Ação, nós ainda a entendemos com o nome de Deus mas, a Umbanda a entende como sendo a grandeza de uma ação simples e perfeita que não sofreu limitações de qualquer forma de interesse.

Também sabemos que qualquer ação, seja qual for, está sujeita materialmente a sua própria reação que é o resultado de sua irradiação que parte do conteúdo de seu valor. Toda esta irradiação, que parte de uma ação, sempre leva consigo as partículas de vida que faziam parte integral daquela ação e que se projetaram no espaço infinito formando com a conjugação de energia a materialização da vida manifestada.

A esta reação chamamos, na Umbanda, de OXALÁ e nunca JESUS CRISTO, porque OXALÁ é, na Umbanda, a própria manifestação da Vida, pela irradiação de TUPÃ.

Sabemos que tudo que existe tem vida, até um simples grão de areia. Portanto, TUPÃ está presente pela sua ação de vida e OXALÁ também está presente pela sua irradiação manifestando-se na materialização de tudo que existe.

Sabemos também, que de tudo que existe, nada se perde, e como tudo se transforma, nós temos IEMANJÁ o próprio sentido de continuação da vida numa explicação religiosa da Lei de Umbanda.

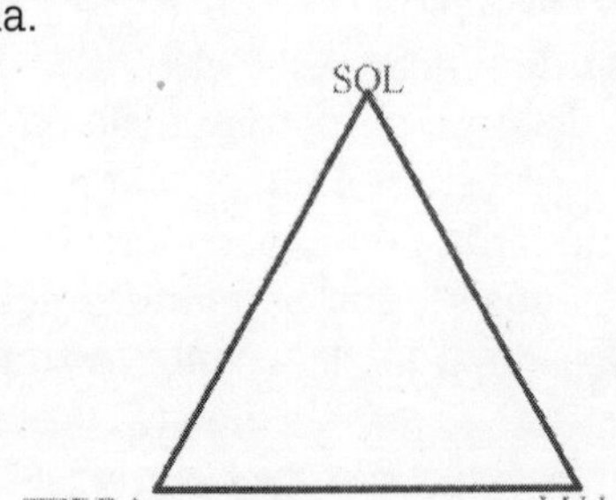

O homem, animal racional, ainda precisa saber colocar-se mentalmente em algum equilíbrio para conseguir entender de forma que possa gravar na sua alma já cansada das suas grandes desilusões da vida, para aceitar o que está certo, e não preferir, naturalmente conservar, o erro do que se dar o trabalho de tentar seu aperfeiçoamento num bom esclarecimento.

Depois de termos explicado a razão dos três triângulos fundamentais de tudo que existe, e como existe, vamos dizer como entendemos as linhas que completam as irradiações na Lei de Umbanda, que é ensinada pelo CABOCLO MIRIM.

Vamos, agora, falar sobre OXÓSSI que é uma das sete linhas da Lei de Umbanda. A linha de OXÓSSI representa a grandiosidade da vida íntima dos vegetais.

OXÓSSI é, na Lei de Umbanda, a existência de tudo como produto de uma semente. Sabemos que não existe nada na vida que não tenha nascido como produto de uma semente. Portanto, a vibração de OXÓSSI é o próprio produto dessa semente, não só no reino vegetal, mas, também pelo sentido real da vida, nos próprios minerais e animais. Até a existência do nosso mundo que não deixou de nascer por falta de uma semente cósmica.

OXÓSSI é a vida material do próprio Universo onde materialmente tudo é energia e, espiritualmente, cada coisa que existe tem sua partícula de Centelha de Vida que nós chamamos de espírito, sem o qual nada poderia existir.

Sabemos que a vida não tem tamanho, tem somente, no seu conteúdo, valor, e é este valor que se aplica para produzir os seus efeitos de utilidade. Isto é, na Lei de OXÓSSI que a natureza traz para todos nós.

IEMANJÁ é aquela canoa que, navegando pelo grande oceano da vida, procura dar a sua mão amiga para que nada se perca, podendo tudo se transformar, prosseguindo seu caminho.

IEMANJÁ é a própria vitalidade da vida espiritual para ajudar a energia a não se perder no abandono de sua partícula de Centelha de Vida.

Por esta razão é que IEMANJÁ é, para nós, na Lei de Umbanda, a própria Lei Suprema da permanência e Continuação da realidade da vida.

Materialmente falando ou explicando o sentido de

IEMANJÁ, nós já vimos, pelo terceiro triângulo que é de forma material, que o Sol representa para nós a ação de TUPÃ fornecendo energia necessária à consumação da própria materialização da Vida.

Temos o segundo ponto, a direita do Sol, a colocação da Terra que representa tudo que existe no Universo de forma material.

A vida na Terra é consequentemente, a manifestação objetiva da ação de TUPÃ.

Temos em seguida, à esquerda, a colocação da Lua que é quem faz a manutenção de tudo para sua própria transformação e continuação.

Sabemos que a vida existindo, tem por finalidade saber de sua existência pela forma do conhecimento que chamamos de XANGÔ-KAÔ.

XANGÔ-KAÔ é a possibilidade do desenvolvimento consciente, para aprimoramento do grande aperfeiçoamento, de cada centelha de vida ou espírito, nunca ir para o céu material que não existe, mas para a grandeza de cada vida espiritual que será aproveitada um dia, na formação de novos mundos, quando então, serão necessárias vidas que tenham possibilidade de boa perfeição espiritual, dando ensejo, em colaboração com eles na chegada de novas vidas para aperfeiçoamento.

E a vida que continua sabiamente.

Temos também a linha de OGUM, que é a própria direção da vida, a qual não está subordinada as nossas vontades pessoais nem aos interesses profanos da vida pessoal de uma encarnação, mas sim, aquele caminho que a nossa centelha de vida executa ao sair da fonte da vida em busca de seu aperfeiçoamento nas provas que terá que passar. A direção de OGUM é somente na aplicação a boa direção que a Centelha de vida deverá saber aplicar.

Temos em XANGÔ-AGODÔ que é a materialização feita pela forma de condensação quando as energias que por sua vez possuem partículas íntimas de Centelhas de Vida se aglomerem para formarem o todo, de tudo aquilo que existe.

A condensação de tudo que existe é uma condição determinada pela Lei de XANGÔ-AGODÔ, formando modelagem a cada coisa, para sua grande utilidade, à qual é sempre proporcional ao valor do conjunto condensado.

Temos, ainda, na Lei de Umbanda, a Linha de YOFÁ.

YOFÁ não é para nós, somente uma escravidão de ritual quando já sabemos que as Centelhas de vida não tem cor, não tem sexo. A natureza delas é, em verdade, só espírito e, após o seu desencarne o que prevalece é tonalidade da alma que é uma cópia fotostática da encarnação vivida, levando com ela o corpo mental e emocional que constituem as boas ou más impressões registradas no carma da centelha de vida.

YOFÁ é a lei da boa aplicação da vida do espírito no grande aproveitamento, cifrando-se em saber aplicar o silêncio supremo que a própria natureza da vida oferece num caminho mais curto de uma longa distância.

UMBANDA – ESCOLA DA VIDA – VOLUME II (1984)

Benjamim Gonçalves Figueiredo

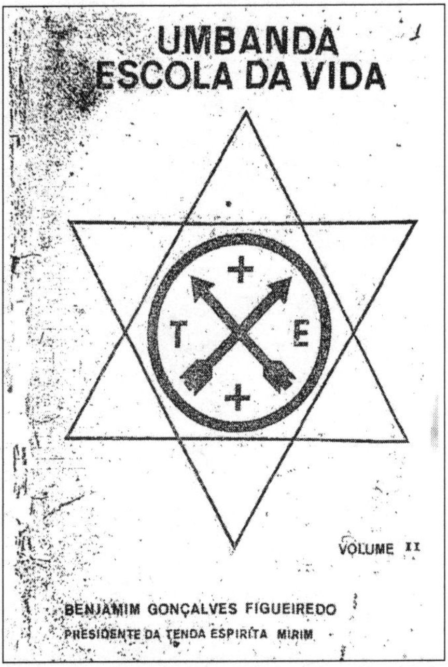

Figura 21: Capa do livro *Umbanda - Escola da Vida* – Volume II (1984).

Este livro é dedicado à memória de EUGENIA JACOB GOLÇALVES, que, vinda da França no século passado, plantou a semente que germinou e deu origem a nossa ORGANIZAÇÃO MIRIM.

Agradecimentos

Nossos agradecimentos pela imensa boa vontade demonstrada por todos, que de forma ou de outra colaboraram desinteressadamente para que este livro fosse ser impresso. QUE OXALÁ OS ABENÇOE!

Primeira parte

Temos a satisfação de apresentar à grande Família Mirim, o segundo volume da série UMBANDA – ESCOLA DA VIDA.

Trata-se de obra escrita pelo nosso venerável Comandante, senhor BENJAMIM GOLÇALVES FIGUEIREDO, sob a inspiração do nosso MESTRE MIRIM.

Como não podia deixar de ser, esta obra tem por base a Doutrina que o nosso Comandante e o Mestre Mirim plantaram nestas Terras de Santa Cruz, e ao longo destes sessenta anos, tem frutificado como boa semeadura: UMBANDA que é dentro da Filosofia do Mestre Mirim, a própria ESCOLA DA VIDA.

Esta obra completa uma lacuna muito grande na literatura umbandista, pois nos dá o esclarecimento verdadeiro daquilo que nos conhecemos como GIRA DE UMBANDA. Por intermédio deste livrinho, tomamos conhecimento da importância da GIRA em nossa vida, e aprendemos como podemos tirar benefícios materiais e espirituais, participando da GIRA pelo menos uma vez por mês, ao mesmo tempo somos advertidos do perigo que ficamos expostos ao chegar ao Terreiro após o início da GIRA, ou sair antes de terminar.

Esta obra nos traz o ensinamento precioso do nosso Mestre Mirim, e ficamos sabendo que a GIRA DE UMBANDA está associada à grande GIRA dos planetas em torno do Sol, da mesma forma que tomamos conhecimento do significado dos termos MOVIMENTO, VELOCIDADE e VIBRAÇÃO, e que esta trilogia deu origem ao Grande Triângulo da Vida, que conhecemos sob a denominação de AÇÃO, REAÇÃO e

CONTINUAÇÃO, conforme aprendemos no primeiro volume da série UMBANDA – ESCOLA DA VIDA.

Os termos ORIXALÁ e ORIXÁ-ASSÚ aparecem com frequência nesta obra. Tais palavras são pouco utilizadas por nós, umbandistas. Assim, achamos por bem ouvir do nosso Comandante as explicações necessárias. Tendo ele dito que:

ORIXALÁS, em movimento da Gira significam: Movimento, Velocidade e Vibração. Por outro lado, a Gira dos ORIXALÁS é a autora da Produção, Reprodução e Continuação de todos os pequeninos fragmentos, como o princípio da Vida.

ORIXÁ-ASSÚ, é o que conhecemos como IRRADIAÇÕES DE UMBANDA, com a denominação de XANGÔ-KAÔ, XANGÔ, OXÓSSI, OGUM e YOFÁ.

De acordo com os ensinamentos do nosso Comandante, a palavra ORIXÁ, tem um significado mais amplo, visto que ORIXÁ é a essência, o perfume da Natureza, e a Vida de um ORIXÁ representam a serenidade e o sossego natural vivido entre suas Fontes Geradoras.

Na certeza que o nosso esforço será recompensado com a satisfação que a grande Família Mirim sentirá ao ler estas páginas de luminosos ensinamentos oriundos da ESCOLA MIRIM onde nosso 'vulnerável' Comandante senhor BENJAMIM FIGUEIREDO deixa antever o alto grau de espiritualidade que já alcançou, exortamos todos a ler e aprender a 'GIRAR', na vibração cósmica da nossa GIRA DE UMBANDA.

A gira

O tempo é Movimento, e a Vida é Velocidade, e o Espaço é a Vibração da Velocidade Movimentando o Tempo.

A Gira de Umbanda sempre existiu, porque ela própria sempre acompanhou a movimentação dos planetas em torno do Sol, e também esteve presente na Grande Gira que todas as Galáxias realizam para equilibrar a Fraternidade Universal.

Chamamos de Gira de Umbanda, porque para nós, Umbanda é a própria ESCOLA DA VIDA, difundindo um conjunto de leis que rege a Vida e a Harmonia do Universo. A Gira de Umbanda é para nós umbandistas, a própria proteção Suprema do Amor Inconsciente da Vida, garantindo integridade física de cada coisa, para que o amor consciente da Vida Manifestada, una todas as coisas pelo equilíbrio do Movimento.

O ato do Movimento é coisa muito séria dentro da Grande ESCOLA DA VIDA, e os umbandistas devem saber que a egrégora do Movimento é o maior dos ORIXALÁS que dominam, permitindo a Vida dos outros cinco menores, que realizam a particularidade das suas ações.

Sabemos que TUPÃ não é Movimento, porque é a própria Velocidade da Ação. Certamente que toda ação vibra com a velocidade do próprio valor, permitindo que os seus movimentos produzam energia da Vida material. O CABOCLO MIRIM ensina que é a energia que, movimentando-se pelo impulso da Velocidade da Ação de TUPÃ, se localiza no Espaço, produzindo a condensação das coisas para o reinado de XANGÔ.

Pela ESCOLA DA VIDA, estamos verificando que a compilação das coisas que se tornaram leis, dentro da magia material da Vida, resultou de uma reação toda especial, e certamente necessária, de Ação majestosa do grande ORIXALÁ dos Movimentos. Compreendemos assim, perfeitamente, que a própria existência da Vida, como reinado de OXÓSSI seja também uma consequência que foi localizada pela manifestação dos Movimentos da Gira, colocando em cada lugar um pouquinho de energia condensada. Aceitamos, então, como princípio fundamental da Escola, que o segundo triângulo usado de cabeça para baixo, seja a representação máxima do Amor Inconsciente, assistindo, na Vida Manifestada a proliferação da sua própria consciência.

Este triângulo, que é formado pelos três ORIXALÁS, é que fornece toda atividade de Vida e calor à sua própria energia, que, como sabemos, é Vida.

Torna-se bem compreensível, portanto, que a Gira destes três ORIXALÁS, que são, para os umbandistas, Movimento, Velocidade e Vibração, seja a autora da Produção, Reprodução e Continuação de todos os pequeninos fragmentos, como o princípio da Vida. Para nós, umbandistas, que vivemos a forma de seus movimentos, é esta grande Gira Universal que serve de origem no símbolo do grande triângulo dos três ORIXALÁS.

Os umbandistas ainda não estão preparados para saber o que seja Movimento, Velocidade e Vibração, porque, por falta de Escola, supõem que estas três forças sejam originárias do nosso planeta físico, o que realmente não é verdade. Pela ESCOLA DA VIDA, já temos a certeza absoluta que estes três ORIXALÁS, giram indefinidamente pelo espaço imenso, levando a materialização da Vida subjetiva. Se eles não existissem, não poderia existir a Vida nos cinco ORIXÁS-ASSÚ, que conhecemos com a denominação de XANGÔ-KAÔ, XANGÔ, OGUM, OXÓSSI e YOFÁ.

Podemos assim raciocinar, com relativa facilidade, que sendo estes cinco ORIXÁS-ASSÚ um produto da Ação dos três ORIXALÁS, em Movimento de Gira. Concordamos que eles também sigam, obrigatoriamente, a mesma forma giratória. Aceitamos e compreendemos assim, perfeitamente bem, que o Movimento e a sua Velocidade se encarregam de conduzir a Vibração, para que os três reunidos possam atender a fecundação da energia. A energia é puramente uma individualidade, porque é um assunto de ordem subjetiva, que vive dentro da personalidade das coisas, para que as coisas também aprendam a girar. Ela usa a enormidade de sua grandeza, dosando a cada coisa somente a quantidade necessária para irradiar a sua personalidade.

Esta energia é toda criada pela movimentação giratória dos três ORIXALÁS que, condensando-se vagarosamente, organizam os cinco ORIXÁS-ASSÚ. E nós sabemos pela Escola do nosso Culto que cada um destes cinco reinados tem Vida própria, e são de valores completamente diferentes para a mesma finalidade, porque todos os cinco terão de refletir a Vida objetiva dos três Planetas: Mineral, Vegetal e Animal, que por sua vez, gira no Grande Cruzeiro de OXALÁ, como Vida Manifestada.

Verificamos que o nosso próprio mundo também segue respeitosamente a orientação do ORIXALÁ do Movimento, para que a Gira Universal forneça, pela espiral convergente, a centralização da energia em grande Velocidade, para estabelecer o assentamento da direção de Ogum, que mantém a Lei da Gravidade. Estamos concluindo então, pela ESCOLA DA VIDA, pregada pelo CABOCLO MIRIM, que a própria Ação, Reação e Continuação da Vida, também se movimenta obrigatoriamente pelo mesmo princípio de Gira, para não contrariar a harmonia do sentido universal do grande ORIXALÁ do Movimento.

O CABOCLO MIRIM nos ensina que toda esta força, que existe como produto dos três grandes ORIXALÁS, é força material, puramente material da Vida, sendo, portanto, uma consequência lógica da condensação da energia, que foi reunida pela Velocidade do Movimento. Se verificarmos que tudo o que existe sofre o mesmo processo de Gira, e ela é toda feita pelo mesmo sistema – da direita para a esquerda – com certeza, não poderá ser o homem, este animal racional na faixa do amor consciente, que é interesseiro, quem poderá fazer desandar a naturalidade fraterna da Gira Universal do amor consciente.

Pela ESCOLA DA VIDA, ensinada pelo CABOCLO MIRIM, estes três ORIXALÁS, Movimento, Velocidade e Vibração são aqueles que sublimam materialmente, a própria sublimidade da Vida Espiritual.

Entendemos perfeitamente bem, que a Vida material se constitui numa grande força material e que só tem função material, mas, que poderá ser usada perfeitamente dirigida pela mente do animal racional, por ser esta, o grande mensageiro com poderes de fazer ligação entre a Vida adormecida da Natureza, e a própria natureza da Vida despertada. Existem, portanto, duas forças que se aplicam diferentemente: uma material e outra espiritual, embora sejam produzidas e reproduzidas pela mesma fonte de origem.

Sem a existência dos três ORIXALÁS, Movimento, Velocidade e Vibração, com certeza absoluta, não poderia existir a Reação da vida Manifestada, que é OXALÁ, nesta grande Gira de todas as Galáxias. A própria Vida espiritual demonstra e prova que a Vida é totalmente ativa, e para que exista atividade, é preciso que o Movimento, a Velocidade e a Vibração estejam perfeitamente conjugados, em tudo e em todos, para que então cada coisa possa seguir, obedientemente, a magia da própria vida.

Até a própria Vida espiritual, que vem ao nosso conhecimento, nesta grande faixa do amor consciente, quando ultrapassarmos o limite da última página do grande livro da ESCOLA DA VIDA, e já tivermos adquirido o conhecimento de que a vida existe, e então teremos de descondensar toda a objetividade dos nossos interesses inferiores, para entrarmos novamente no pano do grande amor inconsciente, para sermos totalmente ignorantes na nossa simplicidade.

Por que existe a Vida do amor inconsciente? Ela existe quando se Movimenta sem vontade própria, quando a própria Velocidade não sabe que existe, e quando a Vibração da Gira Universal estabiliza, sem o saber, a harmonia entre duas forças da Vida objetiva. O amor consciente não existe. Ele foi criado pelos animais racionais como que espantados, quando abriram os olhos do conhecimento objetivo, e perturbados pela Velocidade da Gira Universal, quiseram se resguardar instintivamente, na animalização do interesse, que nós chamamos de amor consciente.

A Escola de Umbanda não compreende que a selvageria dos propósitos criados pela mente transitória dos animais racionais, possa ter predomínio infinito no grande manancial da Vida Suprema e Sublime. Estamos bem esclarecidos, pelo CABOCLO MIRIM, que tudo na Vida se condensa e descondensa, e também que tudo se integra e desintegra. Compreendemos assim que o próprio Espírito ou Centelha de Vida, também está sujeito a perder toda aquela forma que foi criada pela mente objetiva do homem, que lhe deu modelagem das crendices religiosas, e que tem servido até certo ponto, como refreamento das paixões violentas do corpo emocional do homem. O Espírito é apenas uma Centelha de Vida que vai se condensando paulatinamente na proporção da sua atividade, dentro da grande movimentação que se opera na grandiosidade do silêncio do espaço. Quanto maior o silêncio, o menor barulho pensa que o perturba.

Os Espíritos ou Centelhas de Vida, também têm as suas fases, que são provocadas pelo grande ORIXALÁ dos

Movimentos, estabelecendo as condições de utilidade quando cada uma é colocada no lugar do seu valor intrínseco. Vamos dar uma explicação material, pela qual ficará bem compreendido o sentido das nossas palavras. Temos, por exemplo, as gotas d'água, que são por si sós, puras e perfeitas. Mas, acontece que elas poderão se contaminar das sujeiras que os animais racionais, inteligentemente, projetam sobre elas suas imundícias pessoais. As gotas d'agua não perdem a origem da sua pureza, mas se turvam com a proteção maldosa do nosso amor consciente.

Os Espíritos por este motivo são classificados numa hierarquia que o CABOCLO MIRIM estruturou na sua codificação, de acordo com a sua aplicação em relação à Vida do amor Consciente. Sabemos que a vida do plano material, está subordinada às consequências do ambiente estabelecido pela soma de determinado conjunto. Este ambiente, para nós umbandistas, não é ORIXÁS, é resultado certo da grande soma de todas as parcelas que compõem o valor da nossa espiritualidade.

Deve ficar esclarecido que Espírito é uma coisa e matéria é outra completamente diferente. Por incrível que pareça, Espírito não vibra, porque ele é apenas Vida, e a Vida é a inconsciência suprema que não sabe que está girando em volta da sombra da sua própria criação. Todos sabemos perfeitamente que é a Vida quem dá Ação ao Movimento, à Velocidade e a Vibração, permitindo a Reação da Vida Manifestada, que é OXALÀ, que se movimenta pelo empurrão da Gira.

Vida, certamente é Movimento, Velocidade e Vibração, que a grande ESCOLA DA VIDA, ensinada pelo CABOCLO MIRIM, traduz na sua codificação como sendo os três grandes ORIXALÁS da vida material de todo o universo, permitindo a manifestação de OXALÁ, para depois, IEMANJÁ prossiga na Continuação da vida. A atuação dos três ORIXALÁS, porém, nada têm com a manifestação de OXALÁ, como já sabemos, É a VIDA MANIFESTADA; é, portanto, Espírito, Alma e Corpo Físico, existindo como REAÇÃO da AÇÃO da vida, que é TUPÃ.

O conjunto de tudo o que existe materialmente, é para

nós umbandistas, OXALÁ. O nosso mundo tem o seu OXALÁ, e cada mundo tem o seu próprio, na direção suprema, conduzindo todo o patrimônio do ambiente na grande Gira Universal.

ORIXALÁ é o sopro que se expandiu pela magia da primeira vida manifestada. Vida Manifestada. Vida material que veio habitar o nosso espaço, iniciando a movimentação da vida ativa em um determinado planeta. Este sopro não pode existir por vontade própria; ele foi tirado pela violência dos movimentos da Grande Gira universal levando no seu ectoplasma a vitalidade da sua própria vibração, para fertilizar a proliferação da Vida manifestada em outro planeta.

Verificamos assim, que a Gira é coisa muito séria, porque sem ela a própria vida perderia o seu calor e sucumbiria pela falta de energia.

Assim, pois, fica esclarecida a razão pela qual é obrigatório uso da Gira, quando o Terreiro estiver em função de conjugação de forças que são materiais e espirituais.

Materialmente, cada elemento humano, quer seja médium de incorporação ou de irradiação tem consigo a presença de quatro irradiações materializadas, que são os corpos: físico, mental, emocional e somático. Estes quatro elementos da natureza puramente material, funcionam indispensavelmente na participação dos médiuns de incorporação ou de irradiação. Nenhum médium pode vibrar sem que esteja completo com estas quatro forças. Possivelmente uma delas varia no seu potencial, de acordo com a educação e apresentação de cada personalidade, mostrando aquilo que cada um é, pelo reflexo do valor da sua própria alma.

Sabemos agora, pela ESCOLA DA VIDA, que são estas quatro forças materiais que formam o Cruzeiro da Alma que ali reside. Este pequeno cruzeiro é todo matéria, e só tem vida material. Assim ele expande para os seus quatro orixás, as vibrações materiais, e recebe da sua Centelha de Vida o reflexo da Ação da própria vida, permitindo o nascimento de uma semente de vida que chamamos de Alma.

Sabemos também, que a Gira permite a expansão de sete forças diferentes que completam a Vida do médium durante os trabalhos de Terreiro, e para melhor esclarecimento queremos cercá-las aqui, para que, cada médium tenha conhecimento de que, durante este ato, ele está colaborando com seis partes suas para atender a uma, que é a sua Entidade.

As seis partes correspondentes ao médium são as seguintes:

– O CORPO FÍSICO, que vai se harmonizar com a natureza da vida.

– O CORPO MENTAL, que deveria se tranquilizar para conhecer a Mente Universal que é baseada na indiferença construtiva.

– O CORPO EMOCIONAL, que vai sentir a pobreza dos seus sentimentalismos.

– O CORPO SOMÁTICO, que tendo vida própria, como partícula de Vida, poderá promover a restauração física, fazendo o médium receber a sua parcela de grade energia que foi condensada, durante a Gira, por todos os médiuns que participaram.

Estes são elementos materiais e cada um deles tem grande valor no conjunto geral da sua espécie.

Cada médium tem, ainda, a presença de duas forças psíquicas que são as seguintes:

– A ALMA, que pode ou não, tomar parte direta na manifestação, mas está presente de qualquer forma, porque ela representa, a semente da vida que liga o plano físico ao plano espiritual.

Verificamos pelo exposto, que quatro forças são materiais e trabalham para os seus orixás; uma é semi-material e trabalha para o próprio plano que é a alma.

– CENTELHA DE VIDA OU ESPÍRITO, fica esperando pela oportunidade de poder se ligar com aquele Espírito diferente e amigo, para se beneficiar também.

Este problema vive em nós, vive em cada um de nós, e como podemos resolvê-los porque é assunto que escapa ao nosso conhecimento, então a própria vida ação sublime, houve por bem executar pelo processo da Gira, a harmonia de cada natureza de forças e reuni-las sem prejuízo de nenhuma. Compreendemos assim, perfeitamente bem, que quando um médium está dentro de uma Gira, ele pode verificar que naquele instante os seus quatro elementos materiais estão entregues à própria Natureza. Verificamos ainda, que a nossa alma ou semente de vida, está adormecida da sua objetividade enquanto repousa naqueles pequenos instantes ajoelhada no altar do seu pequeno cruzeiro.

Que força é esta que pode suavizar as nossas tempestades, modificar as nossas vontades presentes, e alterar os caprichos da nossa inferioridade?

Evidentemente espiritual, pois não receberíamos com a mesma facilidade a forma do nosso corretivo, porque a nossa vida, rendo uma acentuada predominância para a materialização, só pelo processo de materialização, podemos novamente espiritualizar aquilo que nunca foi material, mas que passou a ser o nosso aperfeiçoamento, Energia Condensada.

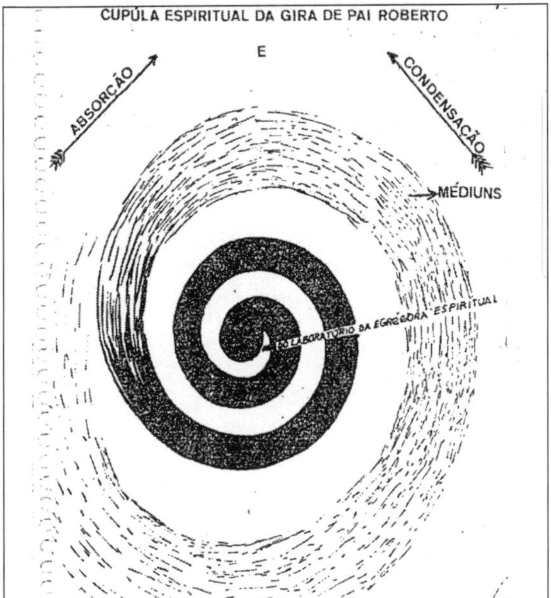

Figura 22: Aspiral convergente, concentrando a energia de todos que giram.

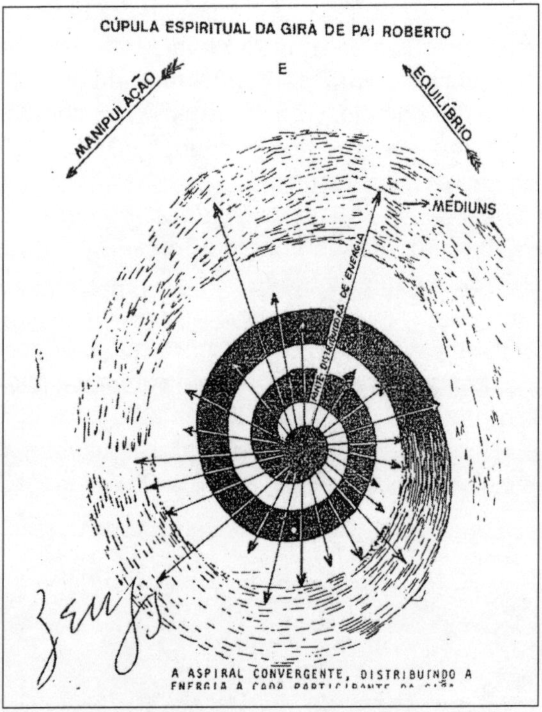

Figura 23: Aspiral convergente, distribuindo a energia a cada participante da gira.

Segunda parte

A Importância da gira na vida espiritual dos médiuns da Tenda Mirim

Já sabemos perfeitamente bem que, na Lei de Umbanda todos os médiuns só trabalham com a incorporação de Espíritos que, em sentidos geral, não reencarnam mais, porque estão completando a descondensação de seu corpo emocional, mas que ainda estão presos às reminiscências de passados que ainda respingam em suas almas desmaterializadas.

Deve ficar esclarecido que todo médium de incorporação deve fazer o seu trabalho de Gira pelo menos uma vez por mês, para expandir os excessos de irradiações que vão se acumulando em qualquer das suas seis forças, e que poderão se condensar facilmente pela proteção amiga que recebem de cada médium ao expandir o seu ectoplasma.

Já sabemos que pela nossa ESCOLA DA VIDA, que o ectoplasma, além de materializar Espíritos, também pode materializar formas físicas, desde que sejam autorizadas pela inferioridade. Aproveitamos a oportunidade para declarar que os médiuns de irradiação, que são aqueles que trabalham com a influência de Orixás, não poderão trabalhar dentro da gira enquanto estiverem dominados integralmente por qualquer força da Natureza. Esta qualidade mediúnica é totalmente diferente daquela que é feita pelo processo de incorporação.

O médium de irradiação de Orixá movimenta-se obedecendo à harmonia exigida pela qualidade do Orixá; mas, tão logo ele se aproxima e envolve o médium, este vai perdendo a sua direção particular de movimentação, para se integrar no potencial daquela força que não usa direção própria.

A vida de um Orixá representa a serenidade e o sossego natural vivido entre suas fontes geradoras.

Sabemos, igualmente, que os médiuns de irradiação também jogam com seis forças, que são aquelas que completam a sua vida de encarnação. Assim, pois, são eles obrigados a formas de movimento que não são de Gira, mas que facilitem pela afinidade dos contrários materiais, a aproximação daquela força que ele deseja. Por esta razão, os médiuns de irradiação não precisam nem podem usar o processo de Gira material, porque a mesma se processa na intimidade dos seis elementos internos do médium.

Certamente que, para os médiuns de irradiação, este processo é muito mais difícil e perigoso, quando está em jogo o valor intrínseco do médium no momento em que ele terá de expandir os seus valores para dar direção a uma força que é pura e adormecida, e se ele não tiver condições morais para isto, além de não ter o preparo que a exigência do culto ele poderá correr perigo de vida.

Temos conhecimento de que existe uma reação, e existe mesmo um combate sistemático, quando não é profundamente maldoso, do íntimo daqueles que deveriam, antes de combater, tomar conhecimento deste assunto que desconhecem, para evitar ficarem expostos ao ridículo, de não saberem o que seja uma Gira, que não é assunto inventado pelos umbandistas, porque é ensinado pela grande ESCOLA DA VIDA, como primeiro ano de colégio, para o aluno se preparar e saber ensinar seus filhos, na Lei.

Dizem alguns ostensivamente, e explodindo o entusiasmo violento das suas opiniões particulares, que são totalmente alheias ao assunto, que não estão de acordo com a prática das Giras. A Escola de Umbanda respeita, e não combate nenhuma opinião por mais absurda que ela seja, no entanto, está em condições de provar que a Gira é uma coisa tão séria, que foi imposta pela movimentação dos três ORIXALÁS que fecundaram a existência do nosso planeta.

Continuando a apresentação da Gira coletiva usada pelo CABOCLO MIRIM, queremos dizer que a codificação da nossa Escola de Umbanda foi baseada em sete graus de hierarquia, para estimular o interesse objetivo de cada filho material; no sentido do seu próprio aperfeiçoamento material, moral e, sobretudo espiritual, para que assim, a sua entidade, na continuação das suas visitas periódicas junto o seu 'cavalo', possa encontrá-lo sempre melhorando, dentro da disciplina material como arma de defesa do médium de Umbanda.

Após a cerimônia de incorporação do CABOCLO MIRIM, e tendo este sido atendido pelos seus cambonos, é autorizado ao senhor Mestre de Guaú que seja cantada a curimba para a cabeça dos senhores SCCTs., para que estejam presentes os Abareguassú, que, depois de incorporados serão conduzidos pelo senhor Mestre de Cerimônia para a saudação de entrega de forças ao CABOCLO MIRIM.

Após esta cerimônia é cantada, pelo senhor Mestre de Guaú, a curimba para a cabeça dos senhores CTs. Incorporados estes, deverão ser conduzidos pelo Mestre de Cerimônia, apenas os que estiverem, na Sub Chefia de comando, nas filiais, à presença dos Abareguassú para a saudação.

Muitos filhos de Terreiro não sabem até hoje, que as trocas de saudações feitas no terreiro entre as entidades, não significam cumprimentos de boas vindas ou de despedidas entre elas, pois os espíritos não vivem estas formalidades, nem precisam tampouco de estar entre nós para viverem juntos. A vida entre eles é perfeita ou pelo menos muito superior à nossa. Eles conhecem perfeitamente bem o valor de cada um deles e sabem também que estão na dependência do aperfeiçoamento do seu médium; deve ficar portanto, esclarecido desde logo, que o CABOCLO MIRIM não tem propósitos de ensinar as entidades a trabalhar, mas sim, os de educar os médiuns, disciplinando-os, a ponto de merecerem cada vez mais aproximação daquele que é o seu Chefe de Cabeça.

A hierarquia imposta pelas ordenações codificadas pelo CABOCLO MIRIM vem apenas despertar no íntimo dos bem intencionados, a oportunidade de conseguirem o aperfeiçoamento pelo seu próprio esforço. Não basta receber espíritos que se apresentam como Caboclos e Pretos Velhos, para se dizer umbandista. Isto apenas não basta; é necessário que o médium proceda corretamente na sua vida, tão corretamente que ele também possa sentir por si mesmo a própria felicidade se irradiando da sua serenidade, para manter a sua vida em equilíbrio e merecimento espiritual.

Quando um médium de Umbanda consegue despertar os seus valores de superioridade, certamente que a sua entidade vai encontrando o melhor campo de ação para melhor trabalhar. Qualquer entidade no culto de Umbanda, para trabalhar nesta Lei, deve ter certa independência de espiritualidade, e não estar mais sujeita à escravidão das reencarnações. Os seres que ainda reencarnam, certamente não são espíritos independentes, porque estão sujeitos à emotividade das suas almas; e nestas condições só podem dirigir suas vibrações na objetividade do interesse da vida pela própria vida material.

As almas ainda são sementes de vida; fora desta situação elas entram em distúrbios porque lhes faltam à forma física para o seus movimentos. Esta condição inferior do Espírito coloca-o sem poderes de ação própria, porque as atividades emotivas de sua alma o dominam completamente. As almas se constituem numa força poderosa; e para elas existe uma Lei própria, reguladora das suas necessidades. Elas vivem praticamente o domínio do amor consciente aplicado, ao passo que os Espíritos que já vivem na liberdade, estão transpondo as barreiras dos seus limites para ingressarem no plano do amor inconsciente.

Estes espíritos são os que trabalham na Umbanda, e que pelas suas condições, é necessário que seus médiuns procurem acompanhá-los, para que a Umbanda desperte da confusão estabelecida pelos interesseiros. Sabemos que existe certa dificuldade na apresentação dos Espíritos nos Terreiros. Dificuldade criada pela intolerância e rebeldia dos médiuns que não desejam se preparar, preferindo manter a insubordinação e a falta de respeito pela própria vida. Em virtude desta grande dificuldade no aproveitamento do homem como médium, a Umbanda criou a Gira, para que assim, todos movimentando no mesmo sentido Universal, esta força maior pudesse anular os prejuízos decorrentes da menor, e compensar, com isto, o enfraquecimento de qualquer elemento que esteja em perigo do Terreiro.

A Umbanda não julga, assim, não toma conhecimento da rebeldia de qualquer filho, mas estende a sua mão amiga para que o filho não caia quando escorregar. E assim, neste princípio de harmonia que todos trabalham, embalados pelo movimento que dá força à velocidade, para que o perfume da Vibração contamine todas as mentes em projeção.

Quando o senhor Mestre de Guaú termina a curimba para a cabeça dos Abarés, é ainda o CABOCLO MIRIM quem determina que se cante para a cabeça dos Abaré-Mirim, que também farão a cerimônia de entrega de seus valores aos Abarés, em graus de Subchefia de Comando. Depois é cantada outra curimba para os Bojaguassú, Boja e Bojamirim, quando então se dará o início da Gira, que é feita no sentido da direita para a esquerda.

O CABOCLO MIRIM nos explica que cada homem só tem valor no seu verdadeiro lugar, para que a sua produção seja efetivamente boa; logo, não é o lugar que engrandece o homem, mas é o homem que dá ao lugar o perfume de sua vida.

Umbanda trabalha dentro da magia e magia é o ato de impressionar alguém ou alguma coisa com a sua ação; quando a ação é boa, a magia é superior; mas quando a ação é má a magia é inferior.

Umbanda não julga porque não precisa julgar; todo e qualquer julgamento está na cabeça de cada homem, e só o homem pode julgar os seus semelhantes para verificar se os seus crimes são melhores ou piores que os dos outros. O homem julga porque precisa perdoar, e ele não pode perdoar sem antes julgar. A Umbanda não julga porque também não pode perdoar.

Toda ação produz uma relação igual e contrária; e dentro deste mecanismo o perdão é uma confissão de inferioridade. O perdão dentro da Lei da Umbanda não representa magia superior, porque é um prolongamento da reação de uma determinada ação de julgamento inferior pela vida de outro ser da natureza, que não deve ser atingida e nem molestada pelo corpo mental do umbandista.

O umbandista não julga porque sabe que tudo está certo, e a ele não compete interferir numa outra Centelha de Vida que também faz parte da Grande projeção de TUPÃ, em função da Vida manifestada que é OXALÁ. Aquele que passa pela ESCOLA DA VIDA, pregada pelo CABOCLO MIRIM, vai pouco a pouco desmaterializando as suas opiniões, por senti-las desnecessárias, e consegue afastar-se do espetáculo dos sentimentalismos que empolga e distraí os cinco sentidos, como que experimentando a resistência da individualidade, dentro das provas da personalidade.

Com certeza absoluta de que tudo está certo, porque o que estiver errado não pode existir. A própria ação da vida não permite e nem autoriza que a sua ação seja diferente, porque terá de ser igual e contrária a si própria.

Nomenclatura do Quadro de trabalhadores da Família Mirim

1° GRAU – INICIANDO (I)

São todos os profanos que, aprovados nas experiências, vão seguir o Quadro de FILHOS ESPIRITUIAIS DE UMBANDA – Médiuns.

2° GRAU – BANCO (B)

São todos os filhos que trabalham no BANCO, fazendo o aperfeiçoamento de incorporação com as suas entidades.

3º GRAU – TERREIRO (T)

São todos os filhos que trabalham no TERREIRO, dando passes para o aperfeiçoamento de incorporação com as suas entidades.

4º GRAU – SUBCHEFE DE TERREIRO (SCT)

São todos os filhos que trabalham como SUBCHEFES DE TERREIRO; receberão a primeira consagração de Terreiro, prestarão juramento de Fidelidade e assumirão o primeiro compromisso de fé com o COMANDANTE CHEFE DE TERREIRO.

5º GRAU – CHEFE DE TERREIRO (CT)

São todos os filhos que, aprovados nos graus anteriores, demonstraram, por merecimento próprio, o direito de serem CHEFES DE TERREIRO. Receberão Consagração do Grau, prestarão juramento de Submissão e será dado a conhecimento público o nome do seu Guia.

6º GRAU – São todos os filhos que já tenham completado as Escolas nos graus por que passaram, e aprovados pelo COMANDANTE CHEFE DE TERREIRO, serão Consagrados com a Ordem de Comando. Prestarão juramento de Honra e assumirão a Chefia das Filiais pelo Engrandecimento da Umbanda.

7º GRAU – COMANDANTE CHEFE DE TERREIRO (CCT)

E sempre o COMANDANTE GERAL DA ORGANIZAÇÃO, que tem sobre os seus membros a responsabilidade de manter a disciplina e todo patrimônio material, moral e espiritual da Organização.

UMBANDA – ESCOLA DA VIDA – VOLUME III (2004)

CCT Mirim Paulini Figueiredo

Em 2005, a Tenda Espírita Mirim publicou uma série de apostilas organizada pelo Comandante Mirim Paulini Figueiredo, fundamentada na série de livros publicados em 1952, 1953, 1983 e 1984, por Benjamim Figueiredo.

Transcrevemos alguns trechos desse material.

Disciplina Material

Na organização Mirim o uniforme usado deve ser totalmente branco, inclusive as peças íntimas, porque o branco é uma cor imantada e representa a junção das sete cores.

O médium não deve usa nas sessões: pinturas, joias ou qualquer tipo de adorno bem como esmaltes na cor escura.

Ao chegar na Tenda, deve o médium dirigir-se à Secretaria, para dar o seu número de matrícula e, posteriormente, ir ao vestiário trocar de roupa. Quando entrar no Terreiro, ir à frente do Médium Supremo para fazer uma breve saudação, pedindo licença a Jesus de Nazaré para a realização de um bom trabalho. Nas Casas onde o vestiário não tem saída para o Terreiro, deve-se entrar pela frente, ou seja, pela Tronqueira.

Ao batermos a cabeça, devemos coloca-la primeiramente no centro, virar a cabeça para o nosso lado direito (lado positivo), em seguida para o lado esquerdo (lado negativo) e bater, finalmente, três vezes ao centro, onde você está saudando o Pai de Cabeça daquela pessoa. É preciso não esquecer de levantar as pontas dos pés e colocar as mãos cruzadas nas costas, à direita por cima da esquerda.

Para saudar, devemos dizer: "Salve", colocando a mão direita no peito, posicionando o dedo médio (maior) no cruzamento das Flechas, que é o centro do ponto.

Disciplina Espiritual

1) O que é Disciplina dentro da Umbanda?

R – É a pedra fundamental do Progresso Espiritual.

2) No que ela se constitui?

R – Nos alicerces sobre os quais se pode construir com segurança algo de positivo.

3) O que é ser disciplinado dentro da Umbanda?

R – Ser disciplinado é a arte que se adquire na prática constante da força de vontade e da humildade verdadeira. É toda uma educação, todo um programa que, se for levado a sério, dará resultados positivos espiritual e material.

4) O que vem a ser autodisciplina?

R – É o ponto de partida para a ascensão espiritual na Senda da Luz, o princípio do domínio sobre a matéria.

5) O que vem a ser a Senda da Luz?

R – É o caminho traçado pelo Caboclo Mirim para que todos os médiuns da Organização possam trilhá-lo sem dar um passo em falso.

6) Como se adquire a Senda da Luz?

R – Ela se adquire na obediência às pequenas coisas, detalhes aparentemente sem importância. Você que é médium da Tenda Espírita Mirim ganha uma vitória sobre si mesmo quando consegue atravessar o vestiário, trocar de roupa e descer para o Terreiro sem ter conversado com outros médiuns. Deu um passinho à frente na Estrada da Luz.

7) O que é a Escola da Vida?

R – Na Estrada da Luz existe uma placa onde se lê: "Não pare na pista". O médium que quer realmente seguir na Escola do Caboclo Mirim entende o imenso significado, porque já ouviu falar que: "Quem perseverar até o final será salvo".

8) Sobre o assunto 'Guias".

R – Você que pretende trilhar os caminhos traçados pelo Caboclo Mirim, não pode nem pensar em usá-las dentro ou fora do Terreiro.

9) Como se caminha na Estrada da Luz sem encontrar nenhum obstáculo?

R – Como sempre, quando alguém se encaminha na Estrada da Luz, que leva à Luz, encontra obstáculos, porque as forças negativas não apreciam ver alguém se afastando delas e escapar às suas presas. Todos sabem que a Guerra da Luz é feita por muitas batalhas, com vitórias e derrotas contra seus inimigos interiores e exteriores, que são: o desânimo, a solidão e a desesperança. A estrada é para ser seguida e, caso seja necessário um repouso, descanse e volte a luta, sabendo que se parar será atropelado. Vejamos o exemplo a seguir:

Você chegou ao Terreiro e escolheu um determinado lugar. Os Comandantes encarregados estão arrumando o

Terreiro, procurando o melhor equilíbrio das forças, para obter a melhor corrente possível quando os trabalhos começarem. Neste momento, é preciso mostrar disciplina, pois o Comandante pode muda-lo de lugar. É preciso aceitar tal determinação sem discutir, embora você pretendesse trabalhar em tal lugar com tal médium amigo. Isto não é importante, pois seu Guia trabalhará melhor quando se obedece a ordem de boa vontade. Neste momento você deu mais um passo a frente. Porém, se encontrou pretexto para fazer o que queria ou discutiu com o Comandante, seu Guia encontrará uma aura perturbada, o que dificultará o seu trabalho. Afinal, não se pode esquecer que viemos fazer a CARIDADE, que seu Guia necessita trabalhar e que o mais importante é ser ÚTIL. Se demonstrar boa vontade, seus Guias mostrarão boa vontade em ajuda-lo, sempre que for necessário.

10) Disciplina?

R – Se for chamado para cambonear, vá de boa vontade, pois isto não é desonra, muito pelo contrário. Neste momento você está sendo útil e não está fazendo favor a ninguém. Deve agradecer a Deus pela oportunidade que está tendo em servir e dar mais um passinho à frente para a Luz. Portanto, não se deve desprezar esta oportunidade.

11) Escola da Vida?

R – Falei em verdadeira humildade. Ela não consiste, absolutamente, em auto depreciação nem em autopromoção. Aquele que anda dizendo a todo o momento e a todos aqueles que têm paciência para ouvi-lo, que é uma pessoa humilde, obediente, muito pequena, muito isto ou aquilo, não está praticando a humildade, que consiste no esquecimento de si mesmo, simplesmente não fala de si, nem para se depreciar. Da mesma forma, não se compara aos outros, não se faz de vítima e enfrenta os obstáculos com tranquilidade.

Sabe aceitar as dificuldades da vida com coragem e sem revolta, não se furtando às responsabilidades, sob o pretexto de que não está a altura. Esta pessoa age, simplesmente, da melhor maneira possível, fazendo o que deve ser feito. Tudo isto, pode parecer simples, mas não é. O ideal é conseguir fazê-lo naturalmente, sem esforço.

Resumindo: A disciplina na Tenda Espírita Mirim começa com a pontualidade, a obediência às ordens no vestiário e no Terreiro, prosseguindo no respeito às instruções sobre o uniforme, sobre as guias que não podem ser usadas e sobre consultas, que só podem ser dadas por pessoas autorizadas. Devemos acatar as ordens do Caboclo Mirim na Vida Espiritual e Material. O médium da Tenda Espírita Mirim não faz obrigações e em regra geral, não acende velas. Deve ser correto na vida material em cada dia, porque a honestidade, a idoneidade do médium é sua força e maior defesa.

12) O que é Umbanda?

R – Umbanda quer dizer: "Arte de Curar ou Magia".

13) O que são Orixás?

R – São Divindades que são diretamente relacionadas com a Natureza.

14) O que é "Orixá de Cabeça"?

R – O mesmo que "Orixá de Frente".

15) O que é a Lei de Causa e Efeito?

R – É o popular: "Colhe-se aquilo que se planta". "Diz-me com quem andas e te direi com és".

16) O que é "Ponto Riscado"?

R – É a identificação da Origem da Entidade.

17) O que é "Ponto Cantado"?

R – É um sinal para auxiliar na Sintonia Mental com a "Linha Vibratória" que estamos invocando.

18) O que é Ogum?

R – É aquele que domina o campo de Desenvolvimento e do Aperfeiçoamento das Técnicas. Ogum na nossa Escola é a DIREÇÃO DA VIDA.

19) O que é Oxóssi?

R – Seus recursos na Umbanda, vêm de todo o verde do mundo, já que eles estão associados a Osain, Otin e a todos os Orixás das matas e dos campos agrícolas. Oxóssi na nossa Escola é a EXISTÊNCIA DA VIDA MANIFESTADA.

20) O Que é Xangô?

R – Xangô é a JUSIÇA, podendo toda a sua força ser resumida nesta palavra. Xangô na nossa Escola é o CONHECIMENTO DA VIDA e de sua egrégora, destacados em duas Colunas:

– Xangô Kaô – É o aprimoramento da Centelha da Vida ou Espírito.

– Xangô Agodô – É a materialização sob a forma de Condensação de Energias.

21) O que é Iemanjá?

R – É a "Mãe dos Peixinhos". Iemanjá na nossa Escola é a CONTINUAÇÃO DA VIDA.

22) O que é Iofá?

R – Segundo nos ensina o Caboclo Mirim, Iofá, é na Umbanda, uma das Sete Linhas e representa a APLICAÇÃO DA VIDA. Os Pretos Velhos e Pretas Velhas são símbolos e exemplos da Boa Aplicação da Vida, ensinando-nos o carinho, a alegria e a bondade, que eles exercem sob a maior Simplicidade e Amor.

23) O que é Tupã?

R – Tupã é na nossa Escola VIDA-AÇÃO, PURA E SIMPLES.

24) O que é Oxalá?

R – Oxalá é VIDA-REAÇÃO, VIDA MANIFESTADA.

Esta apostila traz em seu conteúdo, procedimentos a serem seguidos pelos médiuns da Escola da Vida do Caboclo Mirim e devem ser, rigorosamente obedecidos, por todos os membros de todas as Casas da nossa Organização.

Muito da nossa Tradição, se deve ao cumprimento dessas Normas e que fazem parte do Ritual seguido na Tenda Espírita Mirim.

Uniforme

O uniforme do médium deve ser totalmente branco, inclusive as peças íntimas, pois o branco é a Cor Imantada e representa a união das Sete Cores do Arco-Íris.

Não é permitido trocar de roupa nos banheiros, devendo, para isto, serem usados os vestiários. Da mesma forma, não se deve vir para a Tenda, já trajando o uniforme, deixando para vesti-lo no Terreiro.

Quando o médium esquecer algum item de seu uniforme como: cinto, sapatos, meias, emblemas etc., deve se dirigir ao Comando da Casa, para pedir permissão para trabalhar com o seu uniforme incompleto.

No decorrer das Sessões ou Giras, o médium só poderá tirar os seus sapatos após a permissão do Comando.

Adereços

O médium não deve usar pinturas, joias ou qualquer tipo de adorno, bem como, esmalte de cores escuras.

Após a colocação de seu uniforme, o médium deverá estar sem seus adornos, podendo apenas portar aliança de casamento ou noivado.

Matrícula/Contribuição

Toda vez que vier a Tenda Espírita Mirim, para trabalhar espiritualmente o médium deverá apresentar sua matrícula e atualizar sua contribuição.

O cumprimento dos médiuns será sempre de joelhos aos médiuns com dois Graus acima do seu.

Ao colocar a cabeça no chão, todos os médiuns devem levantar, sempre, as pontas dos pés do chão.

Giras

Nas Giras, somente médiuns do 7° Grau para cima pode convidar o assistente para fazer parte da mesma, ou a Entidade que tiver a ordem de Comando.

O médium não deve se negar de olhar um médium iniciante ou um assistente.

Os médiuns até o 4° Grau, não estão autorizados a se sentarem nos bancos, quando incorporados de seus Pretos Velhos ou Pretas Velhas, bem como não possuem permissão para usar terço, toalha, ervas etc.

A partir do 3° Grau, Médium de Terreiro, deve evitar ficar

trocando de Entidades a toda a hora, pois estes médiuns possuem o compromisso com os trabalhos realizados no Terreiro.

Tronqueira

O médium que trabalha na Tronqueira durante as Giras deve ser do 5° Grau para cima, não podendo cantar e dançar, pois é um Soldado de Prontidão, devendo ser, de preferência, um Soldado de Ogum.

Nenhum médium deve se ajoelhar na Tronqueira e nem cumprimentar o Caboclo que ali estiver de guarda.

Exemplo/Obediência

Todos os médiuns devem obediência aos Graus superiores ao seu.

Todos os médiuns devem agir corretamente, de acordo com o seu Grau, pois deve dar o exemplo aos Graus inferiores ao seu.

Nenhum filho da Organização Mirim deve incorporar em casa, como também não deve ir a outros Terreiros, sem que para isso, tenha a devida permissão do Comando.

Consulta

A consulta só é permitida aos médiuns do 5° Grau para cima.

Curimba

As curimbas são preces cantadas, sendo um fator de grande importância em nossos trabalhos. Por isso, todos devem cantar curimbas.

Alimentação

Todos os médiuns devem, sempre que possível, ter uma alimentação saudável, mesmo no seu dia a dia.

Nos dias de Sessões e Giras, os médiuns não devem fazer uso da carne vermelha, bem como ingerirem uma grande quantidade de alimentos, fato este que prejudica o Processo de Incorporação e Desincorporação.

Geral

Nenhum médium está autorizado a usar guias, dentro e fora do Terreiro.

Nenhum médium deve recusar a cambonear.

Não devemos julgar os nossos irmãos.

Fale somente o necessário.

Deve-se respeitar todas as Entidades.

Devemos ser fiéis a Organização na qual trabalhamos, portanto devemos fidelidade ao Comando da Casa.

Sessão de desenvolvimento

Todos os filhos possuem seus Mentores Espirituais. Existem vários tipos de mediunidade.

É na Sessão de Desenvolvimento que ensinamos aos médiuns iniciantes como devem proceder para que haja uma boa incorporação e, é também, quando o Caboclo ensina a fazer um bom relaxamento para que o corpo fique predisposto a receber suas energias.

É muito importante que todos os médiuns entrem no Terreiro 15 minutos antes da Sessão começar para que possam fazer um relaxamento, respirando, pelo menos, sete vezes, profundamente, a fim de se liberarem de seus problemas materiais e para que assim possam entrar em sintonia com as suas Entidades. É preciso que haja silêncio dentro do Terreiro, pois este não é um local adequado para que os filhos sentem e fiquem conversando.

Ao iniciar, o Caboclo explica ao filho para pensar em um ponto da Natureza, em que o mesmo se sinta bem, para que assim fique mais relaxado e ligado à Natureza, pois a nossa Organização trabalha com as suas Forças. A nossa Casa não tira a consciência dos filhos. O que o médium não tem, ainda, é o domínio das suas ações.

Os médiuns não devem ficar preocupados em copiar o que os outros estão fazendo. Devem se concentrar e deixar suas Entidades agirem por si próprias. Também não devem se preocupar em saber o nome de suas Entidades, de onde elas vêm, se é Caboclo, se é Preto Velho, se é Criança, qual é o Pai ou Mãe de Cabeça, porque assim, estarão atrapalhando o seu Crescimento Espiritual e as suas próprias Entidades.

Os médiuns quando começam a sentar no banco, devem pedir perdão àqueles que eles possam ter feito mal nesta vida e nas sete vidas passadas e para que ele possa perdoar a quem lhe fez mal, deixando o corpo totalmente solto, a fim de ajudar ao assistente ou ao Filho de Pemba que esteja precisando de ajuda. A carga não se pega e sim é sentida. Há vários tipos de carga e nenhuma carga é igual à outra.

Todos devem saber que o médium não é um privilegiado, mas sim, um ser que traz, como Karma, uma missão séria de Caridade e que, um dia, responderá por ela aos seus Mentores Espirituais.

Finalmente, é preciso ter em mente, que o médium não deve ter vaidade e nem melindres e sim, uma missão árdua a cumprir.

Todos os médiuns devem frequentar assiduamente as Sessões de Desenvolvimento Mediúnico, pois, sendo o médium um receptor, tal qual um rádio, deve sintonizar nitidamente as estações.

O desenvolvimento das faculdades mediúnicas de um sensitivo deve ser tratado e burilado dentro das normas corretas de afinidade vibracional do Guia Comunicante do Médium, dentro do campo emocional e psíquico evoluído.

Geralmente, o sensitivo ou extra-sensorial, é encaminhado aos Centros Espíritas para desenvolver suas faculdades mediúnicas desconhecendo o médium como se processa realmente a incorporação. Por ser um sensitivo, ele é sem dúvida, um imã que atrai para si vibrações e espíritos, de acordo com o seu estado atual vibracional.

Compete ao dirigente da Sessão de Desenvolvimento procurar orientar o médium iniciante no sentido de que o "semelhante atrai semelhante", razão pela qual, o médium deve, através de vigilância, ter aprimoramento nas Doutrinas Evangélicas aplicadas, aumentando, desta forma, sua vibração psíquica, possibilitando que os Guias e Espíritas sérios dele se aproximem. Há uma diferença quilométrica entre o sensitivo receber em incorporação um Espírito e um Guia. Espíritos seremos todos nós, após o desencarne. Guias, todavia, são Espíritos filiados às Correntes de Socorro Espiritual, que foram aprimorados para tal finalidade, onde percorreram vários degraus da Escala Evolutiva, desmaterializando-se das coisas terrenas. Logo, um Guia é um Mensageiro de Deus – *vem dar e não receber* – são humildes, não ameaçam, perdoam sempre e procuram nos auxiliar sem, contudo, interferirem em nosso livre arbítrio.

Sendo o Guia, uma Luz Divina no ambiente onde chega, tem a obrigação de o envolver com sua vibração e Corrente Espiritual, clareando, obviamente, qualquer treva existente.

"Orai e Vigiai", nos legou o Mestre dos Mestres. A mediunidade é um botão de rosa que deve, sozinho, ir se abrindo, sem que mãos grosseiras tentem abrir as pétalas do botão promissor, despedaçando-a antes dela florir com toda a sua intensidade. Compete ao Centro Espírita aprimorar, orientar e aumentar a vibração mediúnica, a fim de possibilitar ao médium, sintonizar Espíritos Superiores, neutralizando vibracionalmente os perseguidores espirituais por falta de sintonia. "Se o semelhante atrai semelhante", o médium, de vibração Cristã, atrairá, sem dúvida, os Espíritos vinculados a esta vibração. Compete aos médiuns pautar suas ações condignamente, pensar altruisticamente, servir a causa sem pensar ser servido, nem tentar usar seus Guias como moleques de recado. Enfim, dar-se de corpo e espírito à causa, para receber, realmente, o que necessita, sem abalar o seu Karma Evolutivo.

Instruções

Abra o seu corpo, esqueça a vida material e fale somente o necessário.

Não interceda no comportamento de ninguém, por mais estranho que seja, respeitando a todos indiscriminadamente, pois assim estará respeitando a si próprio. Não ria nem caçoe de ninguém, mantendo o silêncio absoluto e total. Não ache graça nas Entidades incorporadas, pois as mesmas comportam-se de diversas maneiras, dependendo do cavalo, isto faz parte dos trabalhos. Respeite o iniciante incorporado, mesmo achando que o mesmo não esteja firme com o Guia, pois os mesmos estão em evolução como todos nós e fazem parte importante nos nossos trabalhos.

Evite o contato físico com os outros, não ponha a mão na cabeça de ninguém, pois você desconhece o que as pessoas trazem consigo mesmo de bom ou de ruim. Somente os Médiuns Juramentados podem fazer isto, assim assumindo esta responsabilidade.

É perigoso dar consulta, pois no momento da consulta você assume uma responsabilidade espiritual séria consigo mesmo.

A alimentação, bem como o zelo pelo seu corpo físico, é fator preponderante para a boa captação dos fluídos que emanam do Aspiral Ascendente formado pela Ectoplasmia de todos e que de lá vem à verdadeira cota para cada um, de acordo com os seus merecimentos.

O valor das Entidades depende do Corpo Físico e Mental do cavalo e se o mesmo não tiver uma boa saúde Psicofísico e Mental a Entidade não terá nada para dar a quem necessite.

Acompanhe mentalmente e cante as curimbas, pois as mesmas são orações cantadas e trazem nas suas palavras verdadeiras filosofias de vida e ensinamentos. Não interceda nos curimbeiros solicitando cantar esta ou aquela curimba simplesmente porque você acha bonita ou que rima bem. A curimba é fator de importância nos trabalhos, cabe a quem estiver comandando a Gira ordená-las de acordo com a necessidade.

Abra o seu coração, Oxalá veio ao mundo e não o virou, trouxe a sua Doutrina e foi um observador oculto da vida, pois viemos ao Mundo para sermos comandados e não comandantes. Seja um pequeno homem em um Mundo grande e não um grande homem em um Mundo pequeno.

Mediunidade é uma coisa e Doutrina Espírita é outra. A mediunidade processa-se de diversas maneiras, quer na audição, tato, visão, olfato, incorporação etc. Doutrinação é o que fazemos nas Giras com as Entidades, pois: *Trabalhamos para as Almas em não com as Almas.*

A nossa Doutrina não conserta a vida de ninguém, mas cria condições para que cada um conserte a sua própria vida de acordo com o seu paladar.

Em uma sessão todos são vistos e observados e cabe a

cada um a Responsabilidade Espiritual de seus atos.

Abra a sua mente para que você possa verdadeiramente levar consigo e para os seus verdadeiros fluídos de Paz e Felicidade de acordo com seu merecimento.

Não interceda na vida dos outros os aconselhando, pois você não sabe dos merecimentos dos mesmos e assim procedendo você não assume Responsabilidades Espirituais. Lembre-se do Livre Arbítrio de cada um. Viva a Indiferença Construtiva da sua própria existência.

Não se esqueça do compromisso que você assume com o Caboclo Mirim desde que você resolveu frequentar a sua casa. Escolha para você próprio os ambientes que frequentar, não participando de trabalhos baixos, pois a responsabilidade será somente sua e você, um dia, prestará conta da mesma. O Mundo dos Mortos é incomensurável e nele habitam os mais diversos tipos de Espíritos, portanto não os invoque sem conhecimento de causa.

A Umbanda não faz matanças, pois os animaizinhos são nossos irmãos e a Lei da Fraternidade Universal as proíbe.

Seja Dono do Mundo Material que você possui não deixando que o mesmo seja seu próprio dono. Goste do que lhe pertence, mesmo sendo pouco.

Viva a vida como ela se apresenta para você na sua verdadeira beleza, prezando conscientemente pelo seu Corpo Físico e Espiritual. Não se esqueça que as cicatrizes do Corpo Físico logo saram, mas as cicatrizes da Alma cada um carregará pela Eternidade. Zele também por sua Alma enquanto lhe sobra tempo nesta Fase Corpórea. Leia o Livro da sua própria existência todos os dias.

Umbanda é bom para quem sabe ler...

Termos utilizados para algumas funções na Tenda Espírita Mirim

Tuxáua: É sempre o Comandante Geral da Organização que tem em seus ombros a responsabilidade de manter a disciplina e todo o patrimônio material, moral e espiritual da Organização.

Mãe Pequena: É a segunda pessoa de toda a Organização,

auxiliando o Tuxáua.

Alta Cúpula: São doze médiuns do 7º Grau, escolhidos pelo nosso Tuxáua para ajudá-lo a manter a disciplina e todo o patrimônio material, moral e espiritual da Organização, não sendo um cargo vitalício.

Mestre Cerimonial (MC) e Mestre Cerimonial Auxiliar (MCA) – São as pessoas responsáveis pela arrumação e disciplina no Terreiro; devem ficar atentos ao Comando e ao Terreiro, intervindo sempre junto aos filhos, quando necessário. Devem olhar os uniformes, acompanhar sempre seu Comando, ensinar os filhos a bater cabeça e a hierarquia da Casa. Devem, ainda, ensinar o cumprimento correto de saudação entre de saudação entre os irmãos (Salve), devem levar ao conhecimento do Comando todos os fatos que possam de alguma forma atrapalhar a harmonia do Terreiro. Devem estar nas Sessões, Giras, Consagrações e festividades materiais realizadas na Casa. O Cerimonial escolhido para fazer o Defumador deve ficar responsável pelo mesmo, ou seja, alertando ao Comando quando faltar algo para o Defumador.

Relações Públicas (RP) e Relações Públicas Auxiliar (RPA) – São as pessoas responsáveis pela secretaria, aos médiuns e assistentes quanto a roupa adequada a ser utilizada em uma Casa Espírita, devendo participar das Sessões, Giras, Consagrações e festividades materiais realizadas na Casa.

Chefe de Cambonos (CC) e Cambonos (C) – São os responsáveis em zelar pela Entidade e seus pertences, devendo estar atentos a Entidade que está camboneando, permanecendo nas costas do Comando, principalmente, na hora da incorporação e desincorporação, devem acompanhar sempre o Comando, manter sigilo sobre qualquer assunto abordado pelo Comando e/ou Entidade, seja com a assistência ou médium. Devem levar ao conhecimento das Entidades qualquer assunto ocorrido dentro e fora do Terreiro que não esteja de acordo com as determinações do Comando, devem sempre auxiliar as Entidades, não permitindo que as mesmas sejam interrompidas quando estas estiverem concentradas com algum trabalho. Não devem, também, permitir que qualquer pessoa passe entre eles e as costas do Comando, devendo sempre transmitir o recado ao Comando, quando deixado pela Entidade do mesmo e sinalizar ao Comando quando estiver faltando algo de sua Entidade, devem estar presentes nas Sessões, Giras, Consagrações e festividades materiais realizadas na Casa.

Mestre Guaú (MG) e Mestre Guaú Auxiliar (MGA) – São os responsáveis pela curimba, são os Mensageiros e os Curimbeiros. São, ainda, responsáveis pelo som e pelo tambor, devendo alertar, sempre, o Comando quando estiver faltando algo para a realização do seu trabalho. O MG deve estar atento ao Terreiro para poder cantar a curimba que o mesmo necessitar, não cantando o ponto, apenas, porque gostam e, sim, porque está vendo a necessidade do Terreiro. Não deve levar seus problemas para a curimba, pois esta deve estar sempre em Alto Astral, para que possa passar esta Energia para todo o Terreiro. O local da curimba é muito importante e, portanto, não pode ser de brincadeiras, não podendo fumar e beber, só quando autorizado pelo Comando, mas mesmo assim, como todos os outros Graus devem beber com moderação.

Os MC, RP, MG e CC são escolhidos pelo Comandante e estes trabalham diretamente com o Comando: "são os Olhos do Comando". Estes também devem ter um comportamento exemplar. Uma ordem dada pelo Mestre do Cerimonial e pelo Relações Públicas é uma ordem dada pelo Mestre do Cerimonial e pelo Relações Públicas é uma ordem dada pelo Comando, portanto devem ser obedecidas.

Pontos

Os Pontos são Condensadores de Energia, Firmadores de Trabalhos ou Anuladores de Magias Negativas. Os Pontos são, ainda, a Escrita ou a Grafia que ativam Poderes e Forças Celestiais.

Todo símbolo é Sagrado e possui o seu Guardião. Por isto, não se deve "riscar" aleatoriamente qualquer Ponto, sem a devida autorização daquele que o rege. Os Pontos só devem ser "riscados" pelos nossos Guias Chefes, pois somente eles sabem o que estão "fixando" no Plano Material Humano.

Os Pontos são símbolos que revelam a quais Orixás a

Entidade está ligada e a que pontos da Natureza os mesmos recorrem durante os seus trabalhos magisticos ou espirituais. Os Pontos podem ser escritos ou cantados e riscados.

Os Pontos, quando devidamente "riscados", ativam três níveis, a saber:

Material – Espiritual – Celestial

Significado dos Pontos: Os Guias não revelam o que seus Pontos significam, pois são Indicadores Individuais. São, ainda, Grafias Mágicas que ativam Forças, da mesma forma que são Símbolos Vivos e Identificadores do Divino Criador.

Nomes: Os Nomes Simbólicos das Entidades ocultam Mistérios Sagrados regidos pelos Símbolos que trazem em si mesmo, ou seja, toda uma Ciência Divina.

Símbolos: Os são chaves e portas para infinitas informações. Ativam Forças e Energias e atuam no inconsciente coletivo e individual.

Os Pontos como:

Condensadores de Energia os materializadores;
Acumuladores de Energias os mantém;
Potencializadores de Energias os intensificam;
Irradiadores de Energias os irradiam;
Anuladores de Energia os anulam.

Linhas, Símbolos e Escritas Mágicas

"Os Símbolos são Escritas Mágicas, são a codificação Gráfica dos Poderes contidos em um Mistério". O Guia "risca" o seu Ponto, mas não o Elemento Ativador, pois o mesmo está na sua cabeça. Por isto, somente o Guia pode ativá-lo.

1. A Flecha é de Oxóssi, simbolizando a Direção. Oxóssi é o Regente da Linha do Conhecimento, a Criatividade.

2. A Espada, a Lança, o Escudo, a Queda D'Água são de Ogum, simbolizando a Força da Lei. Ogum é o Regente da Linha da Lei. A função da Lei é impor a ordem e não o medo. A Lei não tem que ser considerada boa ou má, mas sim ser aplicada. A Lança simboliza, ainda, a Via Evolutiva.

3. A Montanha Sagrada é de Xangô, simbolizando o Poder e a Força da Justiça. Xangô é o Regente da Linha da

Justiça. A Justiça determina, julga, e a Lei (Ogum), executa.

4. A Seta Espiralada (Raio) é de Iansã, simbolizando o Poder e a Força do Tempo. Iansã, bem como Xangô, é regente da Linha da Justiça.

5. As Pedras e a Queda D'Água são de Oxum, que é regente da Linha do Amor.

6. As Lagoas são de Nanã, que é Regente da Linha de Evolução. A Evolução só ocorre com a Compreensão (Oxum) e o Conhecimento (Oxóssi).

7. As Ondas são de Iemanjá, que é Regente da Linha de Geração de Vida. É preciso gerar não só pela Concepção, mas gerar o Equilíbrio.

8. A Cruz é de Oxalá e simboliza os Estágios da Evolução.

Direção das Linhas

Para cima – Estão os Espíritos Virtuosos (racional), indicando céu, vento e fogo. Em cima está o Polo Positivo.

Para baixo – Estão os Espíritos Viciados (emocional), indicando terra, água e fogo. Em baixo está o Polo Negativo.

Meio – É neutro, tanto atuando para cima como para baixo.

Tomemos como exemplo o Símbolo da Cruz

Do lado direito da Cruz é positivo (+) e do lado esquerdo é negativo (–). Todo Guia trabalha com uma Entidade à esquerda (para lidar com as trevas – Exu) e uma à direita (para lidar com a Luz – um outro Guia de Luz).

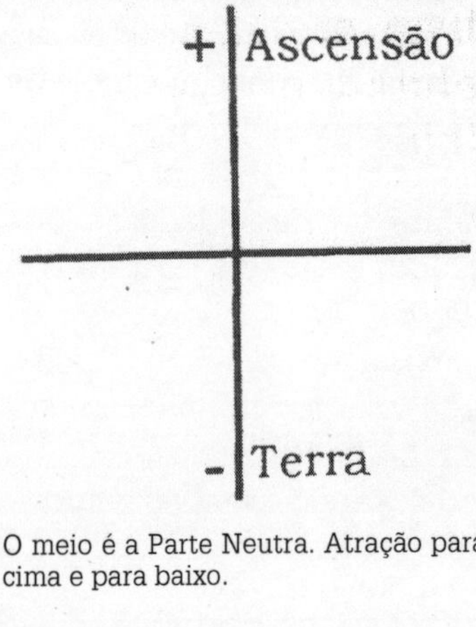

O meio é a Parte Neutra. Atração para cima e para baixo.

9. A Pirâmide Equilátera simboliza os degraus dos Regentes da Natureza Planetária.

10. O Triângulo Equilátero foi incorporado pelos Mestres Egípcios e é inesgotável.

11. O Círculo representa o Todo, ou seja: alto, baixo, direita e esquerda, regendo tudo o que nele está contido.

12. O Quadrante (Círculo Quadriculado), representa o entrelaçamento, ocupando tudo o que está contido no Todo, que é o Círculo.

13. A Estrela de Cinco Pontas simboliza o Guardião Cristalino que corresponde aos Guardiões Celestiais da Coroa do Regente Planetário na Terra – Jesus. É um Símbolo Universal e é absorvido pelos Regentes Planetários. A Estrela junto da Lua movimenta Forças Magísticas e é um Símbolo Oriental.

14. A Serpente (Símbolo por ela representado), não significa que se está lidando com eles, mas com os poderes, as cores semelhantes e/ou energias perigosas e poderosas, tais quais a da serpente ali representada.

15. A Cobra Coral é a serpente que morde o próprio rabo, sendo encontrada no esoterismo mágico. Pertenceu aos Magos que receberam há muitos milênios a missão de revitalizar, no plano material, a tradição do Arco-Íris Sagrado. Na Umbanda, está representada pela Hierarquia Espiritual que atende pelo nome simbólico de Caboclo e Exu Cobra Coral.

Pontos Escritos ou Cantados
Curimbas

As Curimbas ou Pontos Cantados são Cantos Ativadores de Forças. São, ainda, verdadeiras Preces que, da mesma forma que os Pontos Riscados, identificam a origem da Entidade, bem como a que o Orixá está à mesma ligada e a que pontos da Natureza estas recorrem durante os seus trabalhos magísticos ou espirituais.

Os Pontos Cantados escondem, muitas vezes, o seu verdadeiro significado, devendo, por isto, serem estudados com mais atenção. A seguir alguns exemplos de estrofes de alguns pontos e uma pequena análise destas estrofes, lembrando que além dos Pontos Cantados que mencionam o Chefe da Falange, há inúmeros Pontos que são tirados conforme a tarefa em execução. Assim, existem Pontos de defumação, descarga, defesa etc.

De quando em quando
Quando eu venho de Aruanda
Trazendo pemba
Para salvar Filhos de Fé!

Neste Ponto e nos que seguem, encontram-se palavras convencionais que definem as características e os objetivos das Falanges que representam, inclusive identificando a linhagem dos Chefes que as governam.

Na primeira estrofe "Quando venho de Aruanda", induz que o Chefe da Falange é um "Pai de Segredo", pois vem do Céu ou Aruanda. "Trazendo pemba", ou giz, isto é, autorizado a escrever, salvar e alforriar os Filhos de Fé, ou Filhos de Terreiro, já disciplinados sob os ditames do BEM ministrado pelas regras de Umbanda.

Está claramente definido que o Chefe vem de "Quando em quando de Aruanda", lugar onde ele habita, para participar das Falanges na condição de "Pai de Segredo".

Na minha aldeia
Lá na Jurema
Não se faz nada
Sem a Lei Suprema

Este Ponto evidencia a finalidade da Falange no serviço incondicional do Bem, que se explica obviamente nas últimas estrofes, "Não se faz nada sem a Lei Suprema".

Embora o Chefe seja Índio, Caboclo ou Preto Velho, esse Ponto Cantado identifica a condição espiritual muito superior, pois não fará nada que contrarie os princípios evolutivos da Lei Suprema de Deus.

Ademais, a estrofe "Lá na Jurema" assinala tratar-se de Tribo ou Falange de Índios do litoral habituada ao tratamento de males como a lepra, feridas e chagas, com a aplicação de folha de jurem, conhecida cientificamente por *Mimosa verrucosa* (Jurema Branca), cujas cascas são amargas, adstringentes e de aplicação narcótica, aliviando as dores fortes.

Apanha laranja do chão
Quem quiser
Come maná lá no Céu
Quem puder

Esse Ponto Cantado manifesta-se sob um admirável e atraente aforismo, capaz de oferecer algumas proveitosas ilações filosóficas a respeito do Espírito. A laranja simboliza o fruto da terra, que nasce, cresce e morre, assim como as ilusões do mundo material. Ademais, o Ponto alude aos que passam pela carne em existência fácil, as coisas à mão, adquiridas sem grande esforço, pois as estrofes são nítidas a respeito: "Apanha laranja do chão, quem quiser". A laranja já caiu, é fácil apanhá-la, sem o esforço, sequer, de arrancá-la da árvore; está à mercê do primeiro que chegar. É o símbolo da sorte ou da facilidade para as criaturas que já gozam de todas as satisfações e conforto do mundo; mas é um bem provisório que "Apanha quem quiser". No entanto, "Come maná lá no Céu, quem puder", expressa a perfeita antítese de "Apanhar laranja no chão", pois é o Bem Eterno, conforme se deduz da Vida Espiritual. "Quem puder" libertar-se do mundo material e governar o seu Espírito, também fará jus ao alimento superior, que é "Maná do Céu". É o perfeito simbolismo de duas formas de nutrição: a do corpo e a do Espírito.

Ademais, ainda no seu sentido iniciático, o cântico revela uma Falange de Doutrinação, com o objetivo de esclarecer os filhos para se libertarem dos frutos perecíveis da terra e buscarem, tanto quanto possível, as dádivas do Céu. É um convite do Senhor descido do Paraíso, conclamando os filhos à luta, renúncia e realização, implícitas no "Quem puder", em vez do comodismo, ociosidade e extravagância do "Quem quiser". É Falange perfeitamente identificada entre os Comandos Eletivos do Espaço, que operam sob a égide do Conceito Crístico: "Muitos os chamados, poucos os escolhidos"!

Na sua aldeia tem
Os seus Caboclos
Na sua mata tem
A cachoeira!
No seu saiote tem
Pena dourada
Seu capacete brilha
Na alvorada!

O Ponto Cantado em questão expõe em suas estrofes a linhagem elevadíssima do "Pai de Segredo" que dirige a

Falange. Ali se percebe o seu poder fabuloso, a sua graduação mental avançada, o valoroso espírito de luta inextinguível e dinamizado de modo incomum na causa do Bem. Revela-se Entidade que lidera agrupamento de Espíritos em sua moradia elevada, um Mentor do Alto Plano Celestial, pois esclarece o Ponto: "Na sua aldeia tem os seus Caboclos", ou seja, a aldeia desse "Pai de Segredo" é o Mundo Espiritual, onde ele vive, mora e tem os seus discípulos: "Os seus Caboclos".

"Na sua mata tem cachoeira", isto é, a água límpida da Vida Eterna e a batiza no banho lustral da redenção, conforme o próprio rito Bantu na admissão do Médium neófito para receber o "Pai de Santo".

Mas, onde se percebe, claramente, o nível mental desse "Pai de Segredo" é na seguinte e pitoresca estrofe: "No seu saiote tem pena dourada". O saiote, espécie de saia curta feita de tecido forte, que as mulheres costumam usar por baixo de outras saias, indica que o Chefe de Falange possui por baixo do "cascão" ou da aparência de Preto Velho ou Caboclo, outra indumentária mais forte e duradoura, ou seja, a sua Realidade Espiritual. Além disto, a pena dourada sobre o saiote, significa a Luz Dourada da sua Aura fluindo pelo perispírito, cujo matiz formoso e brilhante, identifica extraordinária aquisição mental. Aliás, a pena sempre significou um direito intelectual adquirido pelo ser; é o emblema de orientador ou criador no campo das letras ou das ideias. Mas, os iniciados em Umbanda, sabem que a pena e a cor dourada são o binômio identificador de um "Mestre Kármico", isto é, Entidade fulgurante descida do Plano Mental com poderes de interferir e modificar o próprio destino dos filhos, se assim julgar conveniente. É, na realidade, um autêntico "Senhor do Karma", cuja sabedoria o torna um incondicional procurador da Divindade entre as brumas tristes da vida carnal.

Finalmente, o "Seu capacete", revela Entidade combativa, corajosa e heroica, de ânimo invencível, espécie de guerreiro da era medieval, isto é, cuja atividade criadora teve início há muitos milênios, a partir da Idade Média do Planeta.

O seu capacete de guerreiro benfeitor só "Brilha na Alvorada" e não no Crepúsculo; refulge, pela madrugada, ao despontar da manhã, pois enquanto a "maioria da humanidade ainda dorme", ele permanece ativo no combate iniciado há milênios, devotando-se à libertação dos Espíritos escravos da vida carnal ilusória. Sua tarefa é criadora, assim como a Alvorada significa o desabrochar da vida, o despertar da juventude, o Início de uma nova Era!

Todos os sinais, ou Pontos são uma espécie de verdadeiro código entre os Mentores que atuam na Sagrada Corrente Astral de Umbanda. Esses Pontos traduzem e imantam Forças da Magia Celeste, pois são clichês-códigos que traduzem ordens, direitos, responsabilidades, movimentos de forças ou energias, hierarquia da Entidade e seus Vínculos Iniciáticos com esta ou aquela Vibração, Falange etc. Indicam, também, poderes de quem os riscou, pois podem ordenar vários setores que se encontrem vinculados a quem riscou o Ponto. Sendo assim, também é uma mensagem, uma espécie de código entre a CONFRARIA DOS MAGOS DE UMBANDA.

O que podemos afirmar é que os verdadeiros Pontos Riscados da Lei de Umbanda são Magia Pura, sendo poucos os que conhecem seus significados e expressões. Mesmo algumas Entidades não tem permissão de "riscar" certos "sinais", embora os conheçam, saibam "ler" o que significam e até lhes obedeçam; mas daí a dar a eles o direito de "riscarem" vai uma grande distância.

Em vista disso, aconselha-se aos Filhos de Fé para de forma alguma tentarem reproduzir um Ponto Riscado", ou mesmo tentarem fazê-lo só porque viu este ou aquele sinal, querendo juntá-los na expectativa milagrosa de se conseguir algum efeito. Sim, o efeito que se pode conseguir é o de trazer sérias confusões para o seu próprio caminho, bem como para os que estão debaixo de suas vibrações.

Prece de Ogum

PAI, que minhas palavras e pensamentos cheguem até Vós em forma de Prece e que seja ouvida. Que essa Prece corra Mundo e Universos e chegue até os necessitados, em forma de conforto para as suas dores. Que corra os quatro cantos da Terra e chegue aos ouvidos dos meus inimigos, em forma de brado e advertência.

OGUM, Padroeiro dos agricultores e lavradores, fazei com que as minhas ações sejam sempre férteis, como o trigo que cresce e alimenta a humanidade nas suas Ceias Espirituais, para que todos saibam que sou Teu filho.

OGUM, Senhor das Estradas, faça de mim um verdadeiro andarilho e que eu seja sempre fiel caminheiro, seguidor do Teu Exército e, que nas minhas caminhadas, só aconteçam vitórias e, mesmo quando aparentemente derrotados, eu seja um vitorioso, pois nós, os Vossos filhos, não conhecemos derrotas, porque sendo o Senhor, o Deus da Guerra, nós Vossos filhos, conhecemos a luta, como esta que eu travo agora, embora sabendo que é só o começo, mas tendo o Senhor como meu Pai, a minha vitória será certa.

OGUM, meu Grande Pai Protetor, faça com que meu dia de amanhã seja tão bom quanto o de ontem e hoje, que as minhas estradas e no meu jardim, só existam flores, que meus pensamentos sejam bons e, que aqueles que me procuram, consigam sempre, remédios para os meus males.

OGUM, Vencedor de Demandas, que todos aqueles que cruzarem a minha estrada, que cruzem com o propósito de engrandecer, cada vez mais, a Ordem dos Cavaleiros de Ogum.

PAI, daí luz aos meus inimigos, pois se eles me perseguem, é porque vivem nas trevas e, na realidade, perseguem a Luz que Vós me destes.

SENHOR, me livra das pragas, das doenças, das pestes, dos olhos grandes, da inveja, das mentiras, das vaidades que só levam à destruição. E que todos aqueles que ouvem esta Prece e, também, aqueles que a tiverem em seu poder, estejam livres das maldades do mundo.

OGUM, que eu possa sempre dizer para aqueles que me pedem a bênção:

MEU PAI TE ABENÇOE.

Hino da Tenda Espírita Mirim

Nós somos soldados de Oxalá
Alunos da escola de Mirim.
Marchamos para frente e para o alto

Havemos de chegar até o fim!

Sempre unidos, lutaremos
Pela Umbanda do Senhor
E humildes, venceremos
Pela paz e pelo amor.

OBS. O áudio com a gravação do Hino da Tenda Espírita Mirim pode ser acessado na página: *https://tendaespiritamirim.org*.

OKÊ, CABOCLO!

Em 1968, Benjamim Figueiredo lançou, pela Editora Eco, o livro *Okê, Caboclo!*. Na primeira parte apresenta sábias mensagens do Caboclo Mirim, verdadeiras lições de filosofia influenciada pela cultura hindu. A segunda parte traz um grande número de pontos cantados nas sessões da Tenda Mirim e suas filiadas. A última parte mostra um interessante glossário das palavras empregadas no ritual umbandista e seu significado.

Apresentamos a divulgação feita pelos periódicos *Luta Democrática* (RJ), *Correio da Manhã* (RJ) e *O Jornal* (RJ) e um trecho do livro.

Umbanda – Escola da Vida

Decelso

Luta Democrática, n. 4366, 5 de maio de 1968

O último lançamento da Editora ECO, o livro assinado pelo mais jovem escritor, Primaz Benjamim Figueiredo coloca-se na linha de obras doutrinárias, muito, e se somos pobres em obras doutrinárias, muito mais somos em obras de cunho filosófico. Vou destacar este trecho: Uma advertência aos que desejam fazer da Umbanda movimentos políticos, de agitação. "O terreiro da natureza é o templo secreto onde se opera a grande magia da vida suprema". Que os irmãos levados às cachoeiras, às matas, às praias, tenham presente esta magnífica e oportuna advertência. Vamos ler Okê, Caboclo, e aqui deixamos nossos parabéns a família Mirim, aos membros do Primado por tão auspicioso acontecimento; aqui deixo meus parabéns ao Senhor Ernesto Emanuele Mandarino; por este feliz lançamento que vem enriquecer a biblioteca umbandista. OKÊ, CABOCLO.

"Okê, Caboclo!"

Correio da Manhã, n. 23032, 12 de maio de 1968

O presidente da Tenda Mirim, Senhor Benjamim Figueiredo, está lançando o livro *Okê, Caboclo!*, editado pela ECO. São mensagens do Caboclo Mirim recebidas por esse Pai de Santo, que, além de dirigente máximo da maior organização umbandista do país, também é presidente do Primado de Umbanda. As mensagens do Caboclo que dá o nome à poderosa Tenda, em São Francisco Xavier abordam os mais diferentes assuntos. Fala da Escola da Vida, do terreiro, do corpo emocional, da obsessão, da fonte de energia, contendo, ainda, curimbas (pontos) e outros estudos sobre a Umbanda. São 137 páginas escritas por um praticante umbandista, que nasceu na religião e que desenvolveu, ao máximo a Tenda Mirim, que, hoje, possui dezenas de filiais na Guanabara e Estado do Rio. E, ainda, dezenas de milhares de associados.

Figura 24: Capa do livro *Okê, Caboclo!*.

As mensagens do Caboclo Mirim devem ser lidas e analisadas pelo seu conteúdo por leigos e conhecedores da Umbanda.

Um presidente de tenda entrando na literatura umbandista serve para demonstrar como a religião está tomando corpo entre pessoas de categoria intelectual. Há anos os chefes de terreiro eram, normalmente, pessoas de poucos conhecimentos. Hoje, como se verifica pelo exemplo da Tenda Mirim, através de *Okê, Caboclo!*, vê-se que a Umbanda está conquistando camadas mais evoluídas da sociedade. Por isso mesmo é que a obra merece os aplausos de todos os filhos de fé.

Literatura Umbandista

O Jornal (RJ), n. 14390, 25 de agosto de 1968

Aconselhamos e indicamos a todos irmãos umbandistas a lerem o livro *Okê Caboclo!*, do nosso irmão Benjamim Figueiredo, dirigente da Tenda Espírita Mirim, publicado pela Editora ECO.

Apresentamos um trecho desta importante obra:

Umbanda – O Terreiro da Natureza

O encantamento da Vida que se executa no terreiro da Natureza, é a própria liturgia estabelecida pelo cerimonial executado na Natureza em festa, refletindo-se docilmente no ritual que todos os seres humanos comungam. O homem faz parte como peça de ritual no terreiro da Natureza, quando se apresenta com a sua personalidade para executar os atritos necessários aos organismos materiais, estabelecendo a grande magia propulsora que se torna em vibrações e forma o encadeamento de forças, permitindo a ligação perfeita entre todos os seres.

O Terreiro da Natureza é o Templo Secreto onde se opera a grande magia da Vida Suprema para impregnar no homem físico as emanações de descondensação favoráveis à sua desintegração. Porque, sendo a vida física uma forma transitória, ela obedece às contingências do ambiente tempo para uma renovação constante e perfeita. A Vida física é de pouca resistência e sua durabilidade depende de fatores que a organização sideral determina. O valor da Vida física não está na demonstração da imagem que ela apresenta, mas no poder concentrado de forças harmonizadas provindas da poeira cósmica, formando os seres como pequenos locais ou lugares, onde ela executa sabiamente a sua grande finalidade. Aí presente está o homem visado, como um simples efeito de reação, provando que existe uma causa determinante que o sublimiza como reagente, quando ele, a própria Vida sente que ela existe.

A própria vida não poderá compreender a si mesma, se não houver demonstrações objetivas, portadoras das emanações de seu perfume, ferindo a sensibilidade do seu próprio sentir.

AS SETE LINHAS DE UMBANDA NA VISÃO DE BENJAMIM FIGUEIREDO

Na introdução do Glossário do livro *Okê, Caboclo!* Benjamim Figueiredo escreve sobre as Sete Linhas de Umbanda:

Os silvícolas do Brasil não concebiam a existência de nenhum ser que não possuísse mãe. Os africanos do mesmo modo não admitiam nenhuma manifestação de substância ou de forças naturais que não fosse produzida, sustentada e protegida, pela intervenção de deuses ocultos na Natureza.

Estas forças, ou melhor estes deuses segundo a violência ou serenidade de ação de cada um receberam "nomes" cuja significação rigorosa, em relação à vida terrena manifestada, ainda hoje perduram sob a denominação genérica de ORIXÁS. Não é fácil calcular o número existente destes Orixás, uma vez que é profusa e multiforme a irrupção das energias cósmicas, para falar somente das que até hoje foram descobertas ou utilizadas pelo ser humano. Desta forma se dilata a imensidade do Panteão Africano.

Estes Orixás se dividem em *Maiores e Menores* e estão submetidos ao **Setenário da Lei de Evolução** cuja universalidade é conhecida e aceita por todos os ocultistas e espiritualistas em geral. Tais Orixás, a despeito da suposição de uma grande maioria de umbandistas no Brasil, não tem equivalência, similitude, correspondência, nem analogia com os Santos da Igreja Católica. Em outro local do atual trabalho já explicamos o porquê desse esforço dos pretos africanos escravizados. É assim que temos os **Sete Orixás Maiores** com as vibrações de cada um na VIDA aplicada.

1 – OXALÁ – Como sendo a expressão da **Inteligência**.

2 – IEMANJÁ – Como sendo a expressão do **Amor**.
3 – XANGÔ KAÔ – Como sendo a expressão da **Ciência**.
4 – OXÓSSI – Como sendo a expressão da **Lógica**.
5 – XANGÔ AGODÔ – Como sendo a expressão da **Justiça**.
6 – OGUM – Como sendo a expressão da **Ação**.
7 – IOFÁ – Como sendo a expressão da **Filosofia**.

Estas Sete Linhas (como são denominadas) se dividem (cada uma delas) em **Sete Legiões** de **Orixás Menores**. Cada uma destas, por sua vez, em outros **Sete Grupos** ou **Falanges** e assim por diante, segundo o ilimitado número de trabalhos espirituais que se desenvolvem no Espaço e que escapam ao nosso interesse ou necessidade de saber para descrever.

O MAIS CATEGORIZADO LIDER DOS ESPÍRITAS DO DISTRITO FEDERAL

A Manhã, 31 de agosto de 1950, n. 2790

Na "Tenda Mirim" ouvindo o Sr. Benjamim Figueiredo, candidato a vereador pelo P.S.D. nas eleições de outubro

As próximas eleições estão empolgando todas as classes e correntes político-sociais, pois a representação democrática, se exercida com dedicação e proficiência, pode muito construir em benefício do povo em geral, e em particular assegurar direitos de determinadas correntes que se agitam dependendo de consubstanciação em lei, pois até hoje algumas se debatem na incerteza de uma existência cheia de percalços.

Precisam, sim, de lei expressa correspondente aos anseios e interesses, e nunca à mercê de contingências.

Ora, ninguém ignora que os espíritas atualmente constituem uma poderosíssima corrente em nosso pais.

Também tem eles suas reinvindicações perante o Estado, de modo a que não continuem sob a dúvida da má ou boa interpretação perante a administração do pais.

Os espíritas têm as mais concretas possibilidades de indicar, com êxito absoluto, seus representantes à Câmara Municipal, à Câmara Federal, ou à Senatoria, como qualquer outra corrente de opinião política ou teosófica, de vez que, todos são iguais diante da lei.

É fora de dúvida que o espírita deve ser o trabalhador infatigável, iluminado pela crença, em prol da coletividade brasileira, combatendo todas as violências quaisquer que eles sejam, quer do ponto de vista intelectual, quer do ponto de vista material ou moral.

E por quê? A vida de renúncia do verdadeiro espírita irmanado ao mais acendrado[15] amor fraterno aos seus semelhantes e por consequência à humanidade em geral, é indubitavelmente o mais elevado índice de que a caridade espiritual como lema, remove as montanhas deletérias do egoísmo das classes dirigentes, para alcandorar-se[16] acima da vaidade humana e defender com igualdade os direitos do homem, espalhando a influência benfazeja e exemplar para todos, sem distinção de classe, ou mesmo de crença de outras correntes teosóficas.

Assim os milhões de espíritas, devem ser representados pelos seus principais líderes, escolhidos rigorosamente pelo método de comparação das obras já realizadas, da dedicação impar que porventura já tenha dado mostras.

Na "Tenda Mirim"

Dentre os Centros Espíritas de maior renome onde se pratica a caridade de "graça como a recebemos", destaca-se a "Tenda Mirim", no populoso bairro de São Francisco Xavier.

Não será demais afirmar-se que nenhum carioca desconhece a "Tenda Mirim", que obedece a orientação do Sr. Benjamim Figueiredo.

Aqueles que o acompanham na tarefa ingente[17] de lutar com amor pela renovação dos costumes através do espiritismo, de incentivar e estimular ainda o amor ao próximo, resolveram levantar a sua candidatura à Câmara Municipal.

Justamente por essa razão fomos procurar o Sr. Benjamim Figueiredo, que é uma espécie de "Sumo sacerdote" de Umbanda – religião típica do Brasil – cuja linha branca já é

[15] Depurado, afinado (Nota de Diamantino Fernandes Trindade.
[16] Empoleirar-se (Nota de Diamantino Fernandes Trindade).
[17] Muito grande, enorme (Nota de Diamantino Fernandes Trindade).

professada e acatada em todo território nacional.

Temperamento afável, simples, expressão modesta que são apanágios do verdadeiro espírita, ouvimo-lo rapidamente.

Disse-nos que os espíritas brasileiros precisam de uma tribuna no parlamento, a fim de defenderem as aspirações da sua corrente teosófica, pleiteando igualdade de condições com outra qualquer corrente, uma vez que a Constituição estabelece muito democraticamente que todos são iguais perante a lei dos homens, e nós sustentamos que todos são iguais perante Deus, razão porque não fazemos distinção entre nossos irmãos.

Após ligeiras considerações e informações sobre o funcionamento e frequência da "Tenda Mirim", esclareceu:

– A minha humilde candidatura a vereador pelo PSD é um imperativo da nossa corrente que pleiteia escolas gratuitas em todos os graus para os reconhecidamente desprotegidos da fortuna, hospitais em quantidade suficiente para atender ao povo, asilo para os velhos, assistência para os menores, amparo à maternidade e direitos para os nossos trabalhos espirituais.

Se eleito, continuarei defendendo intransigentemente com o apoio dos nossos 12 milhões de espiritas, o reconhecimento da nossa teosofia, evitando dúvidas. Mas, também, aqui estarei sempre ajudando a amenizar as dores e amarguras dos nossos irmãos.

De fato, a "Tenda Mirim" é um centro espírita muito concorrido e obtivemos informações de que o Sr. Benjamim Figueiredo é um líder escolhido espontaneamente pelos que o seguem naquela obra espírita, em vista de suas qualidades indiscutíveis.

OBS. Devemos registrar que, infelizmente, Benjamim Figueiredo não foi eleito.

MACUMBA NUM TERREIRO DE LAMA

José Leal

Última Hora, n. 312, 18 de junho de 1952

Figura 25: Segundo o jornalista José Leal: Esta fotografia dá bem uma ideia do que é uma macumba, lá pelas três da manhã, mesmo em um terreiro molhado, como aconteceu sábado em Morro Agudo. *Última Hora*, n. 312, 18 de junho de 1952.

Pela primeira vez na minha vida assisti uma demonstração de macumba. E voltei encantado, com a imponência do espetáculo e beleza das cantigas que uma grande multidão de crentes cantava e dançava em um terreiro amplo e lamacento (choveu bastante na tarde de sábado último) com o acompanhamento ritmado e bárbaro da orquestra nem sempre muito afinada. Além de encantado, voltei também completamente bêbado em consequência da fumaceira dos brutos charutos que os meninos, os velhos, as moças e os rapazes conservavam na boca durante todo o ritual, charutos – grossos, longos e de baixo preço, mas indispensáveis.

As gafes do repórter

Se pude apreciar um espetáculo impressionante, também tive a oportunidade de cometer o maior número de gafes de minha vida. De saída, quando cheguei ao templo da Rua Ceará e fui apresentado ao seu Guia Chefe. Chamei-o logo de "Pai Mirim". O homem, metido dentro do seu clássico macacão branco, chupou o charuto, soltou uma baforada violenta que me entrou pelas narinas sem a menor das cerimônias, fechou a fisionomia, e reclamou:

– Pai Mirim não. Eu sou o Caboclo Mirim.

Fiquei meio atrapalhado, e indignado com a minha comovente ignorância a respeito dos mistérios da Lei de Umbanda.

O Caboclo (que é um homem forte, vermelho, calvo, com um pescoço de touro e seus 45 anos de idade, além de uma inteligência que se percebe à distância) franziu a testa soltou mais algumas baforadas e me disse, com grande cinismo:

– Nós não gostamos de publicidade. Mas pode aparecer sábado no Morro Agudo. Será uma concentração de várias Tendas, e o senhor vai ver no terreiro umas quatro mil pessoas. É o aniversário de Pai Roberto. A festa material será à tarde e a espiritual à noite.

O Caboclo estava cercado de vários assessores lugares-tenente, secretários – todos eles com cara de poucos amigos. Quando o Caboclo se retirou, perguntei a um dos presentes – o fotógrafo da Tenda:

– Como é o nome dele?

– O nome dele é Caboclo Mirim.

– Mas eu quero saber o nome, o nome do homem.

– Ah, já sei o que o senhor quer. O cavalo dele é Benjamim Figueiredo.

Continuei na mesma e, se não fosse o jornalista Darwin Brandão, que mais tarde me deu uma aula sobre o assunto, até agora eu ainda não teria compreendido o negócio (Brandão é capixaba, dançou candomblé na Bahia e é Ogan no Rio).

Logo tomei conhecimento do detalhes da festa marcada para sábado último: tratava-se de uma grande reunião com duplo objetivo: promover a unificação de todas as outra Tendas da Lei de Umbanda e, ao mesmo tempo, homenagear o guia orientador da organização, Pai Roberto, no dia do seu aniversário: 13 de junho, dia de Santo Antonio.

O Caboclo viaja de jipe

Com frio, chuva e rompendo um lamaçal tremendo, chegamos finalmente ao terreiro do Caboclo Mirim, no povoado fluminense de Morro Agudo, perto de Nova Iguaçu, terreiro esse localizado dentro de um belo sítio cheio de laranjais, com uma vivenda confortável e simples: é o Retiro da Tenda Espírita Mirim, onde se realizam os grandes exercícios espirituais dos filhos (estarei certo chamando-os assim?) do Caboclo Mirim. Apesar das condições do tempo, já havia muita gente no local e, minuto a minuto, chegava um automóvel, despejando no Retiro os sócios da Tenda, e os chefes e membros de outros. Em pouca horas mais de mil e duzentas pessoas se movimentavam no sítio que, na entrada, tem hasteadas duas bandeiras: a do Brasil e a da Tenda. Gente de todas as cores e idade, trajando macacões, tendo no peito o emblema (seu símbolo, não sei bem como dizer) de suas Tendas, logo transformou o quieto recanto em um ruidoso e misterioso pic-nic, misterioso e engraçado, palavra de honra. Garotas dos mais belos olhos chegavam em trajes comuns, mas imediatamente desapareciam pelas íntimas dependências da casa e, quando reapareciam, já estavam trajadas de acordo com os figurinos umbandistas: saias cobrindo-lhes os pés, e de várias cores. O mesmo ia acontecendo com os homens e as crianças. De repente não se via mais quase ninguém envergando roupas comuns: todos estavam prontos para entrar no folguedo que iria ter início dentro de algum tempo.

O barulho era grande, o falatório caudaloso e, para mim, meio incompreensível. A cozinha fervilhava: eram as mulheres cuidando da comida. Várias mesas foram estendidas na varandas, para atender ao canino apetite de uma multidão que não sabia esconder as reclamações do estômago na tarde fria e feia. Fiquei encolhido e deslocado naquele mundo esquisito. São 17:30 horas no meu relógio. Um jipe ronca e dele desce o Caboclo Mirim sempre fumando um dos obesos charutos. Chegou, saltou, foi logo cercado pelo seu Estado

Maior e sumiu, entrando por uma porta lateral da casa. Darwin Brandão, ao meu lado, pergunta intrigado:

– Deus, em que céu ele se meteu?

O fato é que o Caboclo sumiu por entre as árvores de sua selva privada. Mas neste momento as garçonetes mergulhadas em saias de mescla azul dão ares de sua graça anunciando que a "gororoba" vai ser servida. A notícia ecoa pelas salas e corredores, pelas duas varandas e pelo pátio, e chega até os ouvidos de alguns casais que, mesmo sendo já noite escura com céu carrancudo, passeiam por entre os laranjais cheirosos do sítio, rendendo também sua homenagem – a quem eu não sei dizer.

Vai mais longe a notícia de que todos podem botar o estômago em dia. Como um ciclone ela corta, os cajueiros (por final cajueiros mirins), atravessa a ladeira escorregadia de barro amarelo e atinge diretamente aos ouvidos de uma verdadeira manada de adeptos da Lei de Umbanda (ou de Benjamim Figueiredo?) que, lá embaixo, dá os últimos retoques no terreiro, preparando a iluminação e colocando bandeirinhas de papel de seda (de várias cores) para enfeitar o território no qual Caboclo Mirim e Pai Roberto darão ordens logo mais, dominando, orientando, como legítimos ditadores que são de uma república graciosa e convicta.

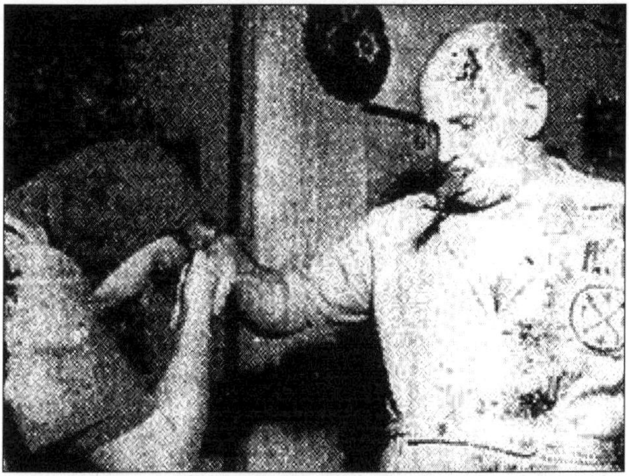

Figura 26: Caboclo Mirim. Guia-Chefe da Tenda Espírita Mirim. Foto de Paulo Reis. *Última Hora*, n. 312, 18 de junho de 1952.

Feijoada, vinho e Saravá Caboclo Mirim!

Quando as cornetas tocaram rancho, aquela multidão inteirinha, surgindo de tudo quanto é canto desembocou, gulosa e faminta, em um substancioso oceano de feijão preto e jabá (carne seca), felizmente esverdeado de ondas de couve à mineira. Graúdos e miúdos da escola de nosso mui estimado e sisudo Caboclo Mirim, disputavam um lugar no banco comprido e duro, bem como talheres e o prato que é suficiente para satisfazer o maior dos glutões: a feijoada.

Assemelhava-se todos àqueles passageiros dos "paus de arara" que descem do norte par o sul, em matéria de fome, fica desde já esclarecido.

Quando termina a feijoada procuro e encontro o Caboclo Mirim, mas esta história continua no próximo dia 21.

A UMBANDA ESTÁ EM JOGO

José Leal

Última Hora, n. 314, 21 de junho de 1952

Estirado em uma cama, no quarto principal da casa, cercado por moças muito bonitas, o Caboclo Mirim parecia um pai gordo, feliz e despreocupado na mais cômoda das posições. No chão, uma dúzia de umbandistas devorava um prato de feijoada reforçado com ingredientes outros que não foram servidos, componentes do Estado Maior do Caboclo, que enchia o bandulho para resistir, mais tarde, aos rigores que o festival do terreiro exige. O Caboclo – que estava rindo, alegre naquele ambiente tão seu, enfarruscou a cara ao ver o repórter, e assumiu um ar grave e nada convidativo, provavelmente para manter sua mística. Alisou a calvície cor de rosa, olhou o relógio que marcava vinte horas, e falou, com a imponência de um sultão:

– Todos podem descansar. Dentro de duas horas quero o pessoal todo no terreiro.

Foi uma correria geral. A casa ficou semivazia. Apenas Dona Assunta, sua esposa e algumas auxiliares prestimosas, permaneceram ali, preparando a mesa na sala de entrada: bolinhos, croquetes, doces e várias garrafas de vinho moscatel, além de um grande bolo ao centro. O Caboclo se despede com um "até logo mais" tremendamente frio e volta para se esparramar no macio e ventilado colchão do aquecido quarto do seu retiro. Que remédio?

– Sair – e foi o que fiz, para sentar-me em uma poltrona e apreciar a arrumação da mesa. Ao meu lado, um cidadão bem trajado puxa conversa, e eu ganho a oportunidade para perguntar-lhe:

– O amigo pode me informar quem está completando aniversário hoje?

Me olhou com ar de censura, mas responde:

– É o Pai Roberto, nosso Preto Velho, orientador espiritual da nossa Tenda. Ele vai chegar à meia noite.

– Não entendi direito a explicação.

– Das dez e meia à meia noite o Caboclo Mirim estará presente. Depois irá embora e Pai Roberto chegará.

– E o vinho meu amigo?

– Também é para o Pai Roberto beber: ele bebe muito.

Faz um frio incrível. E o meu interlocutor, um tanto encabulado, diz baixinho:

– Preciso molhar a garganta para poder aguentar o frio.

Com um sorriso insosso, desapareceu no corredor.

Adhemar é "irmão da Opá"

Aparece um fotógrafo, de máquina em punho e *flash* pronto para entrar em ação. Cumprimenta-nos atenciosamente:

– Os colegas de que jornal são?

– Da Última Hora. E o amigo?

– Eu sou aqui da casa mesmo. Sou filiado à Tenda e trabalho para o nosso jornal.

Ofereceu-me um exemplar do *O Caminho*, por intermédio do qual eu fico sabendo que a Tenda Espírita Mirim é uma potência: foi fundada em 1924, mantém 10 departamentos, tem o seu presidente, 10 diretores, mantém teatro, oferece sessões de cinema, possui orquestra, orfeão e bailados próprios, dentistas e médicos em número de sete, departamento jurídico, biblioteca e estatística, um departamento de imprensa, rádio e propaganda, e mais porção de coisas. Às segundas feiras realiza trabalhos para o desenvolvimento da mediunidade; às terças feiras, sessões de passes para crianças e aulas de filosofia dadas pelo Caboclo Mirim; às quintas feiras, irradiações; quartas e sextas, sessões públicas de caridade e, aos sábados, aulas de moral infanto-juvenil, curimbas e sessões cinematográficas. Uff! O programa é vasto, amigos; vasto e complexo para um sujeito como eu, por exemplo.

O mesmo jornal revela-me uma particularidade interessante: a Tenda também faz sua politicazinha. No último dia 22 de abril, quando o ruidoso Adhemar de Barros festejou mais um aniversário. *O Caminho* estampou o perfil do ex-governador paulista na sua primeira página, chamando-o de "grande" e "dinâmico", além de outros fraseados extensos e exagerados sobre a personalidade de Ademar.

Com o jornal debaixo do braço vou a um botequim próximo comprar cigarros e lá encontro a irmandade do Caboclo Mirim bebendo vinho e ingerindo pingas; é que lá dentro do retiro pinga não entra; só o vinho tem passe livre. E como muitos não são do vinho, e sim da branquinha, resolvem o problema no botequim que fica na beira da estrada. Mas, voltando ao assunto Adhemar: pergunto a um senhor chamado Tibúrcio que tem no bolso uma porção de charutos se o "doutor Adhemar já deu ares da sua graça por aqui?"

– Tibúrcio me confessa que não, mas que mandou o Coronel Flodoardo Maia em seu lugar, e revela:

– Quem vem sempre é o doutor Gama Filho, o doutor Campos Vergal e o nosso amigo, muito querido, Moura Brasil. Nossa Tenda, meu caro é uma tenda de classe. Uma vez, quando Chefe de Polícia, apareceu incógnito o então Coronel Etchegoven. Viu tudo e deixou-nos em paz. De outra feita, a polícia de Nova Iguaçu pretendeu acabar com uma de nossas festas. Vieram o Delegado Stênio e alguns investigadores. Pensavam que isso aqui fosse pilhéria. Aconteceu o que eles não esperavam: Pai Roberto já havia baixado no terreiro e foi conversar com as autoridades. De repente, tanto o delegado e seus auxiliares receberam o santo, cantando nossas curimbas, dançando e fumando.

E completou:

– Nossa macumba não é como a da Bahia. É macumba de branco, embora pretos também participem dela. E nós só queremos união, para acabar com encruzilhadas e despachos. Por isso, convidamos para a festa de hoje muitas outras tendas. É pena que tenha chovido.

Festa no Terreiro

Descemos uma ladeira íngreme rumo ao grande terreiro. Abrigados sob um pé de cajueiro, uma senhora vendia charutos. Em um barracão da ladeira, três moços vendiam refrigerantes em uma noite fria de junho. Ao lado, um guri vendia caldo de cana, feito na hora. O terreiro estava armado com a presença de todos os membros da Tenda Mirim e das convidadas, em forma de círculo, homens e mulheres de pés descalços, a orquestra no seu palanque e o Caboclo instalado no seu posto, tendo ao lado o seu secretário Sebastião e um rapaz que dava ordens ao conjunto musical para mudar os pontos.

Figura 27: Meia noite no terreiro de Morro Agudo. Caboclo Mirim, ajoelhado fuma, e prepara-se para receber o Pai Roberto. Foto de Paulo Reis. *Última Hora*, n. 314, 21 de junho de 1952.

Em um instante os trombones, os saxofones, os clarinetes, bumbos, tambores e triângulos, despejaram música, e todos começaram a cantar e a dançar o primeiro ponto. Quando grande já era a animação, embora ninguém tivesse ainda recebido o santo, os umbandistas do Caboclo Mirim entoaram um cântico de louvor a São Miguel. Mas, parece que São Miguel não gostou muito da homenagem: do céu, que já estava escuro, desabou um temporal imenso e grosso. Os assistentes procuraram subir a ladeira às pressas, a fim de refugiar-se no retiro. Em poucos segundos a lama tomou conta do terreiro e todos o abandonaram. – Se eles tivessem recebido o santo não abandonariam o terreiro.

– ?

– É. Quando a gente "recebe" não há chuva que nos tire do terreiro.

– Perdão, mas a senhorita também faz parte da Tenda?

– Faço e trabalho.

– Trabalha? Como?

– Ué! Trabalho cantando e dançando. Diz-se na nossa linguagem "trabalhar".

– Mas então por que não está trabalhando hoje?

– Vim assistir somente.

Na varanda do retiro ela tremeu e disse:

– Mirim. De vez em quando ele nos perguntava:

– Que horas são?

E quando o relógio marcou meia noite, ele ordenou que a orquestra parasse. Houve um minuto de silêncio. O maestro executou uma música triste e longa, todos se ajoelharam e começou um novo ritual para a recepção ao Pai Roberto que ia chegar naquele momento. Despedia-se o Caboclo Mirim, que ali estivera representado na pessoa do Senhor Benjamim Figueiredo, contador do IPASE. Sumia o Caboclo, para dar lugar a uma divindade superior: O Pai Roberto.

Finalmente, eis que no terreiro, chega o Preto Velho que foi mau e feiticeiro mas que hoje é bom e só. Como me haviam informado antes. Pude logo constatar que o Pai Roberto é muito diferente do Caboclo Mirim. Este não é de bebedeira, nem de brincadeiras. É sério, contraído, fechado.

Houve dança até à duas. Anunciaram-me que ele iria subir até o retiro para cortar o bolo do seu aniversário e para lá me dirigi, afim de melhor apreciar a cerimônia. A entrada, foi ele saudado por um espetacular estouro de fogos de artifício – e a sala, os corredores, o pátio – tornaram-se pequenos para abrigar tanta gente!

Está em jogo a Nossa Umbanda

Pai Roberto coloca-se no lugar de honra, como homenageado que é e exibe seus dotes oratórios, improvisando um discurso que, sinceramente não entendi – direito, mas do qual alguns trechos anotei. Disse ele textualmente:

– Está em perigo a nossa Umbanda. Está em jogo a nossa própria situação. Há muita gente ruim que deseja destruir nossas almas encantadoras. Pensamentos retardados e empobrecidos não nos compreendem. Vocês não acreditam naquilo que eu falo. O perfume daquilo que eu falo é para o bem de vocês. Velho como eu, levanta e caminha. Posso eu festejar mais um ano que deixei de ser mau. Eu ainda não sou bom, porque nenhum de vocês presta. Mas hoje eu só penso em fazer o bem.

Dá uma risadinha e bebe vinho. Um senhor murmura ao meu lado: Como fala bem o nosso Pai Roberto!

Pai Roberto prossegue:

– Eu aconselho àqueles que são burros estudar. Não pensar que sabe. Vai chegar a hora sagrada. Nós umbandistas devemos ter o coração erguido, nosso peito erguido. Abrir o coração para Pai Oxalá, dentro da Cartilha e do ABC. A essência suprema do céu já sente a necessidade de trazer seu orvalho supremo. Saravá a todo aquele que tem fé. Quero que todos tenham um despertar encantador. Sou Pai Roberto. Fui feiticeiro. Nós temos nossa Umbanda querida que é a melhor coisa da vida.

Parte o bolo, tira uma florzinha doce e diz:

– Eu vou dar essa flor para Caboclo Ubirajara. Não é a minha porque eu não tenho para dar.

Palmas. Palmas. Gritos. Bombas e foguetes. Alguém coloca um charuto em leilão que é arrematado por 150 cruzeiros.

Falam outros oradores, inclusive a doutora Kilda, médica da Tenda, e o regente da charanga. Depois falam o advogado da mesma, o secretário de Caboclo Mirim e uma artista de rádio aposentada. Os doces e os vinhos desaparecem como por encanto – e o pessoal volta ao terreiro. O relógio marca três horas da manhã. E a festa só terminará às seis – anunciam-me. Deixo a macumba do Morro Agudo, enlameado e faminto, venho para o asfalto e a todos peço perdão por ter me revelado tão ignorante no que se refere ao assunto desta história, o que afinal não tem muita importância. De qualquer modo valeu a pena, porque o espetáculo é bonito e diverte. O fotógrafo bate a última chapa, e Pai Roberto faz pilhéria:

– Olhe, que disso aí vai sair uma cara de cavalo.

Risos. Palmas.

A GRANDE ALIANÇA

José Alves de Oliveira

Boa Vontade, n. 2, agosto de 1956

A Tenda Espírita, o Colegiado Espiritualista do Cruzeiro do Sul e o Primado de Umbanda, selam pacto de honra com a LEGIÃO DA BOA VONTADE

A Tenda Espírita Mirim, a maior e mais completa organização umbandista do Brasil, abriu, a 3 e 24 de junho passado, as portas de sua Matriz, na Rua Ceará, n. 183, para receber a CARAVANA DA BOA VONTADE sob o comando do presidente da LBV, Alziro Zarur. O registro é dos mais significativos, quando sabemos que a TEM é uma instituição com 31 anos de serviços prestados à sociedade, através dos seus vários departamentos de assistência social-espiritual, suas cinco escolas primárias, Jardim de Infância, ambulatório médico, gabinete dentário, 16 Tendas filiais, e mais a sua Escola de Médiuns – a mais completa – padrão de disciplina e desenvolvimento psíquico, preparo moral e espiritual. Por todas essas razões é que consideramos a TEM a maior e mais completa organização umbandista do País.

O seu presidente, Benjamim Gonçalves Figueiredo, é um

verdadeiro missionário que, debaixo da orientação de seu Guia Espiritual, Caboclo Mirim, vem imprimindo a mais sólida diretriz aos destinos da Umbanda em terras de Santa Cruz, com a mais entusiástica dedicação, renunciando aos prazeres efêmeros da vida, trabalhando sem descanso, com sacrifício até de sua própria saúde, para dar à Pátria do Evangelho um "rebanho" moralizado e disciplinado de discípulos de Jesus – vendo, com alegria santificante, coroados de êxito todos os seus esforços, apesar da incompreensão de muitos. Após vencidas três décadas do seu labor, conta, espalhados pelas terras do Cruzeiro, cerca de oito mil médiuns preparados naquele templo que é a Tenda Espírita Mirim.

Os Legionários da Boa Vontade, nas duas visitas que fizeram, sentiram que a pregação da LBV sempre encontrou eco nos ensinamentos de Mirim, quer na orientação espiritual, isenta do farisaísmo religioso e do sectarismo separativista.

A Grande Aliança

Ao primeiro contato entre os Legionários e os filhos de Mirim, para logo se estabeleceu uma perfeita identificação daqueles que querem seguir a Jesus, dentro do Evangelho do amor e da renúncia! A lealdade, que é apanágio dos Homens de Bem, com maiúsculas, uniu os filhos de Mirim aos Legionários da Boa Vontade! Depois do primeiro contato, a três de junho, Caboclo Mirim determinou que se realizasse uma sessão espiritual, dedicada especialmente à LBV. E o novo encontro, de sentido espiritual, realizado a 24 de junho, data significativa, porque recorda o grande vulto da humanidade, João Batista, aquele de quem o Mestre deixou dito que era o maior nascido de mulher, selou a Grande Aliança! Legionários da Boa Vontade e filhos de Mirim são hoje uma só família coesa e unida para a grande batalha da Luz contra as trevas!

Figura 28: Na sessão de aniversário de Pai Roberto, Patrono da Tenda Espírita Mirim, momento em que o Caboclo Mirim recebia as homenagens da Tenda Espírita São Jorge, através da Flâmula de Amizade, pelo seu presidente João Severino Ramos. Foto de Nilo Casaes. *Boa Vontade*, n. 2, agosto de 1956.

A sessão do magno atendimento, aberta às 16 horas com a palavra do Grande Mirim, traduzindo a grande alegria de seu Espírito, ao receber na Casa Matriz os Legionários da Boa Vontade comandados por seu chefe Alziro Zarur, representava um acontecimento dos Sinais dos Tempos, profetizado pelos Apóstolos do Divino Mestre, o Pai Oxalá da Umbanda. Vibrou no ar uma extensa rede de magnetismo encantador e contagiante, que a todos envolveu no mais puro e sadio contentamento, que permanecerá nos corações bem formados daqueles que tiveram a ventura de comungar naquele banquete de espiritualidade. Sentimos a pobreza de nosso vocabulário para descrever, com propriedade, os momentos de verdadeira felicidade vividos debaixo da cúpula magnética daquele Templo de oração e de fé.

Alziro Zarur, visivelmente emocionado contemplava o quadro magnífico formado por cerca de 400 médiuns, disciplinados, perfilados como bons soldados do Cristo, sob o comando de Mirim, obedientes nos seus lugares e dentro da hierarquia de seus postos, desde o médium iniciático até os Comandantes e Chefes de Terreiro, em um quadrilátero de mais de 400 metros quadrados, com os balcões literalmente lotados pelos Legionários, com a testeira e os fundos do Templo com mais de 200 lugares ocupados, afora muitos assistentes de pé. E proferia breves palavras, em oração sentida a Deus, a Jesus e a Francisco de Assis, sentindo que o momento presente é aquele de que fala o Evangelho de Nosso Senhor Jesus Cristo: *um dia, haverá um só rebanho para um só Pastor.*

Inicia-se a seguir, sob o comando de Mirim e seus acólitos, o ritual da Casa, com a prece evocatória, seguida de hinos e cânticos de chamada pelos filhos de Mirim, proporcionando um ambiente de harmonia e envolvimento de nossas almas até o êxtase! Ainda, dentro da mesma disciplina e hierarquia, baixam os Espíritos em seus médiuns e se dirigem ao chefe da Casa na saudação característica de cruzar os braços e bater os ombros, dirigindo-se após a Alziro Zarur, homenageando-o e dando-lhe as boas-vindas!

É uma cerimônia empolgante. A esta altura, já sentimos que estamos fora deste plano tão cheio de lutas e futilidades sem conta, e verificamos a pobreza do nosso verbo, incapaz de traduzir a beleza transcendente daquele panorama ungido de amor puro e santificado! A festa espiritual prossegue, bela e magnificente, quando, precisamente à hora do Ângelus, Caboclo Mirim convoca todos os presidentes de Tendas, de Núcleos e Postos da LBV para formarem de mãos dadas, a corrente da Grande Aliança. Outra corrente é formada pelos Comandantes e Chefes de Terreiro, e mais uma terceira pelos médiuns iniciados, de banco e de terreiro; tudo na mais perfeita harmonia e dentro da hierarquia daquela Casa que, repetimos, é um padrão como Escola da Umbanda pura e espiritualizada.

Caboclo Mirim evoca as benções do Pai Eterno, Tupã, e pede a Oxalá (Jesus) que abençoe com seus emissários da Espiritualidade aquela Aliança Magnética e sincera, entre os seus filhos e os Legionários da Boa Vontade de Alziro Zarur. Nosso coração fica pequeno, nossa alma soluça ante aquele compromisso histórico, ungido de amor e fé! Alziro Zarur profere, igualmente, a sua oração, suplicando a Deus, a Jesus e São Francisco de Assis bênçãos, proteção e amparo para que seus filhos, discípulos e irmãos, cumpram e respeitem aquela Grande Aliança para sempre e, como instrumento que é, possa bem cumprir a missão que lhe foi confiada. Nossas almas cantam e choram em uníssono, debaixo daquela atmosfera de encantamento saudável!

Emoções indescritíveis perpassam pela alma de todos. Logo a seguir, Alziro Zarur dirige-se aos irmãos que formavam a primeira corrente, concedendo a palavra a quantas quisessem dar expansão à sua alegria. Vários fizeram uso da palavra, entre eles o irmão Joaquim Silva, do Círculo Esotérico que, tocado por tudo o que vira e ouvira, agradeceu ao Criador lhe ter permitido ali fosse testemunhar aquele magnífico espetáculo de pura e verdadeira Fraternidade, sem fronteiras, onde irmãos de várias religiões estavam confraternizados em nome de Deus. Pediu, ainda, a palavra o presidente da Seara de Umbanda Tupinambá, que, em um arroubo de incontida vibração que a todos contaminou, disse da sua grande alegria pela coroação daquela Aliança, que era a resultante da campanha que havia empreendido nas colunas do jornal *O Caminho*, órgão da Tenda Mirim, divulgando os postulados da Legião da Boa Vontade.

Sua oração tocou todos os corações todos os corações quando se referiu aos pretos da África, que foram arrastados para as terras do Cruzeiro e, debaixo de chibata, ajudaram o senhor branco no preparo da terra fértil e dadivosa: pretos que hoje na Espiritualidade continuam a servir sem condições, trabalhando e ajudando os seus irmãos da terra a vencerem suas dificuldades. E eles ali estavam presentes comungando naquele banquete de sincera confraternização, em um testemunho de amor incomparável.

O orador chorava ao mesmo tempo; todos choravam de alegria, que contagiou, inclusive, a Caboclos e Pretos Velhos, quando, após sua oração, todos se confundiam em abraços e saudações. Foram cenas comoventes que devem, por certo, permanecer na lembrança de Legionários e filhos de Mirim.

E assim se conta a história da Grande Aliança da LBV com a Tenda Mirim, Primado de Umbanda e Colegiado Espiritualista do Cruzeiro do Sul, instituições supervisionadas pelo Espírito do Caboclo Mirim, e seu abnegado intérprete Benjamim Gonçalves Figueiredo.

UMBANDISTAS!

Luta Democrática, n. 1803, 20 de dezembro de 1959

Continuam chegando a esta redação as adesões para a "Noite do Atabaque" a ser realizada em todo o Brasil e são divulgadas no decorrer da semana. Terça feira próxima se encontrarão em nossa redação os mais conhecidos líderes do Movimento Umbandista de nosso país: Tancredo da Silva Pinto, presidente da Confederação; Benjamim Figueiredo, Primaz de Umbanda do Brasil; o famoso babalorixá Jerônimo de Sousa e convidamos ainda o digno e operoso presidente da União Espiritista de Umbanda do Brasil, senhor Floriano Manoel da Fonseca. Estarão presentes também inúmeros outros valores da Umbanda e dos Cultos Afro-Brasileiros, como o Dr. Byron Torres de Freitas, presidente da União Nacional dos Cultos Afro-Brasileiros. Terça feira à 19 horas, aqui na redação da *Luta Democrática*.

FESTA DE UMBANDA

A Noite, n. 16031, 15 de maio de 1962

Em homenagem ao Guia Pai Roberto, patrono da Tenda Mirim e em regozijo pelo aniversário do deputado Attila Nunes, será realizada grande concentração de Tendas de Umbanda no Estádio Gilberto Cardoso (Maracanãzinho) no dia 24 de junho vindouro.

Na ocasião será recebida, pela Tenda Mirim, a imagem de Janaína cujo quadro pintado pelo malungo Attila Nunes irá de Niterói conduzido pela Babá Nilta Machado e pelo Sumo Alinali Nilo Magalhães Peri.

Cerca de duzentas Tendas já se incorporaram ao programa organizado pelo Tata Benjamim Figueiredo e pelo deputado Attila Nunes. Ao que tudo indica o Maracanãzinho será pequeno para conter os milhares de umbandistas, no dia 24 de junho. As solenidades serão irradiadas pelas emissoras: Rádio Rio de Janeiro e Rádio Copacabana.

Figura 29: Detalhe da solenidade. Benjamim, incorporado com o Caboclo Mirim, é primeiro da esquerda para a direita. Caboclo Mirim: Reflexões – https://www.facebook.com

UMBANDISTAS DE QUATRO ESTADOS FESTEJARAM ANIVERSÁRIO DA TENDA MIRIM

Última Hora, n. 330, 26 de junho de 1962

Terreiros de São Paulo, Estado do Rio e Minas Gerais se fizeram representar nos festejo, que transformaram o Ginásio Gilberto Cardoso em um verdadeiro palco de representação da fé do povo carioca na doutrina umbandista.

Festa branca

As cerimonias e rituais tiveram início às 15 horas, com a introdução dos símbolos da natureza, assim representados: um defumatório em forma de vaso, apoiado em um disco contendo terra; outro contendo água e uma pira com fogo. Logo após componentes da Tenda Espírita Mirim, que foram saudados com vivas e palmas por centenas de espectadores que se reuniam nas arquibancadas. Em seguida foram anunciados, e deram entrada na pista do Maracanãzinho, as 120 representações de tendas umbandistas, que se apresentaram com seus trajes próprios e pontos de apresentação. Desta forma foi dado o início às cerimônias classificadas como festa branca da Umbanda.

Saudação aos Caboclos

A orquestra pertencente à Tenda Mirim executou então, após a iniciação dos festejos dentro do ritual, o Hino Nacional. A seguir obedeceu-se ao seguinte programa:

1 – Saudação à entidade máxima (Tupã), seguida pela defumação do ginásio; 2 – Todos de joelhos em terra, cantando acompanhados pela orquestra e atabaques, os curimbas dos Pretos Velhos e Caboclos; 3 – Prece Evocativa do Primado de Umbanda, com fundo musical e seguindo-se momentos de meditação.

Ao final das cerimônias, foram cantados os pontos de cada terreiro, sendo acesos os charutos, velas e defumadores. Todos os guias e médiuns de cada representação passaram a receber as entidades.

CRIANÇAS EM TERREIRO DE UMBANDA

Ubiratan de Lemos

O Cruzeiro, n. 52, 5 de outubro de 1963

A Umbanda desta páginas é diferente. Umbanda de crianças, gente miúda com "santo" na cabeça. Os repórteres de *O Cruzeiro* descobriram, na Tenda do Caboclo Mirim, uma sessão espírita privativa de crianças, conseguindo documentar os quadros mais marcantes do ritual umbandista. Eis o que apresentamos: só a notícia, o fato curioso. Se nos omitimos do comentário pró ou contra, é porque percebemos que o julgamento pertence aos leitores. E aos repórteres o relato impessoal.

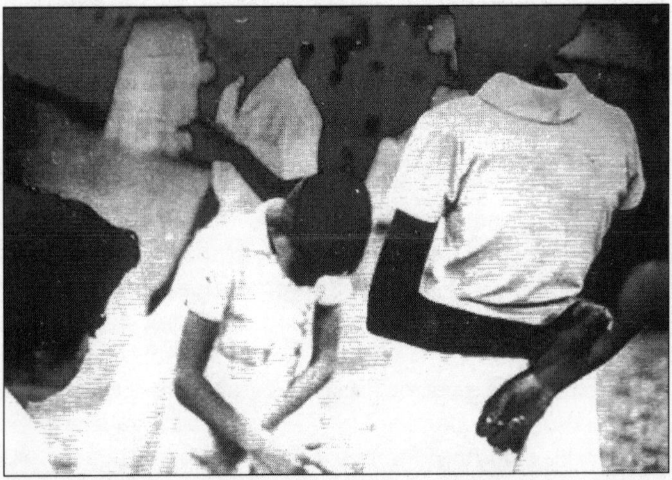

Figura 30: Um menino incorporado, saúda uma moça também com santo na cabeça. Foto de Geraldo Viola. *O Cruzeiro*, n. 52, 5 de outubro de 1963.

Quinhentas crianças praticam a Umbanda na Tenda do Caboclo Mirim, no Rio. Os próprios pais procuram o terreiro, confiando aos cuidados dos espíritos os filhos desajustados. O umbandista Benjamim Figueiredo, Comandante-Chefe do Terreiro, afirma que as crianças de todas as idades tem sido curadas. Umbanda de crianças – eis o assunto. Menores de 8 a 18 anos sacodem o corpo, gingam, batem com a cabeça no chão e cantam pontos.

É uma miniatura de Umbanda. Miniatura, sim, em relação ao tamanho dos médiuns – porque em força e prestígio espiritual – dizem os umbandistas – o terreiro de crianças é muito mais forte que o de adultos. E explicam: a criança é pura, intocada de maldade, portanto o instrumento ideal para os espíritos de luz. O médium adulto geralmente é contaminado pelo mundo e não possui a mente tão limpa quanto a da criança. Daí a Umbanda, assim no diminutivo, ter mais ampla expressão entre os praticantes. Dir-se-ia um terreiro de Liliput, onde gente miúda aplica passes magnéticos especialmente em crianças também, havendo exceções raras para gente grande. Local: Tenda do Caboclo Mirim, Rua Ceará, n. 183, Rio de Janeiro sim senhores. É a maior do Rio, o que quer dizer a maior do Mundo.

Um terreiro que funciona com 3000 médiuns adultos e 500 guris também cavalos de Santo. Possui 30 filiais no Rio e Estado do Rio (Petrópolis, São Gonçalo e outros centros populosos). No Amazonas e Goiás a Tenda Mirim plantou sucursais, e o plano é semear tendas em todo o mapa do Brasil.

Vejam que mais de 10.000 médiuns já foram preparados pela Tenda Mirim, cujo Comandante-Chefe do Terreiro é o umbandista Benjamim Figueiredo, com os seus 40 e poucos anos de exercício desse rito tipicamente brasileiro, embora de essência universal.

Benjamim é um velhinho doce, de sotaque perfumado, vivendo mais no outro que neste planeta. Sua mão é beijada pelo seu pessoal, em sinal de respeito. É tido como o criador da Umbanda evangelizada, isto é, Umbanda sem marafa (cachaça), sem pontos riscados. A Umbanda limpa, higiênica, sem a marca do ritual pesado da maioria dos terreiros.

Benjamim é metafísico a seu modo. Não faz diferença entre a mediunidade de gente grande e de criança. "É a mesma coisa" – diz – "uma espécie de mandato que a criatura recebe de Deus e tem que cumprir à risca".

Cita a Bíblia, para afirmar o fenômeno mediúnico. Palavras suas captadas pelo nosso lápis. "Deus aparece a Abraão e tem com ele longa palestra, prometendo-lhe prole numerosa. Um anjo aparece a Agar e dá-lhe conselhos sobre o filho que vai nascer. Outro anjo materializa-se para Moisés, no monte Oreb, e lhe entrega a missão de libertar o povo hebreu". Tais episódios no Velho Testamento são provas de mediunidade para o nosso Benjamim.

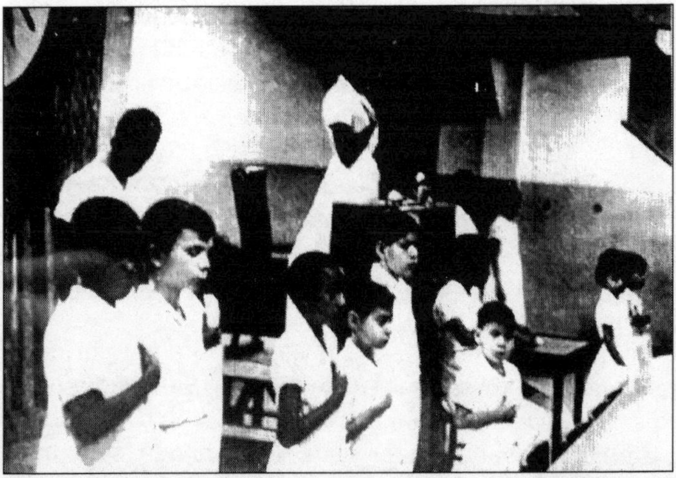

Figura 31: Crianças oram antes de cantar o ponto. Foto de Geraldo Viola. *O Cruzeiro*, n. 52, 5 de outubro de 1963.

Crianças e Terreiro

Como o assunto é criança de terreiro, Benjamim foi buscar um exemplo nos Estados Unidos, ano de 1848, quando uma das irmãs Catarina e Margarida Fox – a primeira com 11 anos e a segunda com 13 anos – produziram fenômenos espíritas de efeitos físicos. Isto significa materialização de espíritos, levitação de objetos, vozes no espaço, transporte de pequenas coisas de um lugar para outro sem o toque da mãe etc.

Vai por aí a lição de Benjamim. Enquanto isso, todas as terças feiras o seu terreiro se povoa de crianças. Estas vestem a roupa branca do ritual umbandista: sapatos brancos, e ficam em fila no salão. Um disco de gravação toca a Ave Maria de Gounod. Sobre a melodia desliza uma prece cristã. As crianças rezam contritas, comportadinhas.

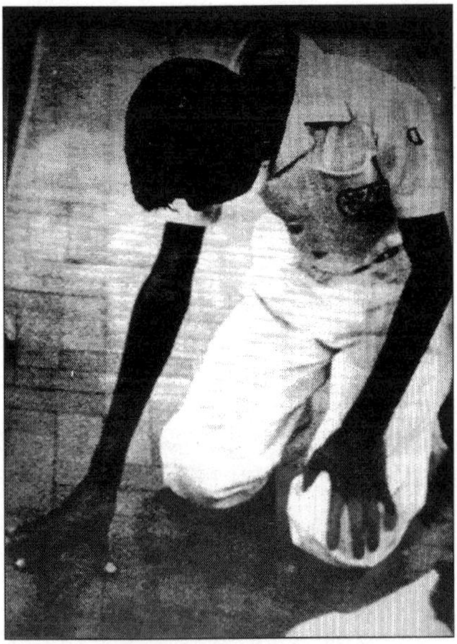

Figura 32: Garoto incorporado saúda as forças espirituais atuantes. Foto de Geraldo Viola. *O Cruzeiro*, n. 52, 5 de outubro de 1963.

E ao compasso do ponto cantado de Xangô – um dos Reis da Umbanda – começa propriamente a sessão, a incorporação. O Orixá Ogum Beira Mar baixa em uma moça e comanda os trabalhos. Parece que uma descarga elétrica atinge as crianças, tal é a trepidação de suas cabeças, dos braços, do corpo inteiro. Em seguida, começam os passes dos médiuns-mirins nas crianças que são levadas pelos pais ao terreiro.

Apenas passes, não há consultas. Às vezes ocorre gente grande cair em transe. É de ver uma criança estalar os dedos sobre a cabeça de pessoa adulta, fazendo-a corcovear. A sessão dura uma hora, e termina como começou: cânticos, preces e novas gingas. É quando os Caboclos se despedem "voltam a mergulhar no espaço".

Benjamim defende o lado terapêutico das sessões. "Crianças perturbadas, malcriadas, verdadeira crianças-problema, ficam curadas em poucas sessões. Ainda não houve um caso de insucesso. O interessante é ver a recuperação de crianças desajustadas que passam a receber seus Guias e, com estes na cabeça, fazem sarar outras crianças".

Não entramos no mérito do ritual desta Umbanda do Pequeno Polegar. O fato é que meninos e meninas levam o rito muito a sério. Agem como autênticos cavalos da corte dos Orixás. E não consideram aquilo brincadeira.

OUVINDO A UMBANDA

O Dia, 19 de janeiro de 1964

Em nossas entrevistas com os chefes religiosos temos sempre incluído esta pergunta: "De que modo encara as práticas umbandistas?".

Hoje, porém, vamos ouvir a própria Umbanda, através da palavra autorizada de Benjamim Gonçalves Figueiredo, o presidente da Tenda Espírita Mirim, sediada na Rua Ceará, em São Francisco Xavier.

Iniciamos as perguntas:

1ª – A que "nação" pertence e quantos filhos de Santo possui?

Resposta – Pertenço à Umbanda: o meu Caboclo vem na irradiação de Oxóssi. Não tenho filhos de Santo, na concepção Afro-Brasileira. A nossa hierarquia é a seguinte: 1° – Morubixaba, eu, Comandante-em-Chefe do terreiro; 2° – Abaréguaçu, os subcomandantes; 3° – Os Abarés, isto é, os chefes de terreiro que fazem Escola para preparação moral e espiritual. A Tenda Mirim tem atualmente sete mil médiuns funcionando ativamente. Aqui na Guanabara e no Estado do Rio, possuímos vinte e sete filiais, todas com o mesmo nome. O patrimônio é um só. Não tenho Pai de Santo, pois minha formação foi espontânea.[18] Na Umbanda, não fazemos "cabeça" e sim coração e caráter.

2ª – Que acha do futuro dos cultos Afro-Brasileiros?

Resposta – Magnífico. Penso que vai haver uma grande modificação, que tudo vai mudar, para melhor. Os cultos Afro-Brasileiros não se misturam, pois cultuam o seu ritual, como o Nagô, o Keto etc., dentro do primitivismo. Vemos na Umbanda uma grande mistura. O Supremo Conselho Sacerdotal Umbandista e Afro-Brasileiro colocará tudo nos seus devidos eixos.

3ª – Julga necessário haver um órgão central para resguardar as tradições umbandistas e Afro-Brasileiras?

Resposta – Naturalmente. O ponto essencial é a codifi-

[18] Na verdade Benjamim teve a manifestação espontânea do Caboclo Mirim, mas, foi preparado durante quatro anos por Zélio de Moraes na Tenda Espírita Nossa Senhora da Piedade (Nota de Diamantino Fernandes Trindade).

cação das religiões. Há muito tempo penso nesse órgão. Já houve várias tentativas, mas tudo acontece a tempo e a hora. Estou informando de que o Código de Organização Sacerdotal Umbandista e Afro-Brasileiro, a cargo do presidente da União Nacional de Cultos Afro-Brasileiros, o sacerdote Dr. Byron Tôrres de Freitas, está praticamente concluído e será revisto por uma comissão de sacerdotes.

4ª – Acha que só uma pessoa "feita" deve ser chefiar um terreiro?

Resposta – Sim, dentro dos cultos Afro-Brasileiros. Na Umbanda, o caso é outro, porque a cerimônia de iniciação é substituída por um longo aprendizado moral, espiritual e material. De qualquer modo, é necessário que todos os chefes de terreiro, sem distinção alguma, prestigiem a ação sacerdotal de Byron Torres de Freitas.

OS MORUBIXABAS

Decelso

Luta Democrática, n. 3275, 11 de outubro de 1964

Os Bojamirins – Xangô Kaô – O Tubixaba – A Umbanda

O primaz Benjamim Figueiredo, dentro da hierarquia do Primado de Umbanda, é chamado o Tubixaba, escolhido pelos Morubixabas, estes Comandantes-Chefes de Tendas, para ser o grande chefe. O Primado de Umbanda foi fundado em cinco de outubro de 1952, tem uma diretoria constituída do presidente, exercida no momento, pelo Major Domingos, presidente da Tenda Filhos de Miguel Arcanjo; Dr. Peçanha, tesoureiro; irmão Ferreira e outros diretores que este repórter na ocasião não conseguiu o nome. Espiritualmente é dirigido pelo Caboclo Mirim, sendo o seu cavalo, o Tubixaba, o Primaz.

Os Bojamirins

É a Tenda Mirim uma das mais antigas da religião de Umbanda, foi a promotora de dois congressos, o primeiro em 1941, oportunidade em que estava ultimando a construção do atual templo, um dos maiores também, situado à Rua Ceará,

187, em São Francisco Xavier. O Primeiro Congresso Brasileiro do Espiritismo da Umbanda, quando foram apresentadas e aprovadas importantes teses, realizou-se em 1941. Em uma das nossas reportagens para o IV Centenário, divulgaremos uma das fotos daquele magno conclave, em que participaram entre outros: Diamantino Coelho Fernandes, escritor emérito; Jayme Madruga, presidente da União Espírita de Umbanda àquela época, e muitos outros como o Senhor Benjamim Figueiredo e o Senhor seu pai. Outro congresso é o 1961. Foi a Tenda Mirim, a maior incentivadora de tão importante conclave.

Xangô Kaô

A Escola Mirim afirma que a Umbanda é a escola da vida e tem concepção própria da magia dos Orixás. Estamos impedidos de divulgar toda a magia, como nos foi explicado pelo Tupixaba, o Senhor Benjamim Figueiredo. Lindos cânticos, curimbas, precedem a abertura dos trabalhos.

Em uma das reuniões que ali comparecemos havia mais de 3.000 participantes na gira. Foi o Primado de Umbanda a única organização nacional federativa, que sozinha lotou o Ginásio Gilberto Cardoso,[19] apresentando a religião dentro de uma uniformidade por todos elogiada, inclusive a imprensa estrangeira.

O Tubixaba

O primaz Benjamim Figueiredo é um homem simples – é contador, vivendo unicamente para a obra que dirige. Justo nos parece, ser este o chefe nacional da religião de Umbanda, pois como bem o disse nosso confrade Dr. Renato Lima: "Pode-se dizer o que desejamos do Senhor Benjamim, a exemplo de Carneiro, este preside o Centro Espírita Caminheiros da Verdade, incontestavelmente um dinâmico, um homem de moral". Mostra-nos o Tubixaba a hierarquia dentro do Primado, e explica as razões. Estamos no Brasil, diz ele, a religião de Umbanda é nativa, em que pese a contribuição do homem negro, do grande Pai Roberto – o Preto Velho – a religião de Umbanda é essencialmente nacional, o Tupi Guarani, assim Bojamirim, Boiá, Bojagauaçu, Abaremirim,

[19] Maracanãzinho.

Abaré, Abareguaçu, Morubixaba, sendo o mais alto grau o Tubixaba.

A Umbanda

Assim se define a religião de Umbanda, ainda que a expressão religião não aparece muito em seus trabalhos ou vocabulários, cremos que a Escola Superior Iniciática de Umbanda do Brasil, no uso do vocábulo religião: I – A Umbanda é um conjunto de leis que rege a vida e a harmonia do universo. II – Como religião ou como ciência, na Umbanda, tanto na prática ritualística material como na esfera espiritual das comunidades e da Evolução do Espírito.

Nossa falta de espaço nos impede de divulgar para os leitores, o que nos disse o Tupixaba, a quem nesta reportagem, ao ensejo de mais um aniversário da Tenda Mirim (42 anos), rendemos nossa homenagem. Convidamos todos os umbandistas, sejam quais forem as nações ou rituais, a que compareçam dia 25 para louvar a quem tanto vem trabalhando pela religião de Umbanda, o testemunho de nossa solidariedade. Saravá Caboclo Mirim.

BENJAMIM FIGUEIREDO E A SALA NARCISO CAVALCANTI

Luta Democrática, n. 3550, 3 de junho de 1965

Figura 33: Inauguração da sala *Narciso Cavalcanti*. *Luta Democrática*, n. 3550, 3 de junho de 1965.

Vê-se o Senhor Benjamim Figueiredo (à direita), primaz de Umbanda, na oportunidade da inauguração da sala *Narciso Cavalcanti*, na Federação Nacional das Sociedades Religiosas de Umbanda, Rua Francisco Xavier, 556, falando sobre a vida e a obra de Narciso; Jerônimo de Sousa, presidente da Federação, autor da homenagem teve palavras de carinho para com *Luta Democrática*, ao qual estava Narciso ligado por laços familiares, pois era primo de seu fundador; Tenório Cavalcanti. O Dr. Henrique Landi Jr., encerrou as solenidades, após as palavras entusiastas do escritor João de Freitas. Estiveram presentes inúmeros dirigentes (Babalaôs e Ialorixás).

Narciso Cavalcanti foi presidente da Tenda Humildes de Jesus, Diretor de divulgação da União Espiritista de Umbanda do Brasil, colunista do *Jornal de Umbanda* e político.

UMBANDISTAS NA TARDE FRATERNA

Decelso

Luta Democrática, n. 3616, 22 de novembro de 1965

Realizou-se domingo, no Maracanãzinho, a Tarde Fraterna, promovida pela Tenda Mirim. Além das filiais, filiados do Primado de Umbanda, estavam presentes: Jerônimo de Sousa, Federação; Osvaldo Araújo, Tenda Oxóssi Pena Branca, Estado do Rio; alunos e professores da Escola Superior Iniciática de Umbanda do Brasil, entre os quais: Celso Rosa; António Rodrigues e General Severiano Sombra; Tata Nilo de Almeida; Jadir Tostes e o ogan Haroldo; venerável Hilda Mali.

ANIVERSÁRIO

Decelso

Luta Democrática, n. 3980, 29 de janeiro de 1967

A Escola Superior Iniciática de Umbanda do Brasil, Avenida Automóvel Clube, 3288, Irajá (Templo Central), às 17 horas, dará posse aos novos membros da Congregação, Consagração de discípulos, assinatura da NOVA CARTA CONSTITUCIONAL, Prece (Ingorossi), concessão de títulos ao

Tata Tancredo da Silva Pinto; Primaz Benjamim Figueiredo, o Dr. Geraldo de Abreu e o Senhor Ernesto Emanuel Mandarino, assinala mais um aniversário de fundação.

O BATIZADO DE BENJAMIM FIGUEIREDO DE OLIVEIRA PINTO

Decelso

Luta Democrática, n. 4025, 26 de março de 1967

Realizou-se na Tenda Mirim, em São Francisco Xavier, com seu templo repleto de umbandistas, militantes e crentes, o batizado do menino Benjamim Figueiredo de Oliveira Pinto, filhinho do casal Mirina e Belarmino, e neto do confrade e Primaz Benjamim Figueiredo. Belíssima solenidade que chegou a ser transmitida pela Rádio Clube Fluminense, durante a Corrente Espiritual e Mental de Umbanda. Foram padrinhos espirituais do menino Benjamim Figueiredo, Pai Roberto e Vovó Catarina.

BAIXOU O SANTO!

Texto de Marcos de Castro

Realidade, n. 31, outubro de 1967

Quando santo baixa, em um terreiro, centenas de pessoas entram em transe. É uma sessão de Umbanda, hoje religião oficial de milhões de brasileiros negros e brancos, de todas as classes. Para a maioria, porém, continua sendo um mistério.

Em nome de Tupã iniciamos os nossos trabalhos do nosso terreiro

Ave Maria de Gounod toca baixinho, lá no fundo, mas, como o silêncio é total, a música chega claramente aos quatro cantos do terreiro. Cabeça baixa, quatrocentas e tantas pessoas se concentram. São médiuns. Pouco depois, eles entoam as primeiras curimbas, cânticos com que iniciam e terminam as cerimônias. Em alguns minutos estarão recebendo os espíritos de Caboclos, antepassados indígenas que baixam

Figura 34: Médium incorporada com Exu. Foto de Nelson Rago. *Realidade*, n. 13, abril de 1967.

nos médiuns. Então, diante deles, passarão centenas de pessoas que desejam receber passes, um tipo de tratamento espiritual. Assim, em um dos maiores terreiros do Rio de Janeiro e do país, começa uma sessão de Umbanda – a religião do Brasil, segundo seus praticantes.

Hoje é sexta feira e, como as quartas, a sessão é de caridade; os interessados procuram o terreiro em busca de um benefício qualquer, através de passes dados pelos médiuns. As segundas feiras são dedicadas apenas aos médiuns, que passam a sessão desenvolvendo suas qualidades. Nas quintas, os pedidos são para os doentes internados em hospitais. O terceiro domingo de cada mês é o dia da gira, ou sessão de descarga, só para iniciados: o médium trabalha o mês inteiro e fica "sujo", de tanto absorver os problemas dos outros. Na sessão de descarga ele se limpa e está pronto para recomeçar. Mas, em um terreiro, os dias mais movimentados são mesmo as quartas e sextas.

As pessoas entram e tomam bênção de Seu Benjamim, ainda na porta. Depois do terceiro sinal sonoro, a sessão vai começar. Um homem, também médium, que fica atrás de uma mesa, sobre alto estrado, de frente para todos, eleva a voz:

– Prezados amigos, estamos reunidos mais uma vez e vamos iniciar a nossa sessão dentro da maior boa vontade, pedindo por nós e pelos nossos, na prática do bem e da caridade, que esse é sempre o nosso objetivo, seguindo o exemplo do mestre altíssimo.

E, compungido, acompanhado em coro:

– Que assim seja.

A invocação é geral:

– Sob a graça de Tupã, pedimos que as irradiações do sol de Oxalá pairem sobre os nossos guias, a fim de abençoarem o nosso trabalho. Que a mãe Oxum combata o véu dos maus instintos. Que Iemanjá lave as impurezas dos corações. Que Xangô, do alto de sua pedreira, lance seu raio iluminado. Que Ogum, com sua gloriosa espada; Oxóssi, das profundezas das matas; e Iofá nos abençoem.

Terminam as invocações, vêm as saudações:

– Salve o Rei da Umbanda, Arcanjo Miguel. Salve os arcanjos Gabriel e Rafael. Salve os morubixabas do nosso Primado. Em nome de Tupã iniciamos os nossos trabalhos do nosso terreiro.

Pedem, agora, proteção para cada um em particular, com vários saravás saúdam diferentes entidades, e iniciam o cântico de abertura. No fim, novos saravás. Depois, todos os que estão de pé se ajoelham, menos os médiuns de terreiro, que ficam de pé, e os médiuns de banco, que ficam sentados: hierarquicamente, estão uma escala abaixo no terreiro e recebem os descarrego dos que ficam em pé.

Em um terreiro de Umbanda, a maior autoridade é o Morubixaba, comandante-chefe. Depois dele, pela ordem, vem: o subcomandante de terreiro, chamado Abaré-Guaçu; o chefe de terreiro, Abaré; o subchefe, Abaré-Mirim; o terreiro, Boja-Guaçu; o banco, Bojá e o iniciando, Bojá-Mirim.

Como em todo terreiro, os médiuns mulheres e homens ocupam alas diferentes, elas à direita e eles à esquerda. Dona Maria, uma senhora gorda que parece profundamente tocada pelo espírito do Caboclo que recebe, é mulher de Seu João, banco que do outro lado desempenha com discrição, mas muito compenetrado, o seu papel. Não se trata de caso de exceção. Há outros casais funcionando naquela mesma noite na sessão de passes – e a Umbanda até se orgulha de ser como grande família. Na verdade, meia hora antes do início da sessão na Tenda Mirim, que fica na estação de São Francisco Xavier, no Rio, grupinhos às dezenas conversam com um jeito todo familiar, desde o terreno de estacionamento de automóveis, na entrada (onde, entre outros carros, há um

Jaguar), até o alto da escada larga, de uns vinte degraus, que dá acesso ao edifício do terreiro. Dos que vão chegando, mais de quinhentos, inclusive Seu João e Dona Maria, já tomaram a bênção do Comandante-Chefe do Terreiro, o Morubixaba, Seu Benjamim, Presidente da Tenda Mirim, Primaz de Umbanda. E a bênção de Umbanda é um pouquinho trabalhosa: depois do beijo na mão, da bênção normal, aquele que está sendo abençoado ainda deve encostar a testa nas costas dos dedos do que abençoa, à altura da junção com a mão.

Uma olhada pela assistência, sentada nos fundos do salão, mostra que a maioria é gente de classe média, embora a tenda tenha fama de ser muito frequentada pelo pessoal do Morro da Mangueira, que é perto, e o próprio presidente o confirma. Seu Benjamim diz que entre os médiuns, todos vestidos de branco, iguais, é a mesma coisa.

A maioria também é de classe média. E garante que há até um padre ali no meio:

– A Igreja comete a estupidez de não o deixar desenvolver suas qualidades de médium, e assim o obriga a uma vida dupla, um pouco na sua paróquia, um pouco aqui na Tenda. Nós aqui, recebemos todo mundo de boa vontade, de qualquer religião. O que importa é que o umbandista deve sempre caminhar no sentido do bem. Aqui só não recebemos quem não tem moral ou não pretende seguir no caminho da bondade.

Além do padre, conta o comandante-chefe que há vários generais, coronéis, advogados, altos funcionários, políticos e gente da sociedade. E aponta um homem corpulento, na primeira fila, desenvolvendo suas qualidades de médium principiante, com passes sobre a cabeça de um rapazinho, quase um menino:

– Aquele lá é um policial da famosa Invernada de Olaria. É possível que ele fosse um policial atrabiliário e bruto. Nós não perguntamos pelo passado de ninguém. Mas temos certeza de que, desde que chegou aqui, é incapaz de bater em um preso no seu distrito ou de cometer qualquer tipo de arbitrariedade.

Figura 35: Gira na Tenda Espírita Mirim. Sentados, os médiuns de banco. Foto de Nelson Rago. *Realidade*, n. 13, abril de 1967.

Chega o Caboclo Mirim

A esta altura, muitos já começaram a ficar atuados: respiram fundo e muito alto, dão gritos, batem o dedo indicador no polegar. Seu Benjamim recebe o espírito do Caboclo Mirim, que morreu, ou melhor, desencarnou há mais de 1.700 anos. Acende um charuto e, de costas para os médiuns, de frente para imagem de Jesus (Oxalá), passa a mão sobre a testa e a cabeça e ajoelha-se. Em voz alta invoca o Pai Supremo Oxalá.

Todos se levantam e acendem charutos, os barulhinhos de dedos aumentam, os médiuns trocam saudações. Um grupo estende-se no chão, é saudado por outro. As mulheres, algumas muito mocinhas, também acendem charutos. Os Pretos Velhos baixaram nelas. Agora, todos se saúdam.

Benjamim grita:

– Okê, Oxóssi!

Hoje, porque estamos em outubro, é Oxóssi. Em novembro será Iofá. Em dezembro, Iemanjá. Nas sessões de janeiro, outra vez Oxóssi, que será homenageado também em março. Em fevereiro e abril e Ogum. Iofá em maio; Xangô em junho; Iemanjá em julho e agosto. Em setembro, novamente Xangô. A Tenda Mirim dedica um mês a cada divindade.

Saravá, Caboclo Mirim!

A mocinha que comanda seis mulheres que cantam ao fundo também grita:

– Okê, Caboclo!

Ela e todos começam a cantar. As atuações chegam ao auge. Há muitos erros, pessoas se desequilibram nas pernas, ficam rodando, tontas, tremendo.

No final, a mocinha grita: Saravá, Oxóssi; e depois Seu Benjamim: – Okê, Oxóssi!

Todos se erguem; muitos estavam prostrados. Entra, então, o público para receber os passes ao som de mais um cântico em louvor de Oxóssi. Nos passes recomeçam as batidas dos dedos, o indicador estalando no polegar, repetidamente, sobre a cabeça de cada homem ou mulher que recebe o tratamento. Passam velhos, moços bem e mal vestidos, trabalhadores, gente de gravata, algumas mulheres elegantes. Alguns recebem os passes depressa e depressa saem pelo fundo do templo, homens por um lado, mulheres pelo outro. As filas são imensas, vai um com cada médium receber os passes. Todos, ao sair, fazem uma saudação final a Oxalá, que consiste em baixar a cabeça, juntar as mãos no peito e depois abri-las para Oxalá, levantando a cabeça. Mas alguns, principalmente os mais jovens, fazem também o mesmo em nome do Pai da Igreja Católica.

Os cânticos não param nunca. Pessoas, após os passes, ficam atuadas como verdadeiros médiuns. Na realidade, para os umbandistas, todo mundo é médium, dependendo de desenvolver ou não suas qualidades. O chefe Benjamim fica orientando a saída, no fundo do terreiro. Ele dirige tudo e exige horário rígido nas sessões de sua tenda (as de caridade começam sempre às 20h30min e terminam às 22h00min).

– O pessoal que vem aqui trabalha e não pode ficar até altas horas.

Entre o público que sai está um italianinho, filho do dono de uma respeitável cadeia de distribuição de jornais em bancas do Rio. Há muitos descendentes de europeus, e mais brancos do que pretos. A parte dos passes durou mais ou menos meia hora ou quarenta minutos. Agora, param os cânticos também. Mas irrompe uma barulheira infernal: é a parte do descarrego; após receberem a carga dos que foram tomar passes, os médiuns do terreiro estão descarregando, todos em conjunto. Alguns berros são profundos lamentos e lancinantes. Uma senhora começou a berrar acima de todos os berros.

– Eu sou um cientista. Vocês são analfabetos. Querem ensinar um cientista? Cambada de analfabetos! Analfabetos, analfabetos, analfabetos!

Os berros são nervosos e terminam em crise de choro convulso.

Ao fim de tudo, os médiuns de terreiro vão descarregar em cima dos médiuns de banco, que depois descarregam sozinhos. As expressões faciais são incríveis, uns riem muito, de olhos fechados. Há uma esfregação de mãos por todo o corpo, sobretudo na cabeça. Depois vêm as contorções e os berros finais, e iniciam-se os cânticos. A sessão está terminando, os cânticos duram uns dez minutos. Todos os médiuns vão voltando então às posições iniciais. Benjamim faz avisos rápidos. A mocinha recomeça as saudações:

– Saravá, Caboclo Mirim!

– Saravá, Morubixaba!

E com sua boa voz entoa o cântico final:

– Seu Mirim vai embora...

Com ela cantam mais quatro outras moças, todas bonitas e mantem o cântico durante quase todo o tempo que durou a sessão. A mocinha das saudações, que puxa tudo, no final recebe a bênção do Caboclo Mirim, Seu Benjamim.

A Ave Maria de Gounod, lá no fundo, está no fim. Atrás da mesa, sobre alto estrado, o médium que iniciou a sessão faz invocações a Tupã, Oxalá, Oxum, Iemanjá, Xangô, Ogum, Oxóssi e Iofá, agora em termo de agradecimento, não mais de súplica.

A salvação de Dona Maria

É o fim da sessão. Enquanto se cantam as últimas curimbas, Dona Maria olha a imagem de Jesus, que para ela é Pai Oxalá e relembra sua trajetória no rumo da Umbanda. Nunca foi o que se pudesse chamar mesmo de uma católica cem por cento, mas era de formação católica, como quase todo o brasileiro. Por cultivar mais a religiosidade do que propriamente a religião. Dona Maria guardara do catolicismo apenas alguns aspectos exteriores, desenvolvendo tudo o que pudesse evoluir em um sentido supersticioso.

Mas Dona Maria sempre ocultou a tendência para superstições e coisas semelhantes. Professora primária, morando em um bairro da Zona Sul (Laranjeiras), de certo tipo de classe média em que alguns ainda pretendem conservar uns restos de aristocracia, ela sabia das restrições feitas a essas inclinações, no meio em que convivia. Restrições que Dona Maria hoje chama de preconceitos dos metidos e figurões.

Tudo começou com uma doença. Cinco anos atrás, depois que teve a primeira filha, e única. Dona Maria começou a "ter ataque". E passou a preocupar seriamente o marido, pois algumas vezes chegou a cair na rua. Seu João, contador e funcionário federal, não tinha mais sossego na repartição, depois que foi chamado duas ou três vezes para socorrer a mulher. Uma ocasião foi encontra-la já no pronto socorro.

Desde então, Dona Maria começou uma "via sacra" através dos melhores neurologistas do Rio. E conta que sentiu desespero quando, em consulta com um grande especialista, ouviu, ao apresentar-lhe seus eletroencefalogramas:

– A senhora não tem nada. Pode jogar os eletros no lixo.

Dona Maria já perdia as esperanças quando uma amiga recomendou um terreiro de Umbanda. Jamais havia pensado naquilo. Depois do primeiro ataque, meditou com mais calma, considerou sua vida no período da doença, já há um ano e tanto: fora, em vão, aos melhores médicos. Não restava nada a fazer. Por que então não ir a um terreiro? Seu João, de formação católica um pouco mais firme, hesitou um pouco, no início. Mas estava tão cansado que também não resistiu muito. Dona Maria insistiu: ia fazer apenas uma experiência, a amiga era tão boa, não havia nada a perder. Já com as primeiras sessões ela começou a melhorar. Pouco mais tarde ficou totalmente boa e assim está até agora – assegura. Seu João, um ano depois de acompanhante desinteressado da mulher ao terreiro, com o qual nem simpatizava a princípio, passou a pensar seriamente. Hoje, embora ainda esteja um grau abaixo de Dona Maria na hierarquia da Tenda, é dos mais ativos e dos que falam da comunidade com mais entusiasmo.

O Dr. Henrique Landi é engenheiro responsável por parte de um setor, situado no subúrbio carioca, de um dos mais importantes grupos industriais do País. À noite, sai para outro ponto do subúrbio do Rio – o Encantado – e lá se transforma no Pai Joaquim, entidade sob cuja influência é quase venerado pelos frequentadores do centro Espírita Fraternidade e Luz, organização que funciona há dezoito anos, sempre sob a inspiração do Caboclo das Sete Encruzilhadas, padroeiro local.

Pai Joaquim é o mais procurado

O terreiro do Dr. Henrique é pequenino, muito diferente da imensidão da Tenda Mirim. Cabem no máximo cem pessoas na assistência, se tanto. Mas dificilmente todos os lugares ficam ocupados, porque as sessões são muito demoradas e os grupos se revezam: enquanto os primeiros a receber passes já estão saindo, há sempre mais gente chegando para recebê-los. O método aqui é o das fichas, ao contrário da Tenda Mirim, onde milhares de pessoas fazem filas diante dos quatrocentos e tantos médiuns e são atendidas sem muita conversa. No terreiro de Pai Joaquim há apenas seis ou sete médiuns, entre homens e mulheres, e quando eles recebem seus Caboclos, depois das invocações de abertura da sessão, e transformam-se no pai fulano ou mãe sicrana, as pessoas que estão à espera escolhem a quem desejam se dirigir e recebem fichas numeradas para serem chamadas depois, pela ordem, assim:

– Pai Benedito, quatro, pode entrar. Mãe Francisca, cinco...

Pai Joaquim é sempre o mais procurado. Há noites em que todos os outros médiuns já saíram do transe e ele ainda está em consulta, agachadinho na sua banqueta, cachimbinho fumegando e produzindo saliva em apreciável volume para a pequena escarradeira de areia, que faz parte obrigatória dos apetrechos de cada médium. E agachado fica ainda por muito tempo, atendendo a mais quatro, cinco ou seis pessoas.

No terreiro de Pai Joaquim, a consulta que antecede os passes é parecida com uma confissão dos católicos. Trata-se de uma conversa em que o fiel explica seus problemas e o médium lhe dá conselhos. Muito diferente de uma tenda grande, onde não se dá conversa a ninguém. Mas a segunda parte é semelhante, na grande ou na pequena tenda: o médium, em um movimento igual ao que fazem os apostadores de corridas, ao torcer pelos cavalos, batendo fortemente o dedo indicador sobre o médio e o polegar, executa passes sobre a cabeça e depois sobre as costas da pessoa. Esta, muitas vezes, acaba por entrar em transe como o médium, recebendo fortes descargas.

A Confederação Nacional Espírita Umbandista e dos Cultos Afro-Brasileiros, de que o Dr. Henrique Landi faz parte, é dirigida pelo General Mauro Rego Monteiro Porto, reformado.

É possível que o Dr. Henrique Landi exagere um pouco quando diz que a Umbanda é que tem impedido a dominação do Brasil pelo comunismo. Mas é verdade que ela já tem tirado gente dos quadros do Partido Comunista. Pelo menos um.

Do partido aos terreiros

A Procuradoria Judicial do Departamento Nacional de Portos e Vias Navegáveis fica em uma sala clara, ampla, atapetada e com ar acondicionado, em um velho prédio baixo da Praça Mauá, no cais do Rio. Em uma mesa perto da janela, de persianas baixadas pela manhã clara de sol, o Dr. Ismar Alves Rodrigues, de óculos, ar de professor universitário por trás de uma grande simplicidade, dá seu parecer em um processo. De repente, levanta a cabeça, procura alguém em outra mesa:

– Ó Purificação, você que também recebe o Caboclo Ogum Rompe Mato...

Purificação é comandante da Marinha que, bacharel em Direito, acabou procurador do Departamento Nacional de Portos depois da reforma. Todos os procuradores naquela ala são umbandistas. Chegaram à Umbanda por vias diferentes, mas o caminho mais longo foi o de Ismar. Gaúcho de Alegrete, apesar do pai agnóstico, Ismar recebeu uma formação católica, por causa do resto da família. Confessa que desde pequeno tinha algumas visões esquisitas. Mas nunca se impressionou muito com isso. Ao contrário, foi crescendo e se afastando até da religiosidade da família. Com pouco mais de vinte anos, Ismar – que hoje está com 47 anos – era um jovem advogado, marxista, militante no foro do Rio de Janeiro e no Partido Comunista. Sua fé, a essa altura, era o materialismo dialético, ao qual ele se dedicava a ponto de conseguir uma posição de destaque no Partido Comunista Brasileiro, inclusive junto à cúpula dirigente. José Maria Crispim, o dirigente operário paulista que ficou famoso depois de um debate no rádio com certo Padre Sabóia, de prestígio em São Paulo, era um dos seus maiores amigos.

A mudança em sua vida começou exatamente em um dia em que, passando férias no Rio Grande do Sul, lia *Os fundamentos do materialismo dialético*, de Leôncio Basbaum. No meio da leitura, até então tranquila, Ismar sentiu uns fluidos estranhos. Baixou o livro e viu, clara, nítida diante de si, a figura de um homem cuja fisionomia não lhe era totalmente estranha. A visão estava a dois ou três metros de distância de Ismar e não disse uma palavra. Correu a perguntar ao seu padrinho, que conhecia todas as figuras da cidade, desde as mais antigas, quem era aquele tipo que vira e agora lhe descrevia.

– Por que você não perguntou a ele? – Disse o padrinho.

No dia seguinte, Ismar foi ao cemitério, visitar o túmulo do pai. Na saída, sobre outro túmulo, viu o retrato da pessoa que lhe tinha aparecido na visão da véspera. Aproximou-se e leu o nome: Aquiles Tadeu.

Ismar começou a ficar impressionado. Primeiro, admitiu o fenômeno espírita. Depois, passou a ler Allan Kardec. Esteve nas chamadas sessões de mesa – as sessões do Espiritismo Kardecista ortodoxo, diferentes das de Umbanda, que são as sessões de terreiro.

Quando foi para um terreiro, Ismar achou que todas as coisas estranhas que se passavam com ele iam acabar. Veria que "tudo era bobagem". Julgava, naquele tempo, que ao "cair no pior", o Espiritismo Umbandista, perderia suas fracas convicções. Procurou, então, a Cabana Espírita Caboclo Estrela Branca, do pai de santo Alair Murga, em Madureira. Na primeira noite, ele pretendia ver tudo de longe. Porém, ao ouvir cantarem o ponto que evocava Ogum Rompe Mato, Ismar tonteou. O guia do terreiro percebeu e levou-lhe a roupa branca dos iniciados, que Ismar vestiu absolutamente lúcido, mas com o fenômeno ainda mexer-lhe com as mãos e todo o corpo.

Daí em diante Ogum Rompe Mato, que na Quimbanda – linha da magia negra voltada para o mal – é um demônio, na Umbanda – linha do bem – passou a parecer sempre a Ismar sob a forma de Abraão Lincoln. O que para Ismar não é nada estranhável, uma vez que o ex-presidente dos Estados Unidos era lenhador, e tinha portanto ligação estreita com uma divindade provinda do mato.

Sob o aspecto filosófico e sob o aspecto político, à medida que ia aos poucos admitindo esses fenômenos, Ismar já não via muitas condições de continuar comunista. Acusado por vários companheiros de estar sofrendo um apodrecimento espiritual, brigou e terminou expulso do partido. Já se passaram dezoito anos e Ismar nunca se afastou da Cabana. Hoje, muito feliz, tem uma filha que vai fazer cinco anos, e a mulher que conheceu em um terreiro, no momento em que ela desmaiou sob a influência da Cabocla Jurema. Ela estava com quinze anos. Cinco anos depois, há onze anos, se casaram.

Um frei que compreende

Frei Boaventura Kloppenburg, franciscano de Petrópolis e perito conciliar reconhecido como dos mais atuantes no Vaticano II, conhece muito os mais diversos tipos de terreiros do Brasil. Frequenta-os exaustivamente e estuda-os há mais de quinze anos. Em abril deste ano, ele divulgou um trabalho chamado *Uma breve introdução à Umbanda no Brasil*. Diz, ali, que mais ou menos desde 1940 existe um processo de coordenação, organização e união de vários movimentos populares de origem predominantemente africana. Sob o nome de Umbanda, se reuniriam a macumba do Rio de Janeiro, o batuque do Rio Grande do Sul, o Candomblé da Bahia, o Xangô de Pernambuco, o Catimbó do Nordeste, o Nagô do Maranhão, a Pajelança da região amazônica. E admite:

– Vale a pena acentuar que o movimento está penetrando cada vez mais nas populações de origem europeia. Pode-se dizer, hoje, que a maioria das pessoas que frequentam os centros, do mesmo modo que uma boa parte daqueles que dirigem as cerimônias, são brancos; inclusive brancos de classes sociais mais privilegiadas.

Em outro artigo recente, ***Ensaio de uma nova posição pastoral perante a Umbanda***, Frei Boaventura mostra que tudo isso parece o resultado de uma violenta insatisfação com as formas religiosas oficiais rígidas, excessivamente controladas, complexas e intelectuais. Ele acha que essas características fechadas impedem a manifestação espontânea de um espírito religioso popular.

– Nem o Catolicismo oficial de Roma, nem o Protestantismo puro dos reformistas e nem o Espiritismo ortodoxo de Allan Kardec parecem permitir suficiente margem para as necessidades religiosas de nosso povo. Umbanda dá a impressão de ser um protesto popular contra todas as formas religiosas importadas e insuficientemente adaptadas.

Com uma visão sacerdotal renovada do problema, Frei Boaventura lançou as bases de uma nova posição pastoral diante da Umbanda. Até hoje, não deu muito resultado o esforço de inúmeros missionários "para penetrar a alma das regiões tão penosamente evangelizadas com sacrifícios e orações". Para ele, foi a ausência de certas normas missionarias. Normas que ele, agora, estabelece e acredita que poderiam ser aplicadas em relação à Umbanda, e se resumem em: valorizar positivamente os ritos, usos e costumes da religião umbandista no Brasil; descobrir com alegria e respeito "a palavra de Deus" também nas culturas africanas, buscando aí, a preparação do homem negro para o Evangelho do Verbo Encarnado; respeitar, fomentar, elevar e consumar em Cristo tudo o que na Umbanda descobrimos de bom, verdadeiro, belo, justo, santo e amável; e dar ao negro um rito litúrgico próprio, tal como exige a sua natureza, sendo este o ponto principal para um trabalho de evangelização do negro.

Desde 1964, depois do esforço da Confederação Nacional Espírita Umbandista e dos Cultos Afro-Brasileiros, o IBGE passou a registrar em seu anuário estatístico a Umbanda, oficialmente como religião. No anuário de 1968, que traz as estimativas referentes a 1965, constavam como umbandistas, no Brasil, 105.850 pessoas, quase 70% das quais na cidade e no Estado do Rio de Janeiro. Isso não quer dizer grande coisa, uma vez que ainda há, em muitos umbandistas, acentuada tendência de declararam-se católicos. Inquérito realizado há dez anos pelo IPEME (Instituto de Pesquisas e Estudos de Mercado), nas favelas da cidade do Rio, dava 83,5% dos adultos como católicos. Desses, entretanto, mais de 20% não esconderam que frequentavam práticas de macumba. Segundo os umbandistas mais otimistas, o Brasil talvez tenha, hoje, perto de quatro ou cinco milhões de praticantes.

Em matéria de terreiros, as estatísticas são precárias. Não há números oficiais. Há levantamentos feitos pelas próprias entidades umbandistas, em condições que não podem ser consideradas as melhores. No Rio, por exemplo, incluindo as cidades limítrofes (o chamado Grande Rio), os números ficam quase todos entre 25 e 30 mil, falando-se apenas em terreiros juridicamente legalizados. Muitos terreiros conseguem registrar-se como associações beneficentes para obter as verbas da Assembleia Legislativa. E obtêm. Na verdade, muitas delas, como a Tenda Mirim, possuem departamentos de assistência social, razoavelmente montados, com serviço médico, dentário e outros, prestados gratuitamente. O terreiro Caminheiros da Verdade, no Engenho de Dentro, mantém até hospital.

Depois da Guanabara, é o Rio Grande do Sul que tem o maior número de terreiros, e parece ser o Estado onde a Umbanda mais se desenvolve, no momento. Lá existem 13.500 terreiros registrados. São Paulo vem em seguida, com 12.500 a 13.000 também registrados, dos quais cerca de mil só na Baixada Santista. Na cidade de São Paulo os números são contraditórios, embora a maioria calcule em torno de cinco mil terreiros ou pouco mais.

Os cariocas elegem pelo menos um deputado estadual através da Umbanda: Attila Nunes, que na última eleição teve 7.370 votos e garante que não gastou de seu bolso senão 64 cruzeiros novos. Attila Nunes afirma que não precisa fazer propaganda para se eleger, porque tem amigos certos na Umbanda. Começou na política em 1960 e teve logo nove mil votos para constituinte do Estado da Guanabara, batendo no seu partido, então o PSP, até nomes mais populares.

Muitos outros, descobrindo através dele que a Umbanda era um ótimo terreno para conseguir votos, foram explorá-lo. A votação de Attila Nunes caiu um pouco, quatro anos depois, embora ele mantivesse permanentemente dois programas semanais pelo rádio, em emissoras diferentes, um deles de quatro horas. Atila Nunes foi o iniciador – ousado, como ele mesmo diz – da divulgação da Umbanda através do rádio, e conta que, vinte anos atrás, quando disse a palavra macumba em um dos primeiros programas, foi um corre-corre. Hoje a Umbanda não espanta, mas a grande maioria dos umbandistas continua fugindo do termo macumba, embora se trate de palavra tipicamente umbandista que designa um instrumento musical do culto, cujo sentido evoluiu para chegar a designar hoje, popularmente os cultos afro-brasileiros de modo geral.

Além disso, os umbandistas dispõem hoje de bem montada editora. A Eco, no Rio, com edições sistemáticas apenas das obras de Umbanda, magia e congêneres, é a única do Brasil que vende atualmente cerca de 25 mil livros por mês, somando-se todas as obras editadas. Há títulos que batem verdadeiros recordes brasileiros como, por exemplo, o *600 pontos riscados e cantados na Umbanda*, que tira uma edição atrás da outra e até hoje já vendeu 80 mil exemplares. A editora tem quatro anos, começou em uma salinha e já está com um conjunto bem montado em bom edifício. Ernesto Emanuele Mandarino, o dono, criou no ano passado o Círculo de Escritores e Jornalistas de Umbanda do Brasil, do qual é presidente, além de ser influente sócio proprietário da União Espiritista de Umbanda do Brasil, sociedade por títulos patrimoniais. Depois do Rio e Estado do Rio, que a editora engloba nas estatísticas, os Estados onde vende mais livros são, na ordem, São Paulo, Rio Grande do Sul, Minas, Pernambuco, Goiás e Bahia, que é, juntamente com o Rio, o maior centro de cultos Afro-Brasileiros do país.

Do ritual umbandista, o culto de Iemanjá, no último dia do ano, entrou no calendário oficial da Secretaria de Turismo, no Rio. Isso, segundo os umbandistas, é uma das provas de força do culto. Para outros, não passa de uma curiosidade folclórica para turistas.

A Umbanda, no entanto, é realmente forte. Não para de crescer. Dia a dia aumenta o número de seus adeptos. Os católicos já não a hostilizam, sua importância é reconhecida, quase todos a respeitam, ela não é mais uma religião clandestina. Todas as noites, depois que uma campainha toca pela terceira vez e a Ave Maia de Gounod começa a ser suavemente percebida, milhares de pessoas se concentram em tendas e terreiros espalhados por todo o País. Compenetradas ouvem:

– Prezados amigos, estamos reunidos mais uma vez e vamos iniciar a nossa sessão dentro da maior boa vontade, pedindo por nós e pelos nossos, na prática do bem e da caridade, que esse é sempre o nosso objetivo, segundo o exemplo do mestre altíssimo.

E compenetradas respondem:

– Que assim seja.

Figura 36: Caboclo abençoando um médium em trabalho na praia. Foto de Nelson Rago. *Realidade*, n. 13, abril de 1967.

Figura 37: Criança observa médium em comunhão com a oferenda, em trabalho na praia. Foto de Nelson Rago. *Realidade*, n. 13, abril de 1967.

Figura 38: Médium incorporado com Preto Velho. Foto de Nelson Rago. *Realidade*, n. 13, abril de 1967.

Figura 39: Médium incorporado acende uma vela em um trabalho na praia. Foto de Nelson Rago. *Realidade*, n. 13, abril de 1967.

Figura 40: Médium em frente a uma oferenda em um trabalho na praia. Foto de Nelson Rago. *Realidade*, n. 13, abril de 1967.

Carta do leitor

No número 32, de novembro de 1968, da revista *Realidade*, na sessão Cartas, um leitor assim se manifestou em relação a matéria:

Sr. Diretor: Desejo congratular-me pela publicação da reportagem 'Baixou o Santo", de Marcos de Castro. Trata-se de uma honesta apresentação do assunto, completamente livre de preconceitos. Gostaria, porém, de alertar os leitores sobre a confusão que às vezes se faz entre Umbanda (que é Luz, Verdade e Amor) e o baixo espiritismo charlatão da Quimbanda: que é dedicada ao mal, uma verdadeira exploração comercial da fé.

J. C. Silveira
São Paulo

UMBANDISTA DIZ QUE CRESCE NO PAÍS O INTERESSE POR IEMANJÁ

Jornal do Brasil, 3 de janeiro de 1969

O número cada vez maior de pessoas que comparecem a festa de Iemanjá, embora com certos exageros, é uma prova de que o Brasil se espiritualiza. A opinião é do presidente da Tenda Espírita Mirim, Senhor Benjamim Figueiredo, um dos líderes do Primado de Umbanda.

Religiosos e psicólogos pensam diferente: acham que não há maior afluência e que a exploração turística está tirando a autenticidade da festa. O psicólogo Silveira Pontual não concorda com os que acham uma manifestação subdesenvolvida o culto a Iemanjá. Explicou que em muitos países, inclusive nos Estados Unidos, existem certas seitas com rituais praticamente iguais aos da Umbanda.

Com moderação

O Senhor Benjamim Figueiredo, que trabalha há 40 anos na Tenda Espírita Mirim, da qual é fundador, disse que seu pessoal não organizou nenhuma festa para as praias.

– Os que foram por livre vontade, só tinham um objetivo: render suas homenagens. Um centro quando promove uma festa dessas deve ver bem o que está fazendo e não se prestar a exibicionismos, porque não fica certo que se irá receber incorporações nas praias, nem abusar das bebidas alcóolicas.

– Isso é um negócio de responsabilidade. Festas como estas a Umbanda tem mais, pois como Iemanjá, nós temos e cultuamos com a mesma fé Oxalá, Xangô-Kaô, Oxóssi, Ogum e Yofá. Cada um tem a sua festa no local apropriado, nas matas, nas pedreiras, mas a festa de Iemanjá pelo seu atrativo folclórico, foi atraindo as atenções e por isso é que estão existindo algumas distorções.

Disse que o Espiritismo prevê que se acenda velas para os espíritos sofredores. "Como e que se vai acender e ofertar velas à uma entidade de luz como Iemanjá?

– Se querem reverenciar o seu dia que se vá à praia fazer orações em agradecimento, cantar os pontos dedicados a ela e não fazer exibicionismo. Em qualquer lugar, a homenagem pode ser prestada da melhor forma, pois o importante é a fé. Depende também do ritual de cada culto, porque o Candomblé e a Quimbanda não se regem pelas mesmas leis da Umbanda.

De qualquer forma, a festa é linda, pelos seus cantos e simbolismo. O aumento de pessoas às homenagens é uma prova de que o Espiritismo está tomando vulto. Hoje são 13 milhões de espíritas em todo o Brasil.

Atração

Irmão Cristóvão explicou que não queria falar sobre os fundamentos do Espiritismo nem sobre a Festa de Iemanjá, a que assistiu em 1967 e 1968. Acha que no ano passado a afluência foi bem menor.

– A festa pode ser considerada como uma mistura de manifestações de espírito religioso primitivo de potencialidade turística e de subdesenvolvimento mental, cultural e material.

– A cerimônia que é única no mundo, tem grande divulgação no exterior. Por isso é que as praias recebem grande número de turistas. Além destes, há os curiosos daqui mesmo. Acima de tudo, há a queima de fogos de artificio, que serve ainda mais como um atrativo. Uma coisa é certa, existe os convictos que vão às praias para reverenciar aquilo que acham certo, os que vão, para assistir, e os que, através da festa, se aproveitam para exibições.

Com mudança

Frei Raimundo Cintra, da Conferência dos Religiosos do Brasil, um dos estudiosos sobre o culto Afro-Brasileiro, disse que a exploração turística deturpou a manifestação do espírito religioso primitivo.

– Acima de qualquer coisa, o culto a Iemanjá como outros idênticos, continua a ser uma manifestação de subdesenvolvimento mental e material, agora com a adesão das classes média e alta. A festa tradicional está perdendo a sua autenticidade com a mistura de classes.

Explicou que a festa de Iemanjá não se pode comparar às de antigamente, do tempo dos escravos, ou daquela que ainda se faz em algumas praias da Bahia.

– A festa em si é legitima, porque é a expressão de uma religiosidade. Este ano ela foi muito menos concorrida, está se banalizando e não vejo nada de positivo a não ser pelo subdesenvolvimento.

Mistura

Para o psicólogo Silveira Pontual, festas iguais à de Iemanjá não podem ser taxadas simplesmente como primitivismo, e uma mistura de culto africano com cristianismo.

Acho que o turista não se impressiona por ela ou queira vir ao Brasil somente para assisti-la, porque é uma coisa sem sentido de beleza, devido principalmente aos transes agitados que fazem do espetáculo uma coisa pouco agradável.

Deusa Natureza

A psicóloga Isabel Maria de Carvalho Vieira comentou que no dia 31 à tarde, quando passeava com seus filhos na Praia Vermelha, já chegavam os primeiros que iriam reverenciar Iemanjá.

– É uma festa válida. Na nossa religião também fazemos

festas e homenagens do mesmo modo, só que de maneira diferente. A festa é uma reminiscência do mito da Deusa Natureza, da Deusa-Mãe, em um sincretismo de cristianismo, cultura grega, romana e outras.

– A água é um símbolo materno de fertilidade – acrescentou – e a reverência a Iemanjá é uma maneira que os umbandistas acham de reverenciar a figura da mãe, já que tudo o mais é feito para o sexo masculino.

Afirmou que o aumento do número de pessoas que comparecem às praias para "salvar Iemanjá" se deve mais à curiosidade que a outra coisa, "acrescida da facilidade que os adeptos do culto acham de expor sua crendice, já que hoje já não se combate tanto a macumba quanto antes".

– A festa – concluiu – não é uma manifestação de subdesenvolvimento. É uma coisa normal, pois o desenvolvimento tecnológico está abandonando o lado espiritual do homem e ele acaba por procurar fugir desse entretenimento interior por meio do primitivismo.

UMBANDA – SÍNTESE RELIGIOSA DO SÉCULO XX?

Joana Angélica

O Globo, 3 de janeiro de 1971

O fato observado nas praias do Rio no último dia do ano, quando um número de umbandistas bem menor do que o esperado prestou suas homenagens a Iemanjá, recebeu diferentes explicações dos seguidores dessa religião. Alguns se referiam à dificuldade de transporte, à falta de tempo dos fiéis para ficar na praia desde cedo preparando e guardando o local: todos tem compromissos particulares ou de trabalho. Outros afirmaram que "a maneira pela qual alguns praticantes pseudo-umbandistas conduzirem a celebração desvirtua a religiosidade do movimento". Por isso, muitos centros comemoram data em sua sede ou vão à praia em dias anteriores.

A interpretação simplista segundo a qual os umbandistas estariam diminuindo não tem, portanto, fundamento. Pois as estatísticas revelam um assombroso crescimento desse culto crescimento desse culto, que já atinge todos os Estados brasileiros, inclusive a Bahia, a "Roma do Candomblé". Na verdade, o que está ocorrendo é a revelação pública de um fato bastante antigo: não existe, pelo menos na prática, uma só Umbanda. Terreiros os mais diversos dizem professar a mesma crença, e há alguns falam que existe um movimento interno pela unificação da doutrina e do ritual. Nesta série de reportagens *O Globo* pretende descrever suas diversas facetas transmitir algumas especulações científicas sociais sobre o que ela poderá ser no futuro.

Semana passada, um dia antes da festa de Iemanjá – a mais significativa do calendário umbandista no Rio, pelo menos em número de participantes – afirmava Benjamim Figueiredo, fundador e presidente da Tenda Espírita Mirim, provavelmente a maior do país: "Quem quiser assistir a uma cerimônia bonita, à verdadeira homenagem à Iemanjá, que venha amanhã até aqui. Aquilo que vocês veem na praia não é Umbanda".

Pouco depois, já tendo incorporado o patrono de sua Tenda, o Caboclo Mirim, ele dava início à sessão, naquele dia destinado ao tratamento espiritual: atendimento aos fiéis que necessitam de ajuda. Não um atendimento a base de consultas. Antes, ele havia explicado: "Damos passes, para limpar as pessoas. Não damos consultas, porque ninguém sabe de onde veio, nem para onde vai!

Alto, muito claro, bigodes e cabelos já brancos, Benjamim Figueiredo tem 75 anos de idade e, de terreiro, 53 – a idade da Tenda Mirim, fundada em 1924. Ele é o tupixaba, ou como prefere, Comandante-Chefe dessa complexa estrutura que inclui 33 filiais espalhadas por todo o país, cada uma sob o controle de um "Cabeça de Morubixaba" ou "Subcomandante", e 12 mil médiuns que se revezam nas diferentes sessões – giras, desenvolvimento mediúnico, caridade ou tratamento espiritual, desobsessão.

Instalada em um prédio de três andares, pintado de verde, na Avenida Marechal Rondon, a Tenda Espírita Mirim tem pátio para estacionamento, serviço médico-dentário, escolas na sede e nas filiais. Como acontece na maior dos terreiros, centros ou tendas – nomes que designam os locais de culto umbandista – mantem-se pela contribuição dos sócios, já que toda a assistência prestada é gratuita. No Rio, seu maior competidor é o Centro Espírita Caminheiros da Verdade, no Engenho de Dentro.

– No Caminheiros não tem Umbanda – critica Benjamim Figueiredo, acrescentando que essa religião pode ser definida como "vida íntima das sete naturezas primordiais da vida". Em que pesem as divergências e a dificuldade que o leigo encontra para entender tais formulações, não há dúvida de que ambos os centros representam o que já se chamou de "Umbanda Branca", "pura", "limpa". E, quem sabe, a Umbanda do futuro, cada vez mais distanciada dos cultos africanos que, associados às religiões indígenas, ao Catolicismo e ao Kardecismo, deram origem essa religião.

Ao contrário do que se testemunha em terreiros mais populares, não são visíveis na Tenda Mirim a casa das almas e a casa de Exu, pequenos altares fora do recinto principal onde se cumprem obrigações antes da sessão. Esta começa sem que se use o defumador tão característico naqueles locais. No enorme salão de 50m x 18m, com enfeites de Natal de inspiração europeia distribuídas pelas paredes, os médiuns se organizam em filas, todos vestidos de branco impecável. Trazem, bordado na roupa o distintivo da Tenda Mirim. As mulheres usam saia longa, discreta, sem as rendas que um leigo esperaria. Homens à esquerda, senhoras à direita.

– Temos que separar, porque ele é positivo e ela, negativa. Se juntar, dá choque – diz Benjamim.

Em frente à mesa que substitui o altar encontrado em outras tendas, há três ou quatro filas de cadeiras destinadas a convidados especiais e à turistas.

Um poderoso sistema de alto-falantes transmite a prece de abertura – exemplo da síntese religiosa, como alguém já definiu, que é a Umbanda, pois se refere a Tupã, ao Oriente, a Oxalá e aos diversos Orixás –, ouvindo-se ao fundo a Ave Maria de Schubert. Segue-se o ritual propriamente dito, em que se alternam os pontos (hinos), cantados para chamar os Orixás e as saudações aos arcanjos que supervisionam o culto, aos Caboclos e Pretos Velhos de diversos nomes, à Umbanda.

Nenhum acompanhamento de palmas ou atabaques.

A certa altura os médiuns começam a balançar-se de um lado para outro. Passam as mãos no rosto, nos braços, nos cabelos, e ao fim de cada gesto desses, sacodem os dedos no ar, como para fazer "escorrer" alguma coisa. É o transe que começa a manifestar-se. Daqui a pouco receberão seus respectivos guias, que atenderão os fiéis.

Quando estes começam a entrar no recinto dos médiuns, canta-se um último ponto: "Oh, Iara, Iarauá/Iara, Oh, Iara, Iarauá/Iara, minha Mãe Sereia/Sai da água vem brincar na areia". A melodia é envolvente. Os médiuns em transe se agitam cada vez mais, e nessa altura Benjamim acena aos puxadores do ponto, um homem e uma mulher com microfones. Para o canto, tudo volta a um ritmo mais controlado. Sentada, a funcionária pública Janete Silva espera ser atendida. É católica e diz que não há problema em frequentar um terreiro umbandista.

– Vim até aqui para tomar um passe. Não é que eu me sinta melhor depois, mas alguma coisa deve adiantar, não acha?

OS UMBANDISTAS

Diário de Notícias, 20 de abril de 1973

– Semana Santa é festa de católicos. É para quem trabalha com as almas. Nós trabalhamos para as almas. Para nós é um dia como qualquer outro. Estas festividades foram todas criadas visando lucros. Estabelecem que se tem que rezar, que se tem de comprar velas.

Com o corpo surpreendentemente conservado para a idade, Benjamim Figueiredo, 70 anos, presidente e chefe de terreiro da Tenda Mirim, na Rua Marechal Rondon, no bairro Rocha, explica que "os dias dos mortos são todos os dias. Respeito quem acredita, mas para mim não tem sentido". Para ele, que dirige 31 filiais da sua tenda, o mais importante é que as pessoas tenham fé, e rezem porque tem vontade, não porque "está marcado para se rezar". Por ter fé, pai de dois filhos de 26 e 34 anos, teve uma alegria a um mês: sua mulher de 33 anos, teve um filho.

– Isto para mim foi uma graça que me concederam. Claro, não posso esquecer que sempre levei uma vida sadia: nada de bandalheiras, nem bebida em demasia.

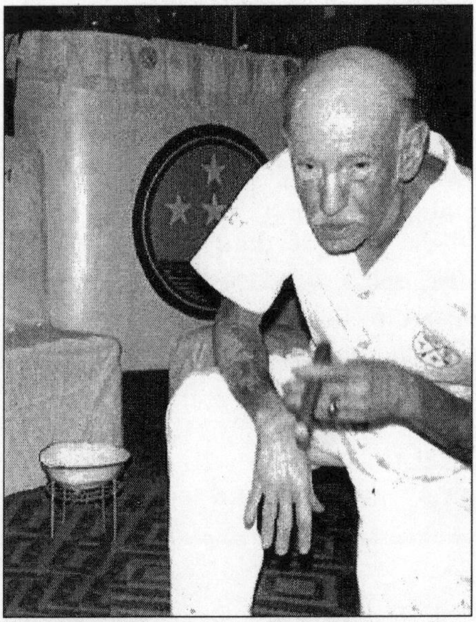

Figura 41: Caboclo Mirim incorporado em Benjamim Figueiredo. *http://fraternidadeumbandistaluzdearuanda.blogspot.com.br*

FÉLIX NASCENTES PINTO

O Mundo da Umbanda (SP), n. 1, 1973

Félix Nascentes Pinto nasceu a 1° de abril de 1900, no Estado do Rio de Janeiro. Em 1911, mudou-se para o então Distrito Federal. Aos 25 anos, sentiu a primeira manifestação mediúnica. Procurou então o Senhor Benjamim Gonçalves Figueiredo que possuía uma tenda de Umbanda na Rua São Paulo. Começou ali na Tenda Mirim, seu desenvolvimento como médium e umbandista. Assim amparado e com muita vontade de pesquisar e trabalhar, começou seu estágio.

Achou Benjamim que o noviço Félix deveria ir para a Bahia, em virtude da grande perseguição que naquela época sofria a Umbanda, no Distrito Federal. Foi para Salvador,

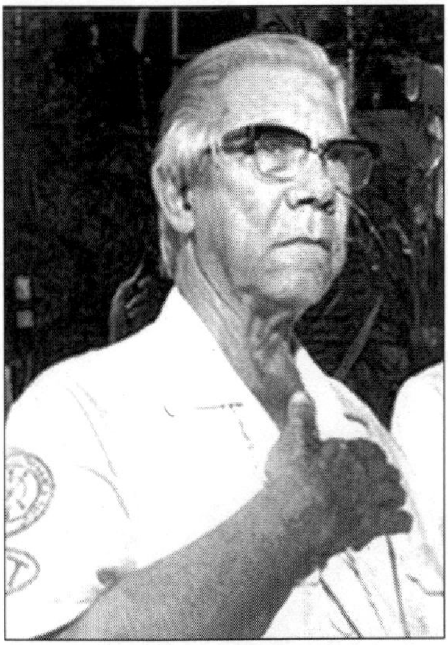

Figura 42: Félix Nascentes Pinto. *https://caboclоarrancatoco.wordpress.com*

ficando com José da Silva Costa, da nação de Angola e que era também conhecido como "José do Mocotó", em virtude de morar na Rua do Mocotó, no bairro da Praia Grande. José era filho de mãe africana e pai português. Félix confessa:

– Onde José da Silva Costa põe o pé eu não coloco a mão. Gostaria de ser um José Mocotó. A ele rendo minhas homenagens e respeitos.

Durante quase um ano, Félix ficou aí, até a sua "feitura de cabeça". Após a Revolução de 1930, transferiu-se para São Paulo. Aí encontrou também bastantes dificuldades e acirradas perseguições aos umbandistas, mas sua fé era inabalável e continuou seu trabalho, graças à proteção dos guias. Encontrou no bairro de Vila Anastácio, um casal que muito às escondidas, praticava a Umbanda e ali, Félix juntou-se a eles, continuando a praticar o culto.

Passaram-se os anos. Félix percebeu que já estava na hora do culto umbandista impor-se. Em 1952, apesar das perseguições e outras perturbações, resolveu levar a Umbanda para a rua, fazer uma grande festa pública. Com muito sacrifício, essa festa foi feita no SENAC, à Rua Galvão Bueno. Era em homenagem à Oxóssi. Foram convidadas onze tendas do Rio. A delegação carioca era comandada pela pessoa que guiou seus primeiros passos: Benjamim.

Quando nesse mesmo ano, foi fundado no Distrito Federal, o Primado de Umbanda, sob a presidência de Benjamim Gonçalves, Félix foi convidado a criar em São Paulo, uma Delegacia do Primado do Rio. Assim reuniu várias tendas em São Paulo, registrando-as no Distrito Federal. O crescimento da Delegacia, entretanto, fez com que logo depois, ele fundasse o Primado de Umbanda do Estado de São Paulo. Já havia então, 70 tendas filiadas.

Hoje, com 1200 tendas, o Primado dirigido por Félix, continua com a mesma finalidade: congregar, defender e promover a Umbanda. O Primado já realizou dois congressos estaduais e o 1° Encontro de Chefes de Tendas, com o objetivo de fazer com que estes chefes se conheçam e se unam e para que a grande meta umbandista seja logo alcançada, isto é, sua codificação, para que ela se coloque em pé de igualdade com as demais religiões.

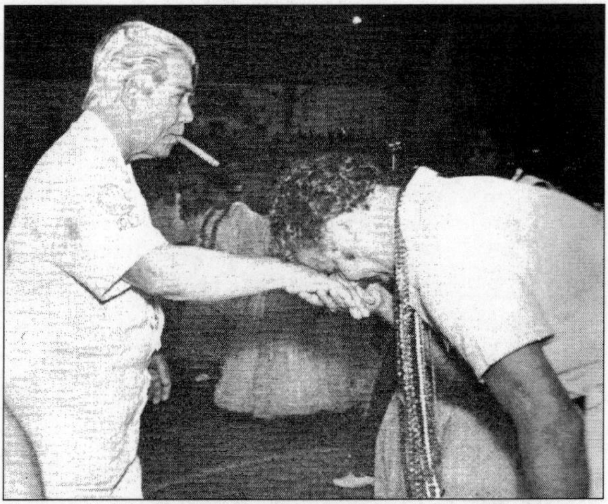

Figura 43: Caboclo Arranca Toco, incorporado em Félix Nascentes Pinto, abençoa um médium. Foto de A. L. Miguel Rodrigues *O Mundo da Umbanda* (SP), n. 1, setembro de 1973.

Junto com o Superior Órgão de Umbanda do Estado de São Paulo (SOUESP) e outras entidades federativas filiadas ao SOUESP, o Primado luta pela uniformidade de trabalhos para os que procuram uma tenda de Umbanda.

– Senhor Félix, qual a frequência das reuniões com os Chefes de Terreiro?

– Elas se realizam no segundo e no último domingo do mês das 9 às 12 horas, na nossa sede, reunindo Babás e Babalaôs. Aí se discutem problemas e toma-se conhecimento de tudo que se passa na comunidade umbandista. Quanto à frequência, é, lamentável dizer que nosso salão é pequeno, não comportando muitas pessoas. Há sempre de 170 a 180 pessoas. Não temos ainda condições para conseguir uma sede própria, porque a Umbanda ainda vive naquela modalidade de mensalidade pré-estabelecida, uns com mensalidades maiores, outros, menores. Se todas as tendas pagassem cinco cruzeiros por mês, já teríamos nossa sede, há muito tempo. Mas falar disso é muito delicado. Nem todos compreendem até agora, a finalidade de uma organização federativa que outra coisa não é senão a zeladora das tendas que integram o Primado.

– As demais religiões, entretanto, não sei se mais disciplinadas ou melhor educadas, pagam sob a determinação de Cristo: "Contribua com o dízimo para a sua Igreja". Assim, uma família protestante com cinco membros, onde todos trabalham, cada um dá 10% do seu salário para a sua Igreja. A maioria delas por isso, possui sede própria.

– Nossos adeptos negligenciam muito ou não compreendem que um templo de Umbanda tem que ter sede própria e que as despesas são enormes. As tendas, salvo raras exceções, mal podem manter-se, quanto mais ajudar o seu órgão federativo. Mas o dia chegará, pela ajuda dos Orixás, em que os irmãos terão a consciência de que devem ajudar mais a tenda a que pertencem.

Félix fala do seu progresso de 1920 para cá:

– Confesso sinceramente que melhorei minha condição de fé, paz e harmonia. Em casa, o Terreiro do Caboclo Arranca Toco,[20] dirigido também pelo Caboclo Folha Verde, estamos trabalhando, procurando esclarecer todos aqueles que nos procuram. Através de livros, de catecismo, todos aprendem o que são linhas de vibrações espirituais, as falanges e a expressão de cada Orixá na Umbanda.

– Temos uma escola onde fazemos questão que todos aqueles que tem necessidade de desenvolvimento, o façam ali, através de conhecimento doutrinário-filosófico de Umbanda. Nós os orientamos também a se apresentarem para uma incorporação, bem como cumprirem os deveres e obrigações

[20] O nome correto é Tenda Tupã Oca do Caboclo Arranca Toco, fundado em 1950 e que funciona até os dias de hoje, dirigido por Maria Aparecida Naléssio, prestando a caridade dentro dos ensinamentos deixados por Félix Nascentes Pinto.

de nossa Umbanda.

– Aprimorei-me na preparação de médiuns na Umbanda. Trata-se de algo muito complicado e profundo. Existem alguns aventureiros que no lugar de fazerem bem, acabam causando grande mal. Mexer com quem tem "santo", de modo errado, causa grande dano, embora com aquele que não tenha "santo", tanto faz mexer ou não mexer. Já preparei em toda minha vida, 327 "médiuns confirmados" e tenho a consciência tranquila de que todos estão com suas tendas abertas, praticando a sua Umbanda e transmitindo os ensinamentos aprendidos.

– Não lhe parece que Exu é a figura mais incompreendida da Umbanda, sendo relegado a um plano inferior?

– Eu digo isso há muitos anos, desde que montamos uma casa de Umbanda (quando recebemos "alforria", o axé do Santo, a ordem para montá-la). Na época, não era possível ter Candomblé, o culto de nação, aqui. Porque é considerado curandeirismo clássico. O Código Penal, em seus artigos 282, 283 e 284, indica onde não podemos praticar determinadas coisas que são classificadas como curandeirismo, embora saibamos que nós saibamos que nós mortais somos instrumentos dos Caboclos, Pretos Velhos e Exus. Não somos nós e sim eles que o fazem.

– O Exu é uma necessidade. O Exu é também um Orixá. Quando se veem pelos terreiros, Exus que lambem cachaça jogada no chão, aquilo não passa de kiumba, isto é, um espírito que se perdeu através dos tempos, que não alcançou nenhuma luz e que só faz diabruras. O Exu merece todo nosso respeito. Ele é um espírito interesseiro e como tal deixa de fazer algo ruim, em troca de alguma coisa que oferecemos, em troca de diálogo que com ele estabelecemos. Fará coisas ruins desde que a criatura seja voltada para o mal. Tudo depende do coração da pessoa, o mal e o bem. Mas isso reina em toda a sociedade onde existem indivíduos bons e maus. Aquele que mata por prazer de matar, rouba por prazer de roubar.

– A Umbanda não prega isso. Prega caridade e amor, sem ter covardia. Se formos atacados, nós nos defendemos com os Orixás, Caboclos, Pretos Velhos, Exus e assim por diante.

– O Exu é tratado em qualquer cerimônia que se processe dentro do meu terreiro. A primeira coisa a fazer é tratar do Exu. Mas, nunca fechamos cortina, porque eu nem uso cortina para fechar meu altar. Jamais vou cantar para Exu, em primeiro lugar, porque no nosso altar há um "assentamento do santo" da divindade e então seria falta de respeito ou ignorância, cantar primeiro para o Exu. Mas acontece que muita gente o faz.

Não quer dizer que eles sejam maus, não. É falta de esclarecimento, falta de escola etc. O seu Caboclo sabe, o seu Preto Velho sabe. Realmente sabem, mas de acordo com o que vamos aprendendo, eles também aproveitam. Se nós temos sabedoria em nossa mente, eles terão uma sabedoria ainda maior.

– *Quais foram as maiores alegrias na sua vida de umbandista?*

– Já tive várias alegrias, mas modéstia à parte, o que mais me alegrou, aconteceu em uma festa de aniversário da Tenda Mirim. Participavam dessa festa todas as filiais dessa tenda, todas feitas por Benjamim e cada qual com a sua sede própria. Eu, na qualidade de dirigente de tenda aqui em São Paulo, chamando-o de pai como chamo até hoje, tive a primazia, coisa que me comove até hoje, quando o Caboclo Mirim, que é o Guia Chefe daquela organização, passou para mim o comando da festividade.

– Essa foi uma das maiores emoções que já tive na Umbanda, por que francamente eu não merecia receber tantas honrarias como recebi diante do Chefe. Outras emoções e alegrias vieram através das manifestações de espíritos em forma de Caboclos, Pretos Velhos, Exus etc. Que em um ato de magia tem realizado coisas maravilhosas. Eu me sinto felicíssimo nesses 47 anos de Umbanda.

Figura 44: Félix Nascentes Pinto incorporado com o Caboclo Arranca Toco. Foto de A. L. Miguel Rodrigues. *O Mundo da Umbanda* (SP), n. 1, setembro de 1973.

– *Por favor, uma mensagem aos irmãos umbandistas.*

– Todos os umbandistas moram no meu coração e merecem o meu respeito. Assim faço com que eu também more em seus corações. Não considero ninguém mau, mas alguns agem erradamente por ignorância e falta de conhecimento, sem falar em aventureiros e marginais que infelizmente estão infestando nosso meio. Estamos trabalhando para tirar essa gente. Eles se aproveitam do rótulo de Umbanda para fazer uma série de patifarias. Eu me coloco sempre em pé de igualdade com todos. Em nenhuma festa vou com indumentaria diferente e trabalhamos sempre juntos. Os católicos se dizem irmãos em Cristo e nós somos irmãos em Oxalá que tem como representação a imagem de Jesus Cristo.

– É assim que eu sinto todos os meus irmãos. Não sei se é a forma de tratar a todos e aceitar a todos sem nenhum preconceito de raça, cor ou posição social.

– Agradeço a oportunidade de poder ter dito essas palavras. Desejo que vocês possam transmitir dentro da revista, algo que eleve nossa Umbanda, porque de alguém umbandista que possa dizer realmente o que a Umbanda pretende, para que fiquemos em igualdade com as outras religiões, quando chegar a hora da codificação.

OBS. O Primado de Umbanda em São Paulo, fundado em 28 de setembro de 1960, passou a se denominar Primado de Umbanda do Brasil, em 1973. Desde 2001 a presidência é ocupada por Maria Aparecida Naléssio.

Félix Nascentes Pinto desencarnou em 20 de setembro de 1975, deixando um grande legado para a Umbanda.

Figura 45: Felix Nascentes Pinto incorporado com o Caboclo Arranca Toco. Em cima, Ronaldo Linares fazendo a gravação para o seu programa radiofônico. *http://www.primado.com.br*

Figura 46: José Manoel Alves (O primeiro, à esquerda), autor da letra do Hino da Umbanda, no Primado de Umbanda em São Paulo na década de 1970.

50 ANOS DO PRIMADO DO BRASIL

Jornal de Umbanda Sagrada, n. 127, dezembro de 2010

Figura 47: CCT Maria Aparecida Naléssio. Dirigente da Tupã-Oca do Caboclo Arranca Toco. Primaz do Primado de Umbanda do Brasil. *http://tendaumbandacaboclopenabranca.blogspot.com*

Por solicitação do deputado Simão Pedro (PT), foi realizada, no dia 26 de novembro de 2010, sessão solene, no plenário Juscelino Kubitschek da Assembleia Legislativa do Estado de São Paulo, com a finalidade de homenagear os 50 anos do Primado Organização Federativa de Umbanda e Candomblé do Brasil.

O início da sessão se deu com a Banda da Polícia Militar do Estado de São Paulo e a participação dos Lanceiros da Cavalaria Nove de Julho da Policia Militar de São Paulo. A instituição, fundada em 28 de setembro de 1960, por Félix Nascente Pinto, agrega tendas, cabanas e centros.

A plenária recebeu naquela noite quase 350 pessoas, entre religiosos, sacerdotes, filiados, amigos e admiradores do Primado. Em seu discurso emocionado a Primaz do Primado do Brasil, Maria Aparecida Naléssio reafirmou o compromisso deixado por Félix Nascentes Pinto em fundamentar a humildade, a unidade e elevar o Povo do Santo ao patamar de igualdade perante todas as Religiões.

Nesta premissa, segundo Mãe Cidinha, como é carinhosamente chamada, citou os avanços de sua instituição no combate a intolerância religiosa e a participação direta nas políticas públicas existentes, onde o Primado do Brasil faz a diferença participando ativamente das conferências municipais, estaduais, e nacionais que ocorreram nos anos de 2009 e 2010, além, é claro, de sua participação direta nas maiorias dos eventos ocorridos em São Paulo e em outros Estados.

"Este é um legado que o nos diferencia das demais federações, pois além de assistirmos nossos federados fazemos a diferença em políticas públicas voltadas não somente para a Matriz Africana, mas para todos os segmentos religiosos e para aqueles que vivem e são taxados como as minorias" – afirma Mãe Cidinha.

Ocorreram ainda momentos culturais e a apresentação do Grupo Maculele Acaraçu Tamandaré e do Grupo Nega Nagô.

Abrilhantaram este evento as grandes personalidades de nossa Religião e autoridades como: Babalorisá Francisco de Osun; Iyalorisá e Comendadora Carmen Prisco de Osun; Mam'etu Kayandewa; Iyalorisá Regina de Ososssi, do Rio de Janeiro, representando a baluarte da Umbanda Fátima Damas e o Babalawo Ivanir dos Santos ambos do Rio de Janeiro; Pai Milton Aguirre; Mãe Maria Imaculada; Sacerdotisa de Umbanda Maria Adelina Bitencourt de Macedo; Maria Aparecida Pinto (Cidinha); Pai Edson dos Anjos; Dr. Jader Freire de Macedo Junior – Vice Presidente da Comissão de Direito e Liberdade Religiosa da OAB-SP; Dra. Juliana Ogawa integrante da mesma Comissão da OAB-SP; o escritor Diamantino Fernandes Trindade representante do Pai Ronaldo Linares; Sandra Santos e outros.

No final houve um *pocket show* com a cantora Liz Hermann e a confraternização de todos em um coquetel que foi oferecido pela instituição homenageada.

Figura 48: Diamantino Fernandes Trindade em evento na Assembleia Legislativa de São Paulo em homenagem aos 50 anos do Primado Organização Federativa de Umbanda e Candomblé do Brasil (2011).

Figura 49: Mesa do evento na Assembleia Legislativa de São Paulo em homenagem aos 50 anos do Primado Organização Federativa de Umbanda e Candomblé do Brasil (2011).

Figura 50: 42ª Festa do Caboclo Arranca Toco e 50 Anos de Fundação do PRIMADO DO BRASIL (11 de abril de 2010). *http://primadodobrasil.blogspot.com*

REFLEXÕES DO CABOCLO MIRIM

http://fraternidadeumbandistaluzdearuanda.blogspot.com

O homem possui duas formas de saber: uma cultura material adquirida e suas vidas sucessivas e outra pelo despertar real da sabedoria.

A cultura material vai se descondensando em sabedoria de encarnação, quando o homem sabe aplicá-la. Também poderá adormecer completamente se não for adquirida para alguma utilidade.

Cultura é aquilo que o homem aprende dos outros; sabedoria é o que constitui a sua própria experiência.

Cada cavalo vale apenas por si mesmo; assim, cada Entidade ou Guia aproveita o material que possui para realizar o que precisa.

Sabemos, portanto, que os nossos Chefes de Cabeça estão na dependência dos nossos valores; e que as ações benéficas se realizam de acordo somente com aquilo que nós, cavalos, autorizamos pela honestidade e equilíbrio.

Assim, pois, cada cavalo deve, naturalmente, se harmonizar, procurar apenas o seu lugar na Tenda, realizando somente o que deve e nunca fugindo da sua grande disciplina, para que as vontades pessoais não intercedam desarticulando a fonte de irradiação saudável, que cada um terá de fornecer na ação de Magia feita pelo Comandante Chefe.

A personalidade é apenas uma simples máquina com funções materiais, para reproduzir com perfeição aquilo que a Natureza ensina. O Homem, entretanto, sempre teimoso, displicente e mau, insiste em não querer aprender. Não sabendo utilizar sua máquina, vive o pavor das suas preocupações.

A preocupação é uma demonstração de dúvida. Qual o resultado sério, para o homem, do tormento das preocupações?

O homem realmente sério não precisa de preocupações para prejudicar a sua seriedade.

Sabemos que a ação vibratória atrai e repete na razão dos seus direitos. Se fosse possível um entrosamento de ações contrárias, certamente os seres não poderiam estabilizar a sua forma na diferenciação sublime da Natureza. Cada ser tem o direito absoluto de ser aquilo que é.

É de lamentar que o homem, o único perturbado pela indisciplina da sua personalidade, ainda não tenha verificado isto.

CABOCLO MIRIM NA *GAZETA DE LIMEIRA*

Publicação de Pai Evandro Fernandes

Dirigente Espiritual da Confraria dos Pretos Velhos de Umbanda

Caminhando para a Maturidade Espiritual

Alguns poderão até viver uma catarse íntima, que marca a mudança dos paradigmas de sua vida pessoal. Mas, para a maioria, as transformações são vividas em anos de trabalho duro, muitas vezes só percebidas quando o indivíduo acorda e se dá conta de que não consegue mais se relacionar com o mundo do jeito que fazia antes, pois aquela velha mentalidade mundana precisou perecer nas chamas para dar lugar a uma forma renascida de viver, mais focada e atenta às próprias palavras proferidas e aos pequenos atos praticados.

Não sendo mais o que se era e ainda não plenamente

desperto de quem realmente poderá ser, afloram, avidamente, a consciência da responsabilidade assumida diante de sua centelha de vida e uma enorme sede de buscar o amor maior que ainda falta na alma. A sagrada alquimia espiritual está apenas começando.

CCT Sérgio Navarro Teixeira
Livro: *Reflexões sobre a Escola de Caboclo Mirim*
EDITORA DO CONHECIMENTO, 2015

Paciência construtiva

O homem é grande vítima do seu corpo emocional; aí reside o único segredo que ele próprio criou para desviá-lo do sentido verdadeiro da sua posição. Ele vive o tormento estabelecido e estabilizado por si próprio nas várias zonas da sua atividade. Ele vive mal na zona do seu lar, na zona profissional, na zona intelectual, na zona pública e até mesmo na zona religiosa. Mantém um desiquilíbrio permanente que o traz em sobressaltos, afetando completamente o seu corpo emocional.

Porque o homem, por exemplo, não faz uso da paciência, como única forma de norteá-lo ao caminho dos bons costumes? Se ele tem à sua disposição esta grande amiga – a paciência – porque prefere a desorientação da pressa, para chegar sempre atrasado? O homem nunca conseguirá deixar de estar onde estiver, embora as suas vontades apressadas sempre pretendam os lugares que ele ainda não pode estar.

A paciência construtiva é uma revolta natural contra o imperativo da pressa; por isso, o homem habituado à pressa dificilmente aceita que a paciência constrói no homem a disciplina dos bons costumes, permitindo que ele saiba aproveitar as distâncias pelo sentir da sua tranquilidade.

Caboclo Mirim
Médium CCT Senhor Benjamim Figueiredo

TENDA ESPÍRITA MIRIM EM LONDRES

Figura 51: Fachada da 13ª filial da Tenda Espírita Mirim (Londres), Queens Park - 1, Pentland Rd, NW6 5RT. *http://www.temlondres.com*

A Tenda Espírita Mirim em Londres foi fundada pelo CCT AC Thales Fonseca, em dezembro de 2006, tendo aberto as portas ao público em 16 de Maio de 2007. Esse médium pioneiro da Umbanda no Reino Unido (Inglaterra, Irlanda do Norte, País de Gales e Escócia) foi responsável pela implementação oficial da religião no pais, já que até então não havia casas de Umbanda abertas registradas para atender o público local.

Foi responsável também pela organização da religião junto a Charity Commission[21] e pela fundação da primeira casa de Umbanda do país que recebeu o nome inglês The Umbanda Temple para melhor assimilação da comunidade local e por instruções de Caboclo Guerreiro. Ao ser reconhecida oficialmente como Filial da TEM do Brasil a casa passou também a adotar o nome TEM Londres (Tenda Espírita Mirim em Londres – 13ª Filial), que chegou a ter, ao mesmo tempo, dois locais de atendimento na Cidade de Londres, para melhor atender a comunidade. Toda essa conquista para a comunidade demandou anos de trabalho, divulgação, dedicação e preparo espiritual para que em dezembro de 2006 a casa

[21] Charity Commission For England and Wales (Comissão de Caridade da Inglaterra e do País de Gales). Esta Organização é o departamento não-ministerial do governo que regulamenta instituições de caridade registradas na Inglaterra e no País de Gales e mantém o Registro Central de Caridade.

iniciasse seus trabalhos. Após isso foram sete anos de lutas espirituais para poder consolidar a religião no país, sem falar nas tantas limitações locais e considerando-se que na Europa, comparando-se ao Brasil, o número de médiuns umbandistas e bastante reduzido.

Além da TEM Londres o Comandante Thales Fonseca também lançou, em julho de 2018, a pedra fundamental da Tenda Espírita Mirim em Cardiff (14ª Filial) e delegou a implementação dessa casa ao Senhor CCT AC Joao Manuel Neri da Luz (Caboclo Flecheiro e Pai Antonio) e, em setembro de 2018, fundou a Tenda Espírita Mirim em Lisboa (10ª Filial). O Senhor Thales, após quase 12 anos ininterruptos à frente da TEM Londres e tendo fundado a TEM Lisboa, entregou o Comando da TEM Londres, ao Senhor CCT AC Aliton Costa, em agosto de 2018 e o mesmo, sob orientação de Caboclo Ventania e Pai Serafim das Almas dirige, com maestria, os trabalhos da TEM Londres até hoje sob orientação da Matriz no Brasil. As três casas (10ª, 13ª e 14ª), filiais da Tenda Espirita Mirim, estão subordinadas a atual Presidente e Tuxaua da Tenda Espirita Mirim no mundo, Senhora Janaina Figueiredo e, graças ao apoio total e irrestrito desta Dirigente, a Tenda Espirita Mirim do Brasil expandiu sua área de atuação para os Estados Unidos, Portugal , Inglaterra e País de Gales.

O Senhor CCT AC Thales Fonseca iniciou sua jornada na Tenda Espírita Mirim em janeiro de 1995, levado por um amigo do Colégio Militar a Matriz da TEM, e logo nas primeiras giras, às quais compareceu, manifestou-se seu Guia Chefe Caboclo Guerreiro (Irradiação de Ogum). Foi então, ainda como menor, Chamado pelo Tuxaua da casa a ingressar no Corpo Mediúnico desta organização, o que conseguiu posteriormente ao atingir a maioridade, quando então o Senhor Thales filiou-se a 8ª Filial da TEM que a época ficava em Honório Gurgel, (CCT Sonia Pando)

Após o desligamento desta casa da organização, já tendo cumprido sua missão naquele abençoado grupo, ao qual o Senhor Thales só agradece por todos ensinamentos, o mesmo se filiou a 12ª Filial da Tenda Espirita Mirim, em Petrópolis (casa sob o Comando da Senhora CCT AC Jandira D Soares) onde continuou até sua Consagração como CCT, realizada na Matriz da Tenda Espirita Mirim pelo Tuxaua de Umbanda Senhor Mirim Paulini Figueiredo, então incorporado com o Caboclo Curumatai, e com a presença do Caboclo das Sete Jiboias (CCT AC Jandira D Soares) e demais médiuns da Alta Cúpula da organização presentes no dia da Gira.

Posteriormente, já no Comando da Tuxaua de Umbanda Senhora Janaina, o Senhor Thales ingressou no quadro de membros da Alta Cúpula Espiritual da TEM, no qual permanece até hoje, juntamente com seus filhos de Londres Senhor Aliton Costa e o Senhor Joao Luz. Todos os trabalhos da TEM na Europa são gratuitos e seguem a essência da Escola da Vida de Caboclo Mirim, na ótica da atual Presidente e Tuxaua do Brasil.

Ao todo dos mais de 100 filhos que passaram pela Tenda Espirita Mirim em Londres, ao longo de mais de uma década de caridade, surgiram 10 casas descendentes de que se tem notícia, na Inglaterra, País de Gales, Portugal e até no Brasil (São Paulo). Nessas 10 casas descendentes, que surgiram da atual TEM Londres, seus dirigentes foram filhos advindos de outras Escolas de Umbanda que aprenderam com a Umbanda Mirim e posteriormente seguiram seus próprios caminhos de forma independente e todos tem a gratidão e o respeito do Fundador, CCT Thales Fonseca, pelo maravilhoso trabalho de caridade prestado em suas respectivas comunidades afins.

De todas as casas que surgiram da luta do Senhor Thales Fonseca, existem hoje três casas reconhecidas oficialmente pela atual direção da Tenda Espírita Mirim como Filiais: TEM Londres – 13ª Filial (Potters Bar – Senhor Aliton), TEM Cardiff – 14ª Filial (Senhor João) e TEM Lisboa – 10ª Filial (Senhor Thales). A missão não acaba, e o trabalho, abençoado por Caboclo Mirim (no Astral), Caboclo Curumatai, Cabocla Janaina e Caboclo Guerreiro, segue avante. A Tenda Espírita Mirim em Londres, e suas casas co-irmãs em Cardiff e em Lisboa agradecem a todos os filhos que passaram pela casa e que seguindo seus caminhos, dentro ou fora de nossa organização, ajudaram a espalhar a Umbanda pela Europa.

Figura 52: CCT AC Thales Fonseca. Despedida da TEM Londres após doze anos de trabalho.

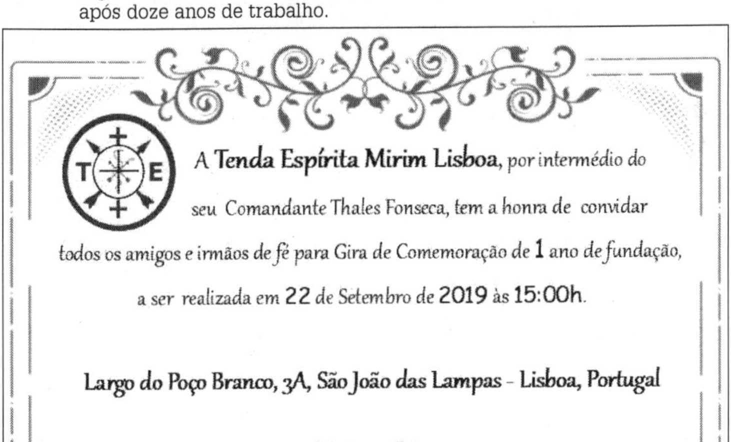

A **Tenda Espírita Mirim Lisboa**, por intermédio do seu Comandante Thales Fonseca, tem a honra de convidar todos os amigos e irmãos de *fé* para Gira de Comemoração de 1 ano de *fundação*, a ser realizada em 22 de Setembro de 2019 às 15:00h.

Largo do Poço Branco, 3A, São João das Lampas - Lisboa, Portugal

CCC *Thales Fonseca*

Figura 52 b: Convite para a Gira de Comemoração de um ano de fundação da Tenda Espírita Mirim Lisboa.

REFLEXÕES SOBRE A ESCOLA DE CABOCLO MIRIM

Sérgio Navarro Teixeira

EDITORA DO CONHECIMENTO, 2015

Figura 53: Capa do livro *Reflexões sobre a Escola de Caboclo Mirim*. Sérgio Navarro Teixeira.

Apresentamos, inicialmente, a sinopse desta importante obra:

Quanto mais estudamos a Umbanda, mais fascinante ela se apresenta. Sem qualquer sombra de dúvida, uma religião que é a cara do Brasil: uma fé que reúne culturas distintas, fruto de povos diversos que se integraram nas "terras de Santa Cruz", unidos em amor fraternal numa só roupa branca. Caboclo Mirim, através de seu médium Benjamin Gonçalves Figueiredo, muito à frente de seu tempo, nos ensinou o quão universal é a Umbanda, sem espaço para racismos ou limitações que só diminuem o potencial de uma fé transformadora, cuja missão maior é ensinar o ser humano a reconciliar-se com sua centelha de vida.

Nesta obra, o autor tenta transmitir aos jovens do século XXI o magnífico legado de Caboclo Mirim, Mestre do Oriente cuja Escola, fundamentada em ancestrais e eternos conhecimentos esotéricos, se apresenta simples e pragmática, exigindo tão somente "gente séria, ou que queira tornar-se séria" diante de sua própria evolução. Mestre Mirim não ensina temor, ensina respeito; não coloca o orixá em um local distante, posto que é força pulsando em todos nós; ensina que a luz do Cristo-Oxalá é vida, latente nos corações dos umbandistas...

A Escola de Mirim leva a Umbanda muito além dos rituais, evocando-nos a despertar para a essência por detrás da fé, de cada movimento, de cada símbolo. Compreendemos então que é desse plano maior que está a luz de todos os verdadeiros Mestres... de onde emana a luz de Caboclo Mirim!

Transcrevemos agora alguns trechos do capítulo "Benjamim, o médium" que são relevantes para conhecer alguns importantes detalhes históricos:

A família Figueiredo sempre esteve cercada de parceiros leais, que trabalharam juntos para permitir que o Caboclo Mirim e Pai Roberto levassem adiante a missão da prática da caridade, por meio de um trabalho incessante pelo crescimento do ser humano. Gostaria de citar os diversos irmãos de fé que estiveram junto com a Tenda Espírita Mirim naqueles dias, mas as brumas do tempo fizeram com que muitos nomes fossem esquecidos, o que não diminui sua importância para todos nós, que hoje, colhemos os frutos da semente tão bem tão bem cuidada por eles.

O que diferenciou Benjamim de outras lideranças religiosas foram o pragmatismo e a determinação de ir adiante, o que o levou a uma visão universalista da Umbanda e permitiu que a liturgia da Tenda Espírita Mirim evoluísse para além de uma "umbanda kardecista". Esse processo contou com vários colaboradores que orbitaram o universo da Matriz da Tenda

Espírita Mirim, junto de seu grande líder, nas diversas fases da Tenda.

Nas primeiras décadas, além da família Figueiredo, destacou-se a atuação de Diamantino Coelho Fernandes, que chegou inclusive, a ser presidente da Tenda. nascido em Portugal, Diamantino foi um espiritualista e um dos principais articuladores do Primeiro Congresso Brasileiro de Espiritismo de Umbanda, realizado em 1941, em que representou a Tenda com a tese *O Espiritismo de Umbanda na evolução dos povos* (TENDA ESPÍRITA MIRIM, 1942 a). Nos anos seguintes, visitou diversas casas de Umbanda, um trabalho que culminaria com a criação do Primado de Umbanda em 1952. No início dos anos 1960, seguiu o seu próprio caminho, escrevendo vários livros na missão que chamou "Grande Cruzada de Esclarecimento".[22] Diamantino faleceu em abril de 1973.[23]

Revendo fotografias antigas, encontrei ainda junto a Benjamim Figueiredo um antigo ocultista, conhecido na Tenda por "Comandante Cícero". O Dr. Cícero dos Santos foi um dos pioneiros da Teosofia no Brasil, pois esteve ao lado de Henrique José de Souza nos primeiros anos da Sociedade Mental e Espiritualista Dhâranâ, ainda em 1924, instituição que, posteriormente, recebeu a denominação de Sociedade Teosófica Brasileira.

Para mim, é clara a convergência de tantos obreiros anônimos e desses personagens especiais no Primado de Umbanda liderado por Caboclo Mirim. Foi um momento histórico muito rico, pela união de valores pessoais e espirituais que determinaram novo rumo para toda a religião.

[22] Livros publicados: *As forças do bem*; *Nova Ordem de Jesus*; *Corolarium*, *A vida em Saturno* e *Vida de Jesus ditada por ele mesmo* (Nota de Diamantino Fernandes Trindade).

[23] Diamantino Coelho Fernandes nasceu em Sanfins do Passos do Ferreira, Porto, Portugal, em 1894. Emigrou para o Brasil, trabalhou em lojas de livros e escreveu para os jornais no Rio de Janeiro, Recife e São Paulo. Ele se casou com Ana Dulce de Barros Miranda, com quem teve cinco filhos: Isard, Abiel, Amyld, Dylma e Ibero. (*https://www.skoob.com.br*)

O ESPIRITISMO DE UMBANDA NA EVOLUÇÃO DOS POVOS

Diamantino Coelho Fernandes

Tese apresentada, na sessão inaugural do Primeiro Congresso Brasileiro do Espiritismo de Umbanda, em 19 de outubro de 1941

Figura 54: Diamantino Coelho Fernandes, delegado da Tenda Espírita Mirim, apresentando a sua tese no Primeiro Congresso Brasileiro do Espiritismo de Umbanda, em 1941. Foto da Família Figueiredo. Fonte: Sérgio Navarro Teixeira. *http://fraternidadeumbandistaluzdearuanda.blogspot.com.br*

Antes de dar início à exposição da tese em que pretendemos fundamentar os princípios históricos e filosóficos do Espiritismo de Umbanda ao qual pertencemos como os mais obscuros dos seus adeptos, – peço permissão para erguer um modesto hino de louvor, gratidão e respeito, aos nossos iluminados mestres daquela Índia misteriosa e sábia, pela luz que de seus maravilhosos ensinamentos se projetou no meu espírito através de minhas encarnações anteriores e na atual desejo estender, por meio das ondas vibratórias que do meu espírito se elevam neste momento, a minha gratidão, reconhecimento e saudade, a todos os meus contemporâneos de muitas eras, nos diversos continentes do mundo em que tenho vivido, mas, especialmente, aos daquela África sofredora e heroica, onde a intuição me diz que aprendi a amar a Deus sobre todos os homens, e alcancei esta centelha de luz espiritual que fez de mim um servo do Senhor.

Mestres da Índia, em cujas fonte tenho bebido largamente os ensinamentos desta grandiosa filosofia que me fez descobrir em mim uma partícula da divindade, desta lei que me revelou a grandeza da sabedoria infinita, em tudo quanto existe, vibra e palpita, em baixo, em cima e ao redor de mim, desta luz que me ilumina os passos na senda do mais alto ideal, e me aquece a alma sequiosa de amor e compreensão, – recebei neste momento histórico da espiritualidade do Brasil, país magnífico onde Jesus transplantou a semente luminosa do Evangelho, no dizer de Humberto de Campos, – recebei a expressão maior dos meus sentimentos de gratidão e respeito, pelo muito que construístes durante os milênios decorridos, em benefício da humanidade de hoje. Que Deus, O Absoluto, O Ser Supremo, O Construtor e Grande Animador do Universo, derrame catadupas[24] de luz sobre os vossos espíritos de trabalhadores, mestres, sábios, santos, guias e tutelares da humanidade.

E vós, caríssimos irmãos africanos, Pretos Velhos companheiros de muitos séculos, que em vidas sucessivas, transcorridas em situações que o pensamento da nossa era já não pode descrever, – provastes a posse de um espírito já devotado ao sacrifício e à renúncia, pela ânsia de ascender novos degraus na escala infinita do progresso, vós todos que fostes escravos, pais, mães, filhos e filhas de escravos, deixai que minha saudade se volva para vós, neste momento de alegria e comunhão sagrada dos filhos de Umbanda no Brasil, onde Jesus, o Mestre, Oxalá, o Senhor do Bomfim, reina e pontifica, como deve reinar e pontificar sempre nos nossos corações. Irmãos de Angola, de Moçambique, de Luanda, do Sudão, do Congo e Cambinda; filhos da Guiné, de Bantu, da Nigéria, Benin, Daomé, Haussá, Lagos, Yorubá e Mandinga! Comungai conosco a alegria incomparável desta hora histórica dos nossos espíritos, sinceramente empenhados na conso-

[24] Em grande quantidade. (Nota de Diamantino Fernandes Trindade)

lidação doutrinária e filosófica do verdadeiro Espiritismo de Umbanda!

Caboclos das matas, habitantes multisseculares das florestas brasileiras, espíritos cuja grandeza se afere pela simplicidade do gesto e profundeza do conceito! Todos vós que trabalhais pela Verdade e o Bem sob a constelação do Cruzeiro recebam também esta sincera homenagem de quem tanto já vos deve pelo muito que convosco tem aprendido na prática da caridade e do amor ao próximo. A consolidação da Umbanda é também vossa, pois que, sendo a Verdade uma só, e numerosos os caminhos que a ela conduzem, Umbanda se nos apresenta como a estrada luminosa e ampla pela qual podem seguir juntos, irmanados no mesmo desejo de liberdade e perfeição, no mesmo sentimento de amor e progresso, povos de todas as raças, crenças, cores e nacionalidades! A vós também a minha sincera homenagem, antes de dar início à exposição do trabalho elaborado pela Tenda Espírita Mirim para o presente Congresso.

Cumprido, assim, o que se me impunha como um dever do meu espírito, passemos agora ao assunto da nossa tese, em cuja elaboração procuramos ser sempre sinceros e úteis, como pedreiros que lançam o tijolo nos alicerces de um edifício destinado a suportar, na rijeza de sua base e segurança da estrutura, todos os possíveis vendavais. E assim deve ser de certo, a nossa concepção do Espiritismo de Umbanda.

Umbanda não é um conjunto de fetiches, seitas ou crenças, originárias de povos incultos, ou aparentemente ignorantes; Umbanda é, demonstradamente, uma das maiores correntes do pensamento humano existentes na terra há mais de cem séculos, cuja raiz se perde na profundidade insondável das mais antigas filosofias.

AUM-BANDHÃ (OM-BANDA)
AUM (OM) OMBANDA
UMBANDA

O vocábulo UMBANDA é oriundo do Sânscrito, a mais antiga e polida de todas as línguas da terra, a raiz mestra, por assim dizer, das demais línguas existentes no mundo.

Sua etimologia provém de AUM-BANDHÃ, (Om-Bandá) em Sânscrito, ou seja, o limite no ilimitado. O prefixo AUM tem uma alta significação metafísica, sendo considerada palavra sagrada por todos os mestres orientalistas, pois que representa o emblema da Trindade na Unidade. Pronunciado ao iniciar-se qualquer ação de ordem espiritual, empresta à mesma a significação de o ser em nome de Deus.[25] A emissão deste som durante os momentos de meditação, facilita as nossas obras psíquicas e apressa à maturação do nosso sexto sentido, a visão espiritual. BANDHÃ, (Banda) significa movimento constante ou força centrípeta emanante do Criador, a envolver e atrair a criatura para a perfectibilidade. Outra interpretação igualmente hindu nos descreve BANDHÃ (Banda) como significando um lado do conhecimento, ou um dos templos iniciáticos do espírito humano.

PRINCÍPIO DIVINO
LUZ IRRADIANTE
FONTE PERMANENTE DE VIDA
EVOLUÇÃO CONSTANTE

A significação de UMBANDA, (o correto seria Ombanda) em nosso idioma, pode ser traduzida por qualquer das seguintes fórmulas: Princípio Divino; Luz Irradiante; Fonte Permanente de Vida; Evolução Constante.[26]

A raiz mais antiga de que há registro conhecido acerca de Umbanda, encontra-se nos famosos livros da índia, os *Upanishads*, que veiculam um dos ramos do conhecimento mental e filosófico encerrados nos Vedas, a fonte de todo o saber humano acerca das leis divinas que regem o universo. Os Vedas, dize-nos W. Atkinson,[27] um dos escritores orientalistas mais lidos no Hemisfério Ocidental, em um dos seus trabalhos acerca das religiões e filosofias da Índia, "são os livros onde se encontram as Escrituras Sagradas dos hindus, de origem muito antiga, começando a sua história nos dias

[25] Pronuncia-se Om.
[26] *Bhagavad Gitã ou a Sublime Canção da Imortalidade*. Tradução de Francisco Valdomiro Lorenz. São Paulo: Editora do Pensamento, 1936.
[27] Yogi Ramacharaka (W. Atkinson), *As Doutrinas Esotéricas das Filosofias e Religiões da Índia*. Tradução de Francisco Valdomiro Lorenz. São Paulo: Editora do Pensamento, 1931.

pré-históricos".

Uma informação de origem não menos autorizada, por isso que oriunda de um dos maiores filósofos e instrutores hindus que a América conheceu no século passado, – Paramahansa Vivekananda – atribui aos Vedas uma precedência de dez mil anos à era Cristã. A propósito destes livros sagrados, disse o mestre Vivekananda, o famoso instrutor acima citado, em um discurso que pronunciou no dia 30 de dezembro de 1894, a convite da Sociedade Ética de Brooklyn, publicado no *The Brooklyn Standard*:[28]

> Os hindus baseiam a sua crença nos antigos Vedas; esta palavra é derivada de "conhecer" ou "saber". Estes Vedas são uma série de livros que, segundo a nossa opinião, contém a essência de todas as religiões, mas não pensamos que só estes livros contém as verdades. Eles nos ensinam a imortalidade da alma. Os Vedas dizem que todo o mundo é uma mistura de independência e dependência, mistura de liberdade e escravidão, porém através de tudo isso brilha a alma, independente, imortal, pura, perfeita, santa.

Sabemos, porém, que já antes dos Vedas devem ter existido manuscritos, porque um velho pesquisador dos ensinamentos filosóficos pré-históricos do Oriente concilia pela transmissão, de pais a filhos, de preciosos ensinamentos gravados em papiros, pelos quais cada nova geração deveria nortear sua vida terrena em perfeita harmonia com as leis da Natureza.

Os *Upanishads* são, pois, um dos ramos do conhecimento encerrado nos Vedas, ocupando-se dos assuntos teológicos, filosóficos e metafísicos, desenvolvendo os respectivos ensinos, especulações, argumentos, discussões e considerações. Dedicam-se principalmente à natureza do ser humano e do universo, e sua relação ao Ser Infinito. Nos Upanishads, que são em número de 235, encontra-se todo o sistema do pensamento filosófico e religioso hindu em suas numerosas formas, variedades e interpretações. É a maior coleção de escritos filosóficos existente no mundo, antigo e moderno. E além disso, o assunto ali é tratado com tão admirável sutileza

[28] *Ibid.*

de análise e variedade de detalhes, que parece incluir toda variação possível do pensamento metafísico do homem até ao presente, isto é, nenhuma outra nação foi capaz de formar alguma concepção metafísica que não tenha sua parte correspondente em algum dos *Upanishads*.[29]

Mergulhada assim profundamente nestes substanciosos mananciais do saber humano, vamos encontrar uma das poderosas raízes do Espiritismo de Umbanda, ensinado e praticado no Brasil há cerca de vinte e cinco anos. Com efeito, o que nos ensina o Espiritismo de Umbanda? Nada menos do que a imortalidade da alma, conforme o que se encontra nos Vedas. Não fomos nós que criamos, dentro das nossas tendas, esta luminosa concepção.

Ela nos veio há talvez uma dezena de milénios, trazida pelos que nos antecederam neste e noutros continentes, como um dos caminhos mais curtos que o ser humano tem diante de si, para alcançar a sua redenção espiritual. Ensinando aos seus adeptos que a alma é imortal, o Espiritismo de Umbanda procura destruir aquela mistura de escravidão e dependência a que se referem os Vedas, para que cada um, por meio da autoanálise e correção dos próprios defeitos, que são as imperfeições humanas, ascenda a uma vida melhor, onde sua alma, liberta da escravidão e dependência atuais, brilhe, independente, imortal, pura, perfeita, santa!

Existem três axiomas sobre os quais assentam os princípios da filosofia hindu, o primeiro dos quais pode servir para demonstrar os fundamentos do Espiritismo de Umbanda praticado entre nós. É ele o seguinte:

> De Nada, nada pode provir; Alguma coisa que é, ou existe, não pode ser causada por Nada, nem pode provir de Nada; Nada Real pode ser Criado, porque se a coisa Não É, ou Não Existe Agora, não pode nunca ser ou Existir; se não foi ou Não Existiu Sempre, não É, ou não Existe Agora; se É, ou Existe Agora, sempre foi ou Existiu.[30]

---

[29] Yogi Ramacharaka (W. Atkinson), *As Doutrinas Esotéricas das Filosofias e Religiões da Índia*. Tradução de Francisco Valdomiro Lorenz. São Paulo: Editora do Pensamento, 1931.
[30] *Ibid.*

Dilatando o campo do nosso raciocínio, havemos de chegar forçosamente à convicção de que o Espiritismo de Umbanda existiu sempre entre as raças espiritualmente mais adiantadas do globo terrestre, sem o que não poderia existir agora. A prova disto vai ser encontrada, de forma copiosa, abundante, em vários dos sistemas filosóficos mais antigos, dentro dos quais gerações e gerações de povos de todas as raças têm alcançado o mais alto grau de cultura filosófica que é possível alcançar em nosso mundo atual.

Comecemos pelo sistema Vedanta, o qual, segundo Max Muller, "é a mais sublime de todas as filosofias e a mais confortadora de todas as religiões".

Divide-se a concepção filosófica do sistema Vedanta em duas partes distintas: a interna, ou oculta, e a externa, ou visível; ou, segundo os esoteristas, a esotérica e a exotérica. A parte externa da Vedanta é destinada às massas ainda incapazes de compreender a parte superior da doutrina interna, e por isso necessitam da ajuda de outras mentes para poderem vencer certos obstáculos provenientes do próprio karma.

Corresponde esta parte, com perfeita justeza, aos chamados trabalhos públicos do Espiritismo de Umbanda, através dos quais as massas aprendem a penetrar no estado de concentração mental coletiva, para que seu espírito elimine parte de sua carga fluídica de ordem material, grosseira, beneficiando-se da poderosa corrente mental formada durante esses trabalhos.

A parte interna, oculta ou esotérica do sistema Vedanta, é reservada àqueles que, tendo desenvolvido suas mentes filosóficas, já estejam em condições de compreender o idealismo absoluto de BRAHMA, que "é a impessoal, suprema e agnoscível Alma do Universo, de cuja essência tudo emana e à qual tudo volve, e que é incorpórea, imaterial, não nascida, eterna, sem princípio e sem fim, que penetra e anima tudo, desde o deva mais elevado até ao átomo mais insignificante".[31]

No Espiritismo de Umbanda existe a mesma concepção de um Deus impessoal, incorpóreo, Criador e Animador

[31] Pelo termo genérico deva, os vedantistas designam. Entidades resplandecentes, seres invisíveis do espaço, que se relacionam mais diretamente com a humanidade.

do Universo, não nascido, eterno, sem princípio e sem fim, origem e meta de todos os seres animados e inanimados. A compreensão deste princípio está em relação com o desenvolvimento mental dos adeptos já ingressados no segundo grau evolutivo, cujos ensinamentos nos são trazidos por instrutores invisíveis, e só podem ser difundidos entre um pequeno número de mentes previamente preparadas.

Vê-se por este pequeno confronto entre uma das maiores escolas filosóficas do mundo, a Vedanta, e a nossa verdadeira Umbanda, que ambas palmilham caminhos idênticos de concepção e de análise, para atingirem mesmo e único objetivo, que é a perfectibilidade infinita das almas humanas.

Examinemos agora este outro dos grandes sistemas filosóficos hindus, o sistema Sankhya, que alguns historiadores dão como organizado por Kápila cerca de 700 anos antes do nascimento de Cristo, quando outros encontraram vestígios de sua existência em papiros que antecederam de 2.000 anos a era Cristã, havendo indícios de sua existência em época muito anterior.

Segundo o sistema Sankhya, os espíritos são emanações do Absoluto, tendo vivido em um estado de pura existência espiritual, livres da atração da matéria e dos desejos da vida material. Tendo sido, porém, atraídos e seduzidos pelas forças da matéria, imergiram-se nesta, e assim se enredaram das múltiplas teias da vida material. Desviados de seu ambiente, os espíritos perderam o seu estado original de clareza e percepção, sofreram a ilusão da matéria, encontrando-se como que obrigados a mover-se em um plano material.

A doutrina Sankhya compara os espíritos encarnados às moscas que mergulham em um vaso cheio de mel narcotizante, as quais, quanto mais se debatem mais o mel com narcótico as intoxica, impedindo-as de usar suas pernas e asas. Assim os espíritos: quanto mais se debatem na vida material, menos capazes são de usar seus poderes latentes. Despertando-se finalmente neles a lembrança do estado anterior de existência e o conhecimento da situação real, eles começam um processo para desembaraçar-se dos vínculos e, através de longa série de reencarnações, elevam-se de estados inferiores a superiores, devagar, mas, seguramente, para tornar à condição anterior de bem-aventurança.[32]

Ernesto Haeckel e Schopenhauer, o cientista e o filósofo alemães cujas obras empolgaram muitos dos estudiosos do princípio deste século, e que ainda hoje se discutem nas universidades, beberam grande parte de sua inspiração e sabedoria na concepção fundamental do sistema Sankhya.

Ensina este sistema que "a vida material não é mais do que uma ilusão e um engano, o resultado da ignorância e do desejo falaz; e que a parte da verdadeira sabedoria é escapar-lhe o mais cedo possível, e que a morte não liberta a alma da encarnação material, porque, depois da morte, vem novamente um renascimento, uma reencarnação".

Penetremos um pouco mais a fundo no nosso estudo comparativo entre o sistema Sankhya e o Espiritismo de Umbanda, e logo encontraremos novos pontos de contato entre as duas filosofias.

Afirmam os sankhyas, segundo Ramacharaka, que o espírito "nunca escapa ao abraço da matéria pelo caminho da morte, porque esta apenas lhe tece um envoltório mais sutil, em que ele reside até que o renascimento novamente o lance no vórtice".

Vê-se, pois, pelos trechos citados, que os sankhyas estão de perfeito acordo com o Espiritismo de Umbanda, ou vice-versa, em relação ao processo evolutivo dos espíritos, quando afirma que "a morte não liberta a alma da encarnação material, porque, depois da morte, vem novamente um renascimento, uma reencarnação". Esta é, precisamente, a concepção fundamental do Espiritismo de Umbanda, procurando despertar nos seus adeptos o desejo de elevação moral pelo abandono das práticas malsãs que corrompem o caráter e dificultam a existência, que deve ser inteiramente devotada à preparação de uma vida melhor, em uma reencarnação certa, inevitável.

O envoltório sutil, tecido pela matéria ao espírito, de acordo com a doutrina Sankhya, em que o espírito reside até que o renascimento novamente o lance no vórtice, não é outra coisa senão o que no Espiritismo de Umbanda se conhece como

[32] Yogi Ramacharaka (W. Atkinson), *As Doutrinas Esotéricas das Filosofias e Religiões da Índia*. Tradução de Francisco Valdomiro Lorenz. São Paulo: Editora do Pensamento, 1931.

"perispírito" ou "corpo astral", o veículo de que o espírito se utiliza entre uma e outra encarnações, conservando sempre a imagem da última. Segundo Paracelso, este veículo é constituído de "matéria radiante, plástica, sutil, que rodeia, penetra e anima o corpo físico, tendo sua origem nas vibrações dos astros".

Não diremos, certamente, que a Sankhya adotou estes preceitos do Espiritismo de Umbanda, por não ser essa a nossa intenção, nem ser tal coisa concebível; antes, sentimo-nos profundamente envaidecidos, penetrados deste contentamento peculiar àqueles que procuram e encontram o princípio e a razão de todas as coisas, em podermos proclamar que a Umbanda que adotamos, e dentro da qual estamos promovendo e acelerando a evolução dos nossos espíritos, outra não é senão aquela mesma filosofia, ou conjunto de filosofias hindus, dentro das quais atingiram ao grau máximo de evolução terrena algumas centenas de milhões de almas mais antigas do que as nossas.

Não existe nenhuma religião, crença ou filosofia difundida no Ocidente, que não tenham sua raiz e força apoiadas nas entranhas do Hemisfério Oriental. Deve-se a Kápila, o fundador do sistema Sankhya a ideia fundamental de todas as religiões e filosofias gregas a respeito da evolução material e espiritual, cujos filósofos influenciaram, por sua vez, uma grande parte do pensamento científico moderno.

Pitágoras, o maior de todos os filósofos gregos, fundador da escola itálica, no seu sistema religioso-filosófico baseado na numerologia, adotou ideias fundamentais da Sankhya, que eram correntes na Índia seiscentos anos antes da era Cristã. Tal fato em nada desmerece o valor do sistema elaborado pelo grande filósofo grego, cujo nome ainda hoje veneramos como um dos maiores mestres da humanidade; serve apenas para demonstrar o quanto de sabedoria existe naquela antiga filosofia hindu, da qual, de resto, se acham impregnadas todas as religiões ocidentais destes últimos vinte séculos.

Sócrates, o famoso pensador e filósofo ateniense, contemporâneo de Pitágoras, cujas ideias avançadas foram consideradas pela bula Quinhentos de Atenas[33] uma tenta-

[33] A mais conhecida das bulas (boulai) foi a da antiga Atenas, também designada por Conselho dos Quinhentos, criada por iniciativa de Sólon, no século VI

tiva de perversão da mocidade, sendo por isso condenado a beber cicuta, – pregava princípios idênticos aos do sistema Sankhya, e perfeitamente iguais aos do nosso Espiritismo de Umbanda, em relação à evolução da alma.

Encontramos em Platão, o discípulo fiel do grande filósofo, no seu celebre *Diálogo sobre a alma e morte de Sócrates*, conceitos da transcendência deste, manifestados por Sócrates a Símias, momentos antes de beber o cálice de cicuta: "A razão só tem um caminho a seguir nas suas investigações: enquanto possuirmos o corpo, e a alma se nos atolar na sua corrupção, jamais alcançaremos o objeto dos nossos desejos, isto é, a Verdade. Porque o corpo opõe mil obstáculos a esse trabalho de investigação, pela necessidade que temos de sustentá-lo, e pelas enfermidades a que é sujeito. Além disso, suscitam em nós mil desejos, receios, imaginações e toda sorte de tolices, de modo que nada há mais verdadeiro do que a afirmação que habitualmente se faz, de que nunca o corpo nos leva à sabedoria".

E mais adiante:

> Enquanto nesta vida, nos aproximarmos tanto mais da Verdade, quanto mais nos afastarmos do corpo, renunciando a todo o comércio com ele, não permitindo que ele nos comunique a sua natural corrupção, e conservando-nos puros de todas as suas máculas, até que Deus nos venha libertar.

É tão flagrante a identidade de princípios doutrinários entre o conceito expresso por Sócrates aos seus discípulos, e o que no Espiritismo de Umbanda se ensina e pratica, que nada mais seria preciso aduzir para chegarmos à conclusão desta verdade meridiana: a doutrina pregada pelo Espiritismo de Umbanda, é exatamente a mesma que promoveu a evolução moral e filosófica de todos os povos cultos da terra, embora sob denominações diferentes, peculiares a cada um.

Tomando por base a lei da reencarnação, e procurando despertar no ser humano a compreensão de sua origem divina, expressa pela centelha que se encontra oculta nos esca-

---

a.C., com o objetivo de preparar e organizar os trabalhos da Assembleia do Povo, a Eclésia (Nota de Diamantino Fernandes Trindade) ninhos da alma, o Espiritismo de Umbanda instituiu como um dos seus princípios doutrinários, exatamente a necessidade que a todos se impõe, de se esforçarem na aquisição da ascendência do espírito sobre o corpo, de modo a governá-lo totalmente, ao invés de permitir que o corpo governe o espírito, comunicando-lhe a sua natural corrupção, como bem acentuava Sócrates falando aos seus discípulos.

Agrada-nos sobremodo esta oportunidade que nos foi proporcionada, de podermos evidenciar tão alto grau de afinidades entre o Espiritismo de Umbanda e as mais famosas doutrinas filosóficas do mundo, sobretudo, pelo esclarecimento novo que este fato vem trazer à coletividade brasileira, na qual se encontram encarnados espíritos de grande envergadura moral e acendrado[34] amor aos luminosos ensinamentos do Cristo, para que não mais se possa temer o ingresso no Espiritismo de Umbanda, antes, pelo contrário, com ele se identifiquem todos os valores, para o integral cumprimento de sua elevada missão na terra.

Mais ainda nos agrada o poder dizer-vos, com o pensamento voltado para o Mártir do Gólgota, para que estas palavras possam ser recebidas como a expressão máxima da verdade, – de todos quantos já experimentaram, sincera e lealmente, o valor dos princípios doutrinários do Espiritismo de Umbanda, e conseguiram despertar no fundo de suas almas aquela centelha divina que lá se encontrava oculta pelas imperfeições e corrupção natural da matéria, não trocarão jamais sua situação moral e espiritual de hoje, por todos os milhões da terra!

Umbanda constitui para nós, os que a estudamos, veneramos e praticamos, algo mais que todos os tesouros que a inteligência humana possa, acumular, neste mundo materialista em que ora nos encontramos. A Luz Espiritual que seus ensinamentos nos transmitem, essa sim é que pode ser considerada o maior tesouro do mundo, pois que este não se dissolve, ninguém no poderá furtar, nem nos causará dificuldades a conduzir na hora da partida.

Examinados como foram, os diversos sistemas filosóficos do Oriente, e evidenciadas as suas grandes afinidades

[34] Que se purificou; depurou, aperfeiçoou, apurou (Nota de Diamantino Fernandes Trindade).

com os ensinamentos difundidos entre nós pelo Espiritismo de Umbanda, acabamos de ingressar no Ocidente por entre as famosas colunas da antiga civilização helênica, e já aí pudemos assinalar novos e muito significativos pontos de contato, entre a doutrina pregada por dois dos seus maiores pensadores e filósofos, Pitágoras e Sócrates, com a concepção brasileira do Espiritismo de Umbanda.

Detenhamo-nos por um instante ainda ao pé dessas colunas monumentais da Grécia antiga, de onde emanou o maior surto civilizador deste Hemisfério, porque outros conceitos podem ser respigados[35] em apoio da nossa tese, cujo objetivo, outro não é senão o de demonstrar e provar, com abundância de documentos de autenticidade incontestável, a antiga e profunda raiz histórica do Espiritismo de Umbanda.

Um dos ensinamentos de sua doutrina, reservado aos adeptos cuja mente se encontre preparada para ingressar no segundo grau da escola filosófica do Espiritismo de Umbanda, é aquele que diz respeito aos nossos sentidos, notadamente à vista e aos ouvidos, pela sua grande influência na condução de nossa vida espiritual, enquanto permanecemos encarcerados no corpo material.

Ensinam-nos os nossos instrutores invisíveis, que do governo seguro que exercermos sobre os nossos olhos e ouvidos, resultará a eliminação de uma grande percentagem, senão da totalidade, das numerosas faltas morais em que frequentemente incorremos, facilitando-nos, consequentemente, a progressão do nosso espírito na senda evolutiva para Deus.

Conduz-nos este ensinamento ao estado de independência e equilíbrio interno, no momento de examinarmos as coisas com a vista, ou de as escutarmos, tornando-nos desta forma invulneráveis às influências que das mesmas nos pudessem advir num estado diferente, e que muito poderiam contribuir, por meio da impressão causada em nós, para nos desviar do roteiro que desejamos seguir.

Ensinamento perfeitamente igual transmitia Sócrates aos seus discípulos, quando dizia a Cebes:[36]

[35] Reunidos (Nota de Diamantino Fernandes Trindade).
[36] PLATÃO. Fédon – *Diálogo sobre a Alma e Morte de Sócrates*. 2ª Edição. Renascença Portuguesa, 1920. OBS. Cebes foi um filósofo grego discípulo de Sócra-

"Não dizíamos a pouco que a alma, quando se serve do corpo para observar um objeto, quer por meio do ouvido, quer pela vista, quer por qualquer outro sentido, é atraída pelo corpo para aquelas coisas que não são sempre as mesmas que, então, ela se alheia, se perturba e tem vertigens, como se estivesse embriagada, por se ter ligado a coisas de tal natureza? Ao passo que, quando examina as coisas por si mesma, sem apelar para o concurso do corpo, incide sobre o que é puro, eterno, imutável, e, como se fosse da mesma natureza, permanece ligada a essas coisas, tanto quanto o está a si própria, e tanto quanto lhe é possível. Então cessam os seus alheamentos, e fica sendo sempre a mesma, porque está unida ao que nunca muda, participando da sua natureza. É a esse estado de alma que se chama sabedoria".

É precisamente o mesmo princípio o que se ensina nos cursos internos do Espiritismo de Umbanda, cujos mestres e instrutores – tomados no nosso meio por simples Caboclos ou Pretos Velhos, e por isso injustamente menosprezados por alguns dos nossos companheiros ditos kardecistas, – evidenciam a posse de um grau de cultura filosófica muito superior à nossa era ocidental, adquirida, como é óbvio, em encarnações vividas nas mais puras fontes do pensamento humano.

Temos, entretanto, em contraposição a essa credulidade daqueles prezados companheiros de seara, uma grande messe de fatos em que homens altamente instruídos desejaram colocar à prova o saber daqueles instrutores e com eles travaram conversação sobre assunto de sua livre escolha. O resultado foi, em todos os casos, a constatação de uma surpreendente transformação de linguagem por parte da Entidade ouvida, a qual passou a usar uma terminologia acadêmica, por assim dizer, e a explanar o assunto de maneira a não deixar dúvidas quanto ao elevado grau de sua cultura.

Queremos ressaltar com este detalhe, a razão da afinidade existente entre os preceitos do Espiritismo de Umbanda e os que a História das Religiões nos relata como fundamentais em numerosos sistemas multimilenares do Oriente, seguidos e pregados por quase trezentos milhões de seres humanos

---

tes e Filolau de Crotona.

da Índia, como caminhos retos e seguros ao aprimoramento das almas humanas. Conclui-se, deste fato, que as entidades dirigentes do Espiritismo de Umbanda podem ter sido caboclos ou africanos em épocas remotas, por uma necessidade mesológica,[37] ou outra que escapa inteiramente à nossa compreensão; mas, o que é absolutamente incontestável, pelo acumulo de provas ao alcance de quantos as desejarem, é que sob aquela demonstração de humildade e simplicidade a que já estamos habituados, existe e cintila um espírito altamente evoluído, no desempenho da nobre missão de despertar em nós o desejo de transpormos o profundo lodaçal de misérias em que vivemos chafurdados, na vã suposição de nele encontrarmos a felicidade de permeio.

Para encerrarmos a nossa peregrinação através da Grécia antiga, vamos citar mais um ensinamento constante da obra de Platão já citada, de uma perfeita identidade com o que nos ensina o Espiritismo de Umbanda em relação à sorte que aguarda, depois da morte do corpo, aqueles que levaram a vida a cometer toda sorte de injustiças ou crimes para com os seus semelhantes:

> "Meus amigos, – dizia Sócrates aos discípulos, pela última vez, tendo já na mão o cálice de cicuta – coisa bem justa é pensar que, se a alma é imortal, necessário se torna que cuidemos dela, não só durante esse lapso de tempo a que chamamos vida, mas ainda no que se lhe segue; pois se refletirdes bem, vereis que o descurá-la será bastante grave. Se a morte fosse a dissolução de toda a existência, seria para os maus um extraordinário benefício o libertarem-se, depois da morte, e ao mesmo tempo, do corpo, da alma e dos vícios; mas, como a alma é imortal, ela não tem outro meio de libertar-se dos seus males, nem há salvação para ela, senão tornando-se boa e sábia. Ela só leva consigo os seus costumes, os seus hábitos, que são, dizem, a causa da sua felicidade ou da sua desgraça, desde que chega no além.

E mais adiante:

[37] Relativo do meio sobre o indivíduo (Nota de Diamantino Fernandes Trindade).

> A alma que viveu na temperança e na sabedoria, segue voluntariamente o seu guia, não ignorando a sorte que a espera; mas a que está aprisionada ao corpo pelas paixões, como de começo disse-a ele permanece ligada por muito tempo, assim como ao mundo visível, e é só depois de ter resistido e sofrido muito, que é arrastada violentamente pelo gênio que lhe foi assinalado. Quando chega a essa assembleia de todas as almas, se está impura, se foi maculada pela culpa de um assassínio, ou de algum desses outros crimes que se lhe assemelham pela atrocidade, todas as outras almas lhe fogem horrorizadas. Não encontra companheiro, nem guia, e erra em um completo abandono, até que, depois de certo tempo, a necessidade a arrasta ao lugar que merece. Mas a que passou a vida na temperança e na pureza, essa tem os próprios deuses por companheiros e guias, e vai habitar o lugar que lhe está reservado.

Isso que aí está é puro *O Evangelho Segundo o Espiritismo* – poderá alguém redarguir-nos, e com plena razão. Nós perguntaremos então: e como se permite alguém acusar de baixo espiritismo, e até de macumba, um ramo filosófico proveniente das mesmas fontes de sabedoria em que se apoiou o mestre Kardec – nome que todos nós, adeptos de Umbanda, pronunciamos com inexcedível veneração.

É possível que alguns dos nossos distintos confrades, que ainda não travaram conhecimento mais íntimo com o Espiritismo de Umbanda, venham dizer-nos que o mestre Kardec foi guiado também por instrutores invisíveis, o que é exato.

E onde aprenderam essas radiosas entidades que auxiliaram o codificador da doutrina? No espaço? Não, responderemos nós, com a lei evolutiva que nos rege, reafirmada pelo Divino Mestre quando nos ensina que "nenhum instrutor pode ser mandado a um mundo, no qual não haja vivido e aprendido aquilo que vai ensinar". Logo, os instrutores de Kardec foram espíritos que aqui estiveram em múltiplas encarnações, tendo cursado as mesmas escolas filosóficas do Oriente, de onde nos vem tão belos ensinamentos, e onde igualmente aprenderam todos os mestres, guias e instrutores do Espiritismo de Umbanda. O Evangelho e todas as demais obras de Kardec estão repletos dos mesmos conceitos correntes no Oriente, nos quais anteriormente inspiraram Pitágoras, Sócrates, Platão, Rosenkreutz, Paracelso, Jacob Boehme, Bacon, e todos quantos construíram algo em prol da nossa evolução espiritual. Sócrates e Pitágoras viveram na terra 470 anos antes de Cristo e Platão 347, o que vale dizer que possuíram esses nomes há cerca de 2.400 anos, quando as obras do mestre Kardec, cujo nome, repetimos, pronunciamos com profunda veneração, – datam da segunda metade do século passado, não sendo, portanto, de surpreender, que nelas se encontrem reproduzidos, os princípios fundamentais das antigas filosofias hindus.

O próprio Divino Mestre, Governador do Planeta em que ora nos encontramos, em sua rápida passagem pela terra há 1941 anos, fez questão de realçar que "não vinha destruir a lei nem os profetas, mas sim cumpri-la, desenvolvê-la, dar-lhe o legítimo sentido e apropriá-la ao grau de adiantamento dos homens!" (Matheus, capítulo V, 17-18).

Mal interpretando a excelsa grandeza de sua missão e sacrifício, poderemos dizer que Ele apenas lançou entre os povos do Hemisfério Ocidental, ainda envoltos nas trevas da ignorância acerca das leis espirituais, a semente luminosa da Verdade já aceita e cultivada havia milênios, por outros povos mais velhos – os Orientais.

E quem poderá contestar a suposição de ser Jesus Cristo, venerado pela quase totalidade dos povos Ocidentais, a mesma Entidade Suprema venerada por outros povos sob a denominação de Brahma, a entidade máxima do panteão hindu; Buda, o sábio iluminado que viveu na índia quatrocentos anos antes de Cristo, e considerado o Ente Supremo pelos budistas; Vishnu, o primeiro princípio da trindade hindu; Krishna, considerado na Índia uma reencarnação de Vishnu, tendo vivido cerca de mil e quatrocentos anos antes de Cristo; Rama, celebre instrutor e sábio, tido por milhões de adeptos como a reencarnação de Krishna, pela identidade dos seus princípios filosóficos?[38]

Todas estas Entidades são consideradas na Índia como sendo a própria encarnação da Divindade, atributo que também foi dado no Ocidente a Jesus Cristo. Sendo a doutrina pregada por Jesus, perfeitamente idêntica à daqueles sábios e instrutores que viveram na terra muitas centenas de anos antes, nenhum demérito pode haver, ao que supomos, em considerá-lo como a reencarnação dos seus antepassados, no Hemisfério Ocidental, com a finalidade de implantar entre os povos deste lado do mundo, a filosofia já ensinada e praticada no Oriente, e que hoje constitui, como demonstrado ficou, o princípio fundamental do Espiritismo de Umbanda no Brasil. Segundo dados conhecidos, a Umbanda vem sendo praticada em terras brasileiras desde meados do século XVI, sendo, por conseguinte, a mais antiga modalidade religiosa implantada sob o Cruzeiro do Sul, depois do Catolicismo, que nos veio com os descobridores.

Trouxeram a Umbanda, no recôndito de suas almas atribuladas de escravos, vendidos como mercadoria de feira aos grão-senhores do Brasil, os primeiros sudaneses e bantus que aqui chegaram cerca do ano de 1530, procedentes de Angola, da Costa dos Escravos, do Congo, da Costa do Ouro, do Sudão e de Moçambique.[39]

Daí o ritual semibárbaro sob o qual foi a Umbanda conhecida entre nós, e por muitos considerada magia negra ou Candomblé. É preciso considerar, porém, o fenômeno mesológico peculiar às nações africanas de onde procederam os negros escravos, a ausência completa de qualquer forma rudimentar de cultura entre eles, para chegarmos à evidência de que a Umbanda não pode ter sido originada no Continente Negro, mas ali existente e praticada sob um ritual que pode ser tido como a degradação de suas velhas formas iniciáticas.

Sabendo-se que os antigos povos africanos tiveram sua época de dominação além-mar, tendo ocupado durante séculos, uma grande parte do Oceano Índico, onde uma lenda

[38] Yogi Ramacharaka (W. Atkinson), *As Doutrinas Esotéricas das Filosofias e Religiões da Índia*. Tradução de Francisco Valdomiro Lorenz. São Paulo: Editora do Pensamento, 1931.
[39] CARNEIRO, Edison. *Religiões Negras*. Civilização Brasileira, 1936.

nos diz que existiu o continente perdido da Lemúria, do qual a Austrália, a Australásia e as ilhas do Pacífico constituem as porções sobreviventes, – fácil nos será concluir que a Umbanda foi por eles trazida do seu contato com os povos hindus, com os quais a aprenderam e praticaram durante séculos.

Morta, porém, a antiga civilização africana, após o cataclismo que destruiu a Lemúria, empobrecida e desprestigiada a raça negra, – segundo algumas opiniões, devido à sua desmedida prepotência no passado, em que chegou a escravizar uma boa parte da raça branca – os vários cultos e pompas religiosas daqueles povos sofreram então os efeitos do embrutecimento da raça, vindo, de degrau a degrau, até ao nível em que a Umbanda se nos tornou conhecida.

Desde, porém, que estudiosos da doutrina de Jesus se dedicaram a pesquisar os fundamentos desta grande filosofia, que é, ao mesmo tempo, Luz, Amor e Verdade, e a praticam hoje, sincera e devotadamente em sua alta finalidade de congregar, educar e encaminhar as almas para Deus, o Espiritismo de Umbanda readquiriu o seu prestígio milenar, assim como o acatamento e respeito das autoridades brasileiras.

Bem haja, pois, o Espiritismo de Umbanda no Brasil, e todas as falanges de trabalhadores invisíveis da Seara de Jesus!

O VOCÁBULO UMBANDA NA PALAVRA DE RAMATÍS

Vejamos agora as palavras de Ramatís sobre o vocábulo Umbanda, do capítulo "Espiritismo e Umbanda", no livro *Missão do Espiritismo*, 11ª edição, obra psicografada por Hercílio Maes, publicada pela EDITORA DO CONHECIMENTO, 2006 (Primeira edição publicada pela Livraria e Editora Freitas Bastos, 1967). Percebe-se que há uma convergência com uma boa parte dos conceitos de Diamantino Coelho Fernandes, na tese *O Espiritismo de Umbanda na evolução dos povos*, apresentada no Primeiro Congresso Brasileiro do Espiritismo de Umbanda.

Sobre Ramatís encontramos na página da **EDITORA DO CONHECIMENTO**:

Na Indochina do século X, o amor por um tapeceiro hindu, arrebata o coração de uma vestal chinesa, que foge do

Figura 55: Pintura retratando Ramatís.

templo para desposa-lo. Do entrelaçamento dessas duas almas apaixonadas nasce uma criança. Um menino, cabelos negros como ébano, pele na cor do cobre claro, olhos aveludados no tom do castanho escuro, iluminados de ternura.

O espírito que ali reencarnava, trazia gravada na memória espiritual a missão de estimular as almas desejosas de conhecer a verdade. Aquela criança cresceu demonstrando inteligência fulgurante fruto de experiências adquiridas em encarnações anteriores.

Foi instrutor em um dos muitos santuários iniciáticos na Índia. Era muito inteligente e desencarnou bastante moço. Já se havia distinguido no século IV, tendo participado do ciclo ariano, nos acontecimentos que inspiraram o famoso poema hindu *Ramayana*, (neste poema há um casal, Rama e Sita, que é símbolo iniciático de princípios masculino e feminino; unindo-se Rama e Atis, Sita ao inverso, resulta Ramatís, como realmente se pronuncia em Indochinês) um épico que contém todas as informações dos Vedas que juntamente com os *Upanishads*, foram as primeiras vozes da filosofia e da religião do mundo terrestre, informa Ramatís que após certa disciplina iniciática a que se submetera na China, fundou um pequeno templo iniciático nas terras sagradas da Índia onde os antigos Mahatmas criaram um ambiente de tamanha grandeza espiritual para seu povo, que ainda hoje, nenhum estrangeiro visita aquelas terras sem de lá trazer as mais profundas impressões à cerca de sua atmosfera psíquica.

Foi adepto da tradição de Rama, naquela época, cultuando

os ensinamentos do "Reino de Osíris", o Senhor da Luz, na inteligência das coisas divinas. Mais tarde, no Espaço, filiou-se definitivamente a um grupo de trabalhadores espirituais cuja insígnia, em linguagem ocidental, era conhecida sob a pitoresca denominação de "Templários das Cadeias do Amor". Trata-se de um agrupamento quase desconhecido nas colônias invisíveis do além, junto a região do Ocidente, onde se dedica a trabalhos profundamente ligados à psicologia Oriental.

De acordo com Ramatís, etimologicamente, o vocábulo Umbanda provém do prefixo AUM e do sufixo BANDHÃ, ambos do Sânscrito, cuja raiz encontra-se nos famosos livros da Índia, nos *Upanishads* e nos *Vedas*, há alguns milênios.

A palavra **Aum** é de alta significação espiritual, consagrada pelos mestres do Oriente, e sua pronuncia deve ser efetuada de uma só vez, em um só impulso sonoro do suave para o grave profundo. As próprias confrarias católicas iniciáticas, principalmente os frades franciscanos só o pronunciavam com excessiva reverência e veneração, dando-lhe o máximo de entonação mística nas suas orações coletivas e coros sacros. Em invocações de alto relevo espiritual. **Aum** é o próprio símbolo significativo da Trindade do Universo representando Espírito, Energia e Matéria. Pensamento Original, Amor e Ação, ou, ainda, Pai, Filho e Espírito Santo.

Bandhã, em sua expressão mística iniciática significa o movimento incessante, força emanada do Criador, o Ilimitado, exercendo atração na criatura para o despertamento da consciência angélica. Mais tarde também passou a significar a "Lei Maior Divina", poder emanado do Absoluto. Em consequência, o prefixo **Aum** e o sufixo **Bandhã** constituíram a palavra **Aum-Bandhã**, a qual pronunciada na forma de um mantra, nos círculos e confrarias iniciáticas do Oriente, aproxima-se melhor da sonorização **Om-Bandá**, e que, em boa linhagem espiritual, passou a significar o finito no Infinito, a parte do Todo, o humano no Divino. Em certas fraternidades esotéricas, **Aum-Bandhã** possuía um sentido mais dinâmico, simbolizando o princípio impulsionador da Vida ou a incessante evolução do Espírito.

Porém, é um tanto difícil dar-vos uma ideia exata da

significação mística dessa palavra sânscrita, se examinarmos sob o critério fortemente objetivo dos povos ocidentais. Os iniciados orientam e imprimem a sua vontade dinamizada pela força espiritual sobre certos vocábulos ou mantras, já consagrados em um curso esotérico, e os transformam em detonadores psíquicos para lhes proporcionar maior amplitude na auscultação dos atributos da Divindade. Assim, a palavra **Aum-Bandhã**, consagrou-se como uma convenção léxica e sonora, cuja pronúncia insistente, termina por sensibilizar o ser, predispondo-o vibratoriamente para o mais breve conhecimento intuitivo do Espírito de Deus! Mas a sensibilização psíquica sob a força mantrânica dessa palavra, também varia de acordo com a graduação espiritual dos seus cultores.

– A palavra **Aum-Bandhã** consagrada pela filosofia oriental e do hinduísmo iniciático, difere grandemente de Umbanda, seita ou doutrina religiosa de práticas mediúnicas originárias das selvas africanas.[40]

– Em face da exiguidade de espaço, não podemos esmiuçar os motivos pelos quais a expressão sânscrita **Aum-Bandhã**, da terminologia iniciática do Oriente, derivou-se, sendo ajustada à doutrina de Umbanda praticada no Brasil.

OBS 1. O último parágrafo faz todo sentido, pois, quando o Caboclo das Sete Encruzilhadas anunciou a Umbanda, em 1908, na verdade estava trazendo conceitos de amor e fraternidade dos tempos áureos e imemoriais do culto iniciático do Oriente. A Umbanda que se pratica, desde 1908, é na verdade o Movimento Umbandista e tem outros objetivos: ser uma religião onde todos os espíritos, independentemente da sua roupagem fluídica, como Caboclos e Pretos Velhos, pudessem se manifestar e que abarcasse tanto encarnados como desencarnados em uma união fraterna de amor incondicional. As práticas rituais africanas surgiram na Umbanda ou Movimento Umbandista pela incorporação gradativa de práticas das macumbas cariocas.

OBS 2. Como vimos no capítulo "Revendo a História do início da Umbanda", em 1909, o Caboclo das Sete

[40] Na verdade, a Umbanda ou Movimento Umbandista não tem suas origens na África e sim no Brasil (Nota de Diamantino Fernandes Trindade).

Encruzilhadas mudou o nome da religião, de Alabanda para **Aumbanda**, em 1909.

ESTATUTOS

—DA—

TENDA ESPIRITA

MIRIM

Fundada em 13 de Outubro de 1924

1937

— RIO DE JANEIRO —

Figura 56: Capa dos Estatutos da Tenda Espírita Mirim.

ESTATUTOS DA TENDA ESPÍRITA MIRIM

SOCIEDADES CIVIS

Tenda Espírita Mirim
(Extrato de Estatutos)

Fundada nesta Capital, sua sede e foro, em 13 de outubro de 1924, de duração indeterminada e o patrimônio a se constituir, não respondendo os sócios, subsidiariamente, pelas obrigações sociais, são fins da T.E.M. praticar a caridade, quer de ordem material quer de ordem espiritual, cultura e propaganda do Espiritismo na medida do possível, prestando, sem distinção nem retribuição de espécie alguma, assistência aos necessitados de acordo com o art. 2° dos Estatutos. A Tenda será administrada por uma diretoria assim composta: Presidente, Vice-Presidente, 1° e 2° Secretários, 1° e 2° Tesoureiros, 1° e 2° Procuradores, 1° e 2° Bibliotecários e um Conselho Fiscal com três membros efetivos e três suplentes. Os presentes Estatutos aprovados pela Assembleia Geral do Corpo de Fundadores, realizada em 02 de março de 1937, cuja ata está registrada, no L-C-7 do Registro de Títulos e Documentos do Cartório do 1° Ofício de Registro de Título, em 18 de março de 1937 poderão ser referidos, em qualquer época pelo Corpo de Fundadores. Em caso de extinção da Tenda, de acordo com os Estatutos serão seus haveres, mediante votação unanime da Diretoria, doados a uma sociedade coirmã que se dedique igualmente à prática da caridade. A Diretoria atual consta dos Estatutos. – A Diretoria.

(Diário Oficial de 23 de março de 1937)

CAPÍTULO I

Da constituição e seus fins

Art. 1° – A TENDA ESPÍRITA MIRIM, fundada em 13 de outubro de 1924, à Rua Sotero dos Reis, n. 101, nesta Capital, é uma instituição de caridade, composta de pessoas de ambos os sexos que professam a doutrina espírita e mantida por um corpo ilimitado de sócios.

§ 1° – Nenhuma das pessoas que frequentam essa Tenda, tem obrigação de fazer parte do seu quadro social nem contribuir com qualquer auxílio, visto que, nesta casa não existem vantagens para parentes, amigos ou inimigos.

§ 2° – Só poderão ser sócios desta Tenda, àqueles que quiserem auxiliar por sua livre espontânea vontade visto não interessar à Tenda, trabalhadores que queiram trabalhar por obrigação ou por amabilidade.

Art. 2° – O fim a que a mesma se destina é o da prática da caridade, quer de ordem material, quer de ordem espiritual, cultura e propaganda do Espiritismo na medida do possível, prestando, sem distinção nem retribuição de espécie alguma, assistência aos necessitados, criando para isto, tantas filiais, quantas se tornarem necessárias e fundando também, Hospitais para obsedados, Escolas para crianças e adultos, Ambulatórios, podendo a Diretoria fundar as instituições que julgar convenientes, dentro da doutrina.

§ 1° – Para a doutrina e cultura da doutrina e a forma de prestar caridade a quem dela necessitar, a Diretoria organizará um regimento interno.

§ 2° – São proibidas as questões políticas e controvérsias religiosas, sendo exigido respeito mútuo.

CAPÍTULO II

Das filiais

Art. 1° – As Filiais serão presididas por um dos membros da Diretoria, designado pelo Guia Espiritual da Tenda.

§ 1° – O Presidente assumirá perante a Matriz, inteira responsabilidade da Filial a seu cargo, obedecendo todas as instruções ditadas pelo Guia Chefe, cumprindo e fazendo cumprir os presentes Estatutos, bem como o regimento interno e apresentará em reunião de Diretoria ou quando se tornar necessário, um resumo das ocorrências verificadas.

§ 2° – Para cada Filial, serão designados dois Subdiretores, sendo um Secretário e um Tesoureiro.

§ 3° – Os Subdiretores serão escolhidos pela Diretoria entre os Zeladores que mais se destacaram, podendo os mesmos comparecer às reuniões de Diretoria, propor e discutir qualquer assunto, porém sem direito a voto.

§ 4° – Este Subdiretores não são vitalícios.

CAPÍTULO VII

Dos sócios

Classificação

Art. 20° – TENDA ESPÍRITA MIRIM poderá admitir como sócios todos aqueles que, sem distinção de nacionalidade, crença ou cor, queiram contribuir para seu engrandecimento e que constituirão as seguintes categorias:

a) Fundadores
b) Contribuintes
c) Protetores
d) Benfeitores
e) Beneméritos

DIRETORIA DE 1937

Presidente – José Nunes de Figueiredo Filho.
1° Vice-Presidente – Benjamim Gonçalves Figueiredo.
2° Vice-Presidente – Diamantino Coelho Fernandes.
1° Secretário – Francisco Santiago Gomes de Mattos.
2° Secretário – Aluízio Vasconcelos Menezes.
1° Tesoureiro – Eduardo Gonçalves Figueiredo.
2° Tesoureiro – Joaquim José Pinto da Costa Rego.
1° Procurador – Antonio Conrado Hanszmann.
2° Procurador – Renato Bonture.
1° Bibliotecário – João Pereira Legey.
2° Bibliotecário – David Latino Gonçalves.

CONSELHO FISCAL

Efetivos

Adroaldo de Almeida Cardia.
Manoel Carlos Magalhães.
José Rodrigues Bezerra de Menezes.

Suplentes

Octávio Pereira Legey.
José Taveira.
José Almeida Cardia.

SÓCIOS FUNDADORES

José Nunes de Figueiredo Filho.
Judith Gonçalves Figueiredo.
Benjamim Gonçalves Figueiredo
Eduardo Gonçalves Figueiredo.
Magdalena Gonçalves Figueiredo.

Eugenia Gonçalves Figueiredo.
Hercílio Latino Gonçalves.
Abigail Maria Gonçalves.
David Latino Gonçalves.
Benjamim Franklin Gonçalves.
José Fróes.
João da Motta Mesquita Filho.

Figura 57: Sessão de Caridade (Passe e Irradiação), realizada na Matriz da Tenda Espírita Mirim, final dos anos 1960. *http://falangeirosdaaruanda--sefa.blogspot.com.*

Figura 58: Matriz da Tenda Espírita Mirim nos anos 1970. *http://falangeirosdaaruanda-sefa.blogspot.com*

Figura 59: Benjamim Figueiredo incorporado com o Caboclo Mirim. *http://fraternidadeumbandistaluzdearuanda.blogspot.com.br*

Figura 60: Reunião do Círculo de Escritores e Jornalistas de Umbanda em 1967. Pai Jerônimo, Benjamim Figueiredo, Major Domingos e membros da Confederação de Tata Tancredo. Jornal *Aruanda*, n. 14, outubro de 1976.

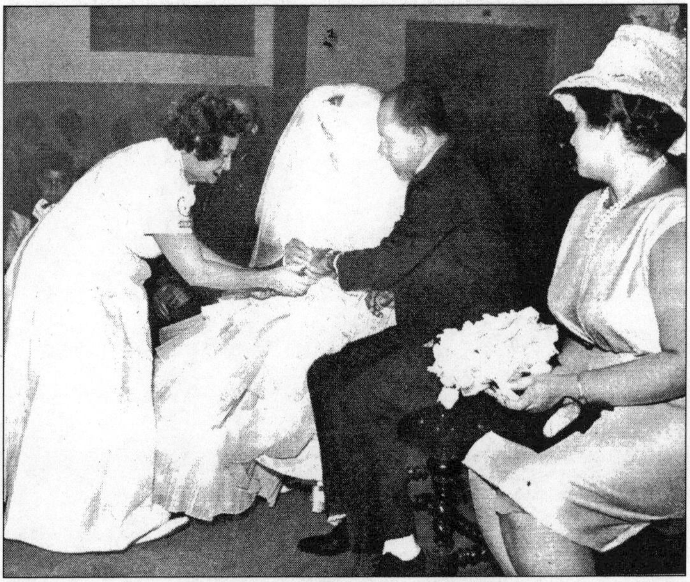

Figura 61: Casamento na Tenda Espírita Mirim. Revista *O Cruzeiro*, n. 32, 03 de maio de 1967. Foto de Henri Balott. Autorização D. A. Press S/A.

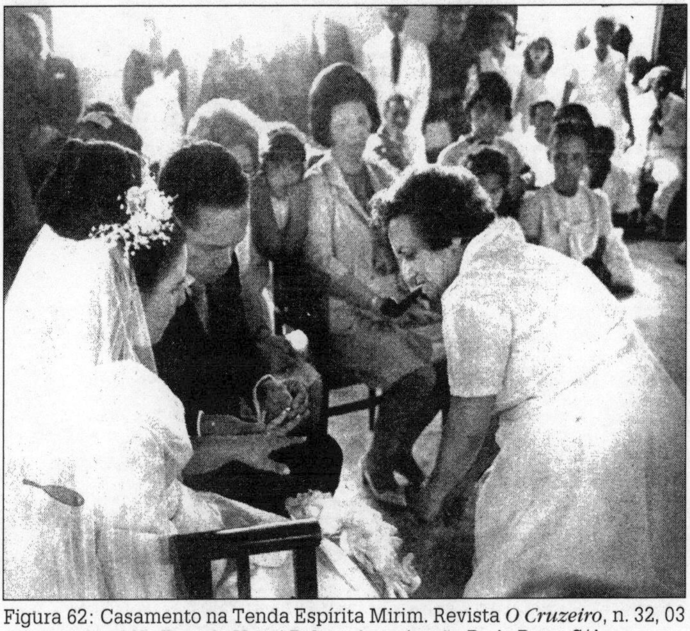

Figura 62: Casamento na Tenda Espírita Mirim. Revista *O Cruzeiro*, n. 32, 03 de maio de 1967. Foto de Henri Balott. Autorização D. A. Press S/A.

Figura 63: Benjamim Figueiredo. *http://fraternidadeumbandistaluzdearuanda.blogspot.com.br*

Figura 64: Benjamim Figueiredo. *http://fraternidadeumbandistaluzdearuanda.blogspot.com.br*

Figura 65: Fachada atual da Tenda Espírita Mirim.
www.tendaespiritamirim.com.br

Figura 66: Festa de 35° aniversário da Tenda Espírita Mirim no Ginásio Gilberto Cardoso (Maracanãzinho). *O Semanário*, 24/10/1965.

Figura 67: Gira da Tenda Mirim. *http://fraternidadeumbandistaluzdearuanda.blogspot.com.br*

Figura 68: Caboclo Mirim incorporado no médium Benjamim Figueiredo. *http://fraternidadeumbandistaluzdearuanda.blogspot.com.br*

Figura 69: Caboclo Mirim incorporado no médium Benjamim Figueiredo. *http://fraternidadeumbandistaluzdearuanda.blogspot.com.br*

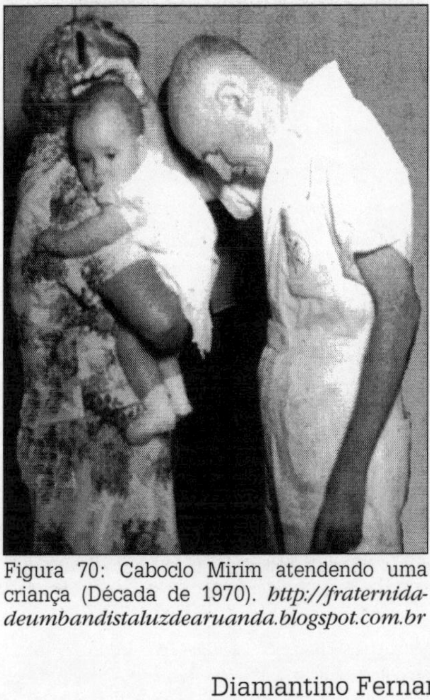

Figura 70: Caboclo Mirim atendendo uma criança (Década de 1970). *http://fraternidadeumbandistaluzdearuanda.blogspot.com.br*

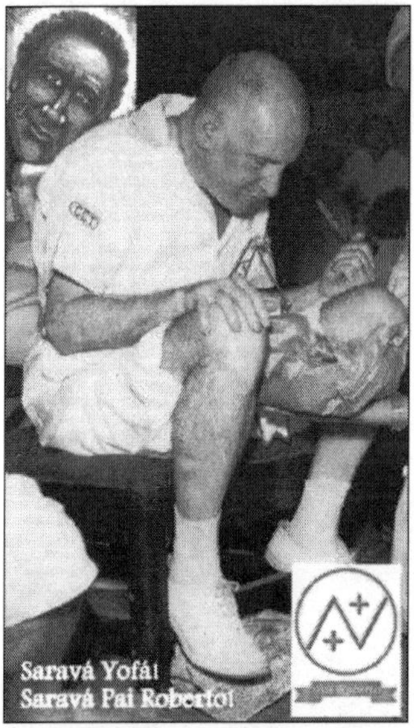

Figura 71: Benjamim Figueiredo incorporado com Pai Roberto. *http://fraternidadeumbandistaluzdearuanda.blogspot.com.br*

Figura 72: Cambono acendendo o charuto do Caboclo Mirim incorporado em Benjamim Figueiredo (Década de 1970). *http://fraternidadeumbandistaluzdearuanda.blogspot.com.br*

Figura 73: Caboclo Mirim incorporado em Benjamim Figueiredo. *Boa Vontade*, n. 2, agosto de 1956.

Figura 74: Tenda Espírita Mirim no início dos anos 1940. *http://fraternidadeumbandistaluzdearuanda.blogspot.com.br*

Figura 75: Primeiro Congresso Nacional do Espiritismo da Umbanda. Dia 26/10/1941: Mesa que dirigiu os trabalhos do Congresso, momentos antes do encerramento. Benjamim Figueiredo é o terceiro da esquerda para a direita (de gravata listrada). Foto da Família Figueiredo. Fonte: Sérgio Navarro Teixeira. *http://fraternidadeumbandistaluzdearuanda.blogspot.com.br*

Figura 76: Gira na Tenda Espírita Mirim. Foto de Nilo Casaes. *Luta Democrática*, n. 3209, 26 de julho de 1964.

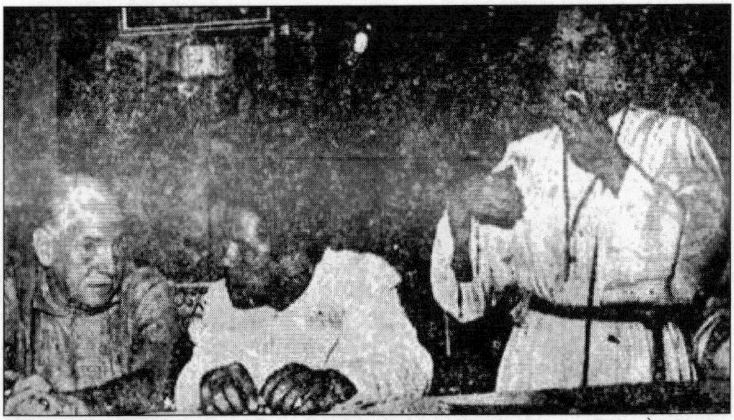

Figura 77: Mestra Yarandasã discursa no IV Congresso Espiritualista. À esquerda, Benjamim Figueiredo. Foto de Nilo Casaes. *Luta Democrática*, n. 3269, 4 de outubro de 1964.

SOBRE O AUTOR

– Professor do curso de Pós-Graduação em História e Cultura Afro-Brasileira do Centro Universitário Salesiano (UNISAL) entre 2011 e 2015.

– Professor da Escola Técnica Estadual Getúlio Vargas (Centro Estadual de Educação Tecnológica Paula Souza) entre 1989 e 2007.

– Professor da Escola Estadual Wallace Cockrane Simonsen entre 1986 e 1989.

– Professor (aposentado) do Instituto Federal de Educação Tecnológica de São Paulo (IFSP) onde lecionou as disciplinas: Química, Fundamentos da Educação, Psicologia da Educação, História da Ciência e Epistemologia do Ensino.

– Gerente de Educação Básica e dos cursos de Formação de Professores Instituto Federal de Educação Tecnológica de São Paulo (IFSP) em 2009.

– Lecionou como professor emérito na Universidade Cidade de São Paulo e professor adjunto nas Faculdades Oswaldo Cruz, Universidade de Santo Amaro e Universidade de Guarulhos.

– Avaliador da Revista História da Ciência e Ensino: construindo interfaces (PUC-SP) desde 2015.

– Editor da Hermes Editora e Informação entre 1982 e 1983.

– Coordenador Editorial da Ícone Editora entre 2005 e 2013.

– Pesquisador CNPq.

– Pesquisador do Grupo de Estudos e Pesquisa em Interdisciplinaridade (GEPI) da PUC-SP.

– Mestre em Educação pela Universidade Cidade de São Paulo.

– Master Science in Education Science by City University Los Angeles.

– Doutor em Educação pela PUC-SP.

– Pós-Doutor em Educação pelo GEPI-PUCSP.

– Autor de livros sobre tecnologia: *Como fazer perfumes*, *Manual do serralheiro*, *Desenho mecânico e de máquinas*, *Manual do ajustador*, *Matemática industrial*, *Introdução à física industrial*.

– Autor de livros sobre Educação e Ciências: *A História da História da Ciência*, *Temas Especiais de Educação e Ciências*, *O Ponto de Mutação no Ensino das Ciências*, *Os Caminhos da Educação e da Ciência no Brasil*, *Leituras Especiais sobre Ciências e Educação*, *O olhar de Hórus: uma perspectiva interdisciplinar do ensino da História da Ciência*, *Química Básica Teórica*, *Química Básica Experimental*, *Médicos e Heróis: os caminhos da Medicina brasileira desde a chegada da Família Real até as primeiras décadas da República* e *Personagens da Ciência Brasileira*.

– Autor de livros sobre Umbanda: *Umbanda e sua história*, *Umbanda Brasileira: um século de história*, *Umbanda: um ensaio de ecletismo*, *Iniciação à Umbanda*, *Os Orixás na Umbanda e no Candomblé*, *Manual do Médium de Umbanda*, *A construção histórica da literatura umbandista*, *Antônio Eliezer Leal de Souza: o primeiro escritor da Umbanda*, *Memórias da Umbanda do Brasil*, *Você sabe o que é Macumba? Você sabe o que é Exu?*, *História da Umbanda no Brasil*, *História da Umbanda no Brasil - Volume 2: A Umbanda nos Jornais do Rio de Janeiro*, *História da Umbanda no Brasil - Volume 3: Memórias de uma religião*, *História da Umbanda no Brasil - Volume 4: Registros históricos*, *História da Umbanda no Brasil - Volume 5: Documentos históricos*, *História da Umbanda no Brasil - Volume 6: Registros históricos periódicos*, *História da Umbanda no Brasil - Volume 7: Macumbas e perseguições religiosas*, *História da Umbanda no Brasil - Volume 8: Retratos e memórias*, *História da Umbanda no Brasil - Volume 9: Notícias Históricas da Macumba*, *História da Umbanda no Brasil - Volume 10: Feitiçaria, Macumba e Umbanda entre o Século XIX e o Século XX*, *Retratos e Registros Históricos da Umbanda - Volumes 1 e 2*, *Feiticeiros e feitiçaria no Segundo Império do Brasil*, *Feitiçaria, Macumba e Umbanda no Brasil: Entre o Século XIX e o Século XXI*, *O Jornal Aruanda e a Umbanda em Revista: Os baluartes Pai Jamil Rachid e Pai Demétrio Domingues*, *Manual de Umbanda para iniciantes* e *Aspectos históricos da Umbanda e da Macumba: Sistemas religiosos Afro-Ameríndios-Brasileiros*, *Médiuns curadores*.

– Membro da Escola Superior de Guerra.

– Mestre Maçon *Past Master*.

– Médium do Templo de Umbanda Ogum Beira-Mar, dirigido por Edison Cardoso de Oliveira, entre 1985 e 1989.

– Vice-Presidente da Federação Umbandista do Grande ABC entre 1985 e 1989.

– Membro do Conselho Consultivo do Superior Órgão de Umbanda do Estado de São Paulo entre 1981 e 1989.

– Relator do Fórum de Debates: *A Umbanda e a Constituinte*, realizado na Assembleia Legislativa de São Paulo, em 1988.

– Colunista do Jornal *Notícias Populares*, em 1989, escrevendo aos domingos sobre a história e os ritos da Umbanda.

– Pesquisou a Umbanda e os cultos Afro-Brasileiros-ameríndios em diversos terreiros, visitando várias vezes a Tenda Nossa Senhora da Piedade e a Cabana de Pai Antônio onde conviveu com Zélia de Moraes e Zilméia de Moraes.

– Dirigiu o Templo da Confraria da Estrela Dourada do Caboclo Sete Lanças entre 1993 e 1999.

– Colunista do *Jornal de Umbanda Sagrada* entre 2008 e 2009.

– Colunista do Jornal *Aldeia de Caboclos* desde 2013.

– Sacerdote do Templo Cristão Umbanda do Brasil.

– Ministro religioso da Casa de Cultura Umbanda do Brasil.

– Sacerdote de Orunmilá-Ifá (Babáláwò *Ifasoya Ifadaisi Agbole Obemo*), iniciado pelo Babáláwò Ifatoki Adekunle Aderonmu Ògúnjimi.

– Iniciado na Umbanda Tradicional por Pai Ronaldo Linares.

– Iniciado na Raiz de Guiné (*Hanamatan Ramayane*) por Mestre Yatyçara.

– Iniciado na Kimbanda das Almas (*Babá Egúngún Inú Aféfe*) por Tata Kalunga.

Lendas do Celeste Império

CHIANG SING

Formato 14 x 21 cm • 160 p.

Contar histórias é uma antiga habilidade chinesa. Os contadores de histórias eram muito queridos pelo povo chinês. Eles percorriam cidades e aldeias e, diante um auditório modesto, tanto em frequência como em cultura, contavam histórias escritas pelos grandes sábios, ou mesmo colhidas entre o próprio povo, pois acreditavam que por trás de cada mito se ocultava uma verdade perdida. E assim, conduziam aqueles que os ouviam a um mundo de maravilhas e magias, em que tudo é possível.

Os contos que compõem este livro possuem um rico conteúdo simbólico. Para compreendê-los plenamente, precisamos ler com os olhos do espírito. Somente então compreenderemos as mensagens místicas ocultas sob o véu da palavra. Em *O Dragão Dourado* viajamos pelo mundo magico dos elementais, *O Sortilégio de Angkor* aborda "o eterno ciclo do retorno" ou a Roda de Sânsara, já *A Lenda da deusa Kuan Yin* nos conduz a uma aventura ao Astral inferior, em que nos sensibilizamos imensamente com a dor de seus habitantes.

Lendas do Celeste Império é mais uma primorosa obra escrita por Chiang Sing, cujos contos fantásticos são verdadeiros veículos de acesso às grandes verdades espirituais.

A TENDA ESPÍRITA MIRIM

foi confeccionado em impressão digital, em agosto de 2021

Conhecimento Editorial Ltda

(19) 3451-5440 — conhecimento@edconhecimento.com.br

Impresso em Super Snowbright_b 70g